Histoire Des Revolutions De Hongrie V5: Ou L'On Donne Une Idee Juste De Son Legitime Gouvernement

Francois Rakoczy

HISTOIRE

DES
REVOLUTIONS
DE HONGRIE,

OÙ

L'ON DONNE UNE IDÉE JUSTE
DE SON
LEGITIME GOUVERNEMENT.

TOME CINQUIEME,
Qui contient les MEMOIRES du Prince

FRANÇOIS RAKOCZY

Sur la Guerre de Hongrie,
Depuis 1703 jusqu'à sa fin.

Nikil non veri dicere ausus.
Cic. Tusc. Quæst.

A LA HAYE,
Chez JEAN NEAULME.
M. DCC. XXXIX.

MEMOIRES
DU PRINCE
FRANÇOIS RAKOCZY
SUR LA GUERRE
DE HONGRIE,
DEPUIS L'ANNÉE 1703.
JUSQU'A' SA FIN.

Tome V.   A

EPITRE

DEDICATOIRE

A LA

VERITE ETERNELLE.

SI je me croyois conduit par la suggestion de l'esprit humain, ce seroit, ô VERITE ETERNELLE! une présomption criminelle, de vous offrir ce Ouvrage. Car le passé, le présent, & l'avenir, vous étant bien mieux connus qu'à moi, je regarderois comme une folie de vous cacher les faits, & comme un péché de donner une fausse couleur à ceux que je rapporterai. Le seul desir de rendre témoignage à la Vérité, lequel vient de vous, m'a persuadé que mon intention en procédoit aussi, puisqu'on ne peut vous rien offrir de plus digne de vous, que votre Ouvrage, entrepris dans la seule vue de vous glorifier & de vous exalter.

Loin de moi la pensée hardie & téméraire, d'avancer dès l'entrée de cet

Ou-

Ouvrage, que tout ce que j'ai à écrire est venu de vous! si ce n'est entant qu'il aura été conforme à votre divin Esprit, quoiqu'il n'ait pas été fait directement pour vous, puisque la plus grande partie de ce que j'écrirai a été l'ouvrage de la cupidité, qu'on ne sauroit jamais trop déplorer. Mon cœur vous en fait le triste détail dans mes Confessions: mais il ne cesse de gémir, car mon péché est toujours présent à mes yeux. Mais seroit-il convenable, de rappeller devant vous mes souillures, & des actions qui n'ont eu pour la plupart d'autre principe que l'instinct de l'esprit humain, dont l'objet avoit été la vanité, l'orgueil, & l'esprit du Monde, vos ennemis, qui ne produisirent que des œuvres qui se terminoient en moi, comme en la fin de l'amour-propre & d'une gloire profane? Me glorifierai-je de telles œuvres de ma criminelle Superbe? Souhaiterai-je de retracer ici ce qui devroit être pleuré avec des larmes de sang? Rechercherai-je enfin dans la Postérité une mémoire & un nom immortel, qui est l'Idole des Princes Mondains? Vous seul savez que ces abominables motifs

ne

ne font pas les miens. C'est pourquoi,
prenant pour guide la Vérité toute
nue, j'ose, ô ÉTERNELLE VE-
RITE'! vous dédier cet Ouvrage.

Il contiendra un récit succint, &
non une exagération, de ce que j'ai
fait. Je vous ai, dans les Livres de
mes Confeffions, expofé devant les hommes l'intérieur de mon cœur. Ici je
rapporterai aux hommes devant vous,
mes actions extérieures. Ils sauront
par les prémières, quels furent les motifs qui me firent agir : ils connoîtront
par les fecondes, ce que j'ai fait. Je
ne fouhaite rien, finon que par la connoiffance des prémières, ils reconnois-
fent que je fuis un pécheur, & que
vous êtes un Dieu plus rempli de misé-
ricorde que de juftice ; enfin que vous ê-
tes un Père tendre, & que j'ai été un
enfant prodigue.

Qu'on voie donc, & qu'on difcerne
par la lecture de cet Ouvrage, ce qu'on
doit croire des affaires de Hongrie. Mon
langage fera libre devant vous, ô Lumière de mon cœur ! Car votre bonté
excufera en moi les manquemens de mémoire, qui pourront être réparés par
les Protocolles, par les Documens, par
les,

les Lettres, & par les Relations de ceux qui étoient sous mes ordres, qui sont conservées dans mes Archives, par où la Postérité pourra ajouter à ceci bien des choses particulières, ou transporter celles qui ne sont pas rapportées en leur place. Quant à ce qui regarde mon sentiment sur ceux qui m'étoient alors subordonnés, ou sujets, j'ai résolu de mépriser les jugemens que les hommes en feront, parce que je dois rapporter devant vous. Or comme aucun Prince n'a pu éviter les susdits jugemens, je regarde comme plus heureux, ceux qui en agissant selon le mouvement de leur conscience, les ont méprisés ; que les autres, qui se fondant sur les principes & les maximes d'une fausse Politique, se sont étudiés à se les concilier, ou à les suivre. Je sai que j'excuserai bien des choses, que la voix du peuple a condamnées ; que j'en condamnerai d'autres, que l'ignorance du vulgaire a prisées, ou estimées. Que le jugement de ce que je dois rapporter, soit toujours à vous, Ô VERITÉ ÉTERNELLE ! Que la gloire vous soit rendue, de ce que le Lecteur trouvera de

bon,

bon, ou de louable; puisque toute bonté & toute vérité de la créature ne
peut émaner que du Créateur. Ainsi,
il me faut ingénument avouer que
les dons qu'il m'a fait à moi, quoiqu'indigne, ont été les biens du Créa-
tur; & par conséquent il n'en falloit
glorifier que lui seul.

Il seroit nécessaire, pour le tissu &
pour la liaison de cet Ouvrage, de rapporter l'état des Royaumes étrangers,
& particulièrement de celui de Pologne. Mais parce que j'ai peu de connoissance certaine de ce qui s'est passé,
il y auroit de la présomption de mêler
à ce que j'ignore, ce que je sai: ce qui
fera que je n'écrirai point les actions
des autres, & que je ne rapporterai
que les causes des événemens, entant
qu'elles ont eu leur origine en moi. Et
parce que l'essence de l'Histoire consiste
particulièrement en cela, je les détail-
lerai dans toute la simplicité possible,
pour éclaircir quelles ont été les œuvres des ténèbres de mon ignorance, &
celles de votre divine Lumière. Et de
même qu'il ne me souvient pas d'avoir,
de propos délibéré, agi avec personne

A 4   par

par diſſimulation, ou par fraude; je
confeſſerai en toute humilité, que j'ai
ſouvent agi inconſidérément, & plus
ſouvent avec imprudence. Combien de
productions d'eſprit, & de prévoyance
humaine, la Poſtérité ne trouvera-t-
elle pas dans mes Négociations au dehors, qu'elle regardera la plupart comme trop vagues & trop étendues, ſi elle n'examine pas avec attention les cir-
conſtances des tems, & le génie des
Princes & des Cours avec qui il a fallu traiter! Quelques-unes pourront
peut-être paroître desavantageuſes à la
Religion Orthodoxe; mais non à la Patrie, dont la délivrance d'un joug é-
tranger a été mon prémier & principal but: perſuadé qu'après avoir obtenu la poſſeſſion paiſible de ma Principauté de Tranſſilvanie, j'aurois une
influence ſi néceſſaire dans les Conſeils
du futur Roi de Hongrie, que je pourrois rendre inutiles les Conſeils contraires à la Religion Orthodoxe; & que
dans la ſuite des tems, aiant établi l'u-
nion des eſprits, je pourrois par des
voies douces & pacifiques ramener les
Religions ſéparées, à la véritable U-
nité Catholique.

J'at-

J'attribuerois ceci à votre Conseil, ô VERITE' ETERNELLE! si je vous avois demandé la lumière pour le faire. Mais parce que la plupart du tems, ne je m'arrêtois à ce dessein qu'en me confiant & m'appuyant sur ma propre prudence, il est juste que je reconnoisse dans l'humilité ma présomption, & votre Justice, de ce que vous en avez selon vos Decrets éternels disposé autrement, & d'une manière plus avantageuse à mon salut.

J'implore donc votre secours & votre lumière, pour ne point m'égarer en m'éloignant de vous. Que je me repente toujours des actions qui ne vous ont pas eu pour objet. Que je rapporte cependant ce que je n'ai pas eu honte de faire en votre présence. Ce sera votre ouvrage, lorsque vous m'aiderez à surmonter l'amour-propre & le respect humain, qui fut autrefois l'Idole que j'ai souvent regardé plus que vous dans mes actions. Recevez cette pure intention que j'ai, de rapporter la vérité toute nue dans ce que j'ai fait. Je crois qu'elle émane de vous, afin que la Postérité vous en ren-

de gloire , & apprenne à distinguer
le vrai d'avec le faux; que vous soyez
seul exalté , & mon indignité & mon
ingratitude soient manifestées par tous
ceux qui liront ceci.

AVERTISSEMENT.

ON a donné aux Noms-propres,
autant qu'il a été possible, la pro-
nonciation Hongroise, en les écrivant
cependant suivant l'Orthographe Fran-
çoise. A la fin du Livre on trouvera une
Table, où tous ces Noms sont écrits
selon les deux Orthographes.

ME.

MEMOIRES

DU PRINCE

FRANÇOIS RAKOCZY

SUR LA GUERRE

DE HONGRIE,

DEPUIS L'ANNÉE 1703.

JUSQU'A' SA FIN.

MON deſſein n'eſt pas de faire ici l'Hiſtoire de la Nation Hongroiſe, ou de détailler ce qui a été fait avec elle depuis le tems que, dépouillée de ſes Libertés établies par les Loix, elle fut ſoumiſe

1703. à la domination d'une Nation étrangère. Ses péchés ont attiré sur elle la verge de fer des Princes étrangers, dont la Justice de Dieu l'a frappée ; en sorte que tous les Etats du Royaume en ont ressenti les coups. La cupidité de dominer, qui ne connoit pas de Loi, s'étendoit par-tout. J'ai touché d'une main légère les misères communes contre lesquelles la Nation luttoit, lorsqu'après avoir passé cinq ans en Bohême, & les autres années ou en Italie, ou à la Cour de Vienne, dans les dissipations de la jeunesse, je fixai derechef mon domicile dans la Patrie, dont beaucoup d'injures particulières, & plus encore de communes, me rendirent plus sensible l'oppression sous laquelle elle gémissoit. Comme cela est déja rapporté dans le prémier Livre de mes *Confessions*, j'évite de le répéter ici : ce qui est cause que je ne rappellerai pas non plus ce qui a été fait avec moi, * & ce qui est arrivé avant ma captivité, pendant sa durée, & après ma

* Ces détails se trouvent dans *l'Histoire des Révolutions de Hongrie*, qui précèdent ces *Mémoires.*

ma délivrance, comme étant la plupart [1703]
des faits d'une perſonne privée, d'un
citoyen amateur de la Liberté; afin de
paſſer à ce que j'ai fait comme perſonne publique, pendant le cours de la
Guerre.

Je ne crains point de déclarer ingénument devant vous, ô VERITE
ETERNELLE à qui j'ai dédié ces
Mémoires! que le ſeul amour de la
Liberté, & le deſir de délivrer ma Patrie d'un joug étranger, fut le but de
toutes mes actions. Je n'y étois pas animé par un deſir de vengeance, ni par
l'ambition d'acquérir une Couronne ou
une Principauté; non plus que par l'envie de gouverner : mais la ſeule vaine
gloire de ſatisfaire à mon devoir à l'égard
de ma Patrie, & un honneur mondain
qui avoit ſa ſource dans une généro-
ſité naturelle, agiſſoit en moi d'une
manière criminelle par rapport à vous,
ô mon Dieu! entant que ces différens
motifs ſe rapportoient, ſe terminoïent
en moi-même. C'eſt pourquoi, dès
qu'étant ſorti de priſon, j'eus trouvé à
Varſovie en la perſonne du Comte
Berſény, un compagnon de mon ſort,

A 7   tous

1703. tous nos conseils tendirent à mettre au profit de notre Patrie, les conjonctures de la grande guerre qui menaçoit l'Europe. Mais ce Comte, frustré dès-lors de l'espérance conçue dans le Roi Auguste de Pologne, étoit dénué de secours & de conseils. Il ne me restoit d'autres espérances, qu'en la protection & aux secours du Roi de France, en vertu des Traités conclus autrefois avec mon Bisaieul George I. qui s'étendant aussi sur ses Successeurs, garantissoient le maintien de ma Maison dans la Principauté de Transsilvanie, en cas d'élection. Mais me trouvant destitué de l'Instrument authentique de cette Alliance conclue avec la France, & d'une autre semblable avec la Suède, je me flattois que la mémoire de ces Traités leur pourroit bien servir de motifs; mais que les circonstances des affaires opéreroient encore davantage. C'est pourquoi m'appuyant sur ce fondement, je m'ouvris au Marquis du Héron, alors Envoyé de France à la Cour de Pologne; je le priai d'exposer mon dessein au Roi son Maitre. Avant ma délivrance de prison, & avant mon arrivée en Pologne, le Comte

te de Berſény avoit inſtruit le Roi de
Pologne, auſſi-bien que le ſusdit Miniſtre, des moyens, des facilités, &
des avantages qui réſulteroient d'entreprendre une guerre en Hongrie; ce
qui fit que cet Envoyé étoit déja prévenu en faveur de notre projet.

Cependant, parce que la guerre déja commencée en Italie ſous le nom
du Roi d'Eſpagne, par un conſeil aſſez
hors de ſaiſon, comme il a paru du
depuis, n'avoit pas encore alors été
déclarée de la part du Roi Très-Chrétien; ce Miniſtre me déclara, que par
cette raiſon, le Roi ſon Maitre ne
pouvoit pas me prendre ouvertement
ſous ſa protection; mais qu'il feroit cependant tout ce qu'il ſeroit néceſſaire
pour la conſervation de ma perſonne:
qu'il falloit ainſi, en attendant que la
guerre éclatât entre la France & l'Em-
reur; que je me tinſſe caché ſous l'a-
miable protection de quelques Grands
de Pologne. Cette propoſition me découvrit dès le commencement des affaires, de combien peu de poids étoit
la mémoire de l'Alliance ci-deſſus men-
tionnée. Mais parce que le Roi de Pologne, & la plus grande partie des
Grands

1703. Grands de ce Royaume, étoient dans
le parti de l'Empereur, tout étoit plein
de péril pour moi. Il fallut m'en remettre aux conseils de l'Envoyé, qui
s'appliquant à la conservation de ma
personne avec une grande sincérité &
un zèle vigilant, crut ne pouvoir trouver parmi les Grands attachés aux intérêts de la France, personne à qui il
pût me confier avec plus de sûreté
qu'à la Palatine de Belz, qui dans le
cours de la dernière Election avoit
toujours été très dévouée au parti du
Prince de Conti. Cette Dame étoit
d'un esprit, d'un courage viril, & d'u-
ne générosité au-dessus de son sexe.
Mais étant aux Bains de Carlsbad en
Bohême, il fut résolu que nous atten-
drions son retour, étant cachés dans
les Biens du Capitaine ou Starofte Mec-
finsky, lequel avoit une grande amitié pour le Comte de Berfény. Nous
demeurames l'un & l'autre dans le
Château de Minsk environ quatre semaines, jusqu'au retour de la Palatine
de Belz; après quoi nous revinmes à
Varsovie, inconnus à tout le monde.
J'y fus reçu de cette Dame avec tous
les témoignages d'une grande & géné-
reuse

reufe amitié. Nous fumes envoyés à fon Mari, Seigneur de l'illuftre Famille de Siniausky, qui m'étoit allié par les Bathori & les Koftka. Nous reftames fous fon amiable garde, & fous fes foins, expofés à plufieurs périls de la vie, dont j'ai rapporté une partie dans un autre Ouvrage, jufqu'à l'année dont je vais raconter les événemens.

Dans l'efpace de deux ans, le Marquis du Héron, mon Ami fort attaché, fut fubitement arrêté à Varfovie, & renvoyé en France par ordre du Roi de Pologne, fur les foupçons des correfpondances que ce Miniftre devoit avoir eu avec le Roi de Suède. Pour remplir fon Miniftère par rapport aux affaires qu'il y avoit à ménager en Pologne, le Marquis de Bonac fut deftiné Réfident à Dantzik. Celui-ci avoit déja eu ordre du Roi fon Maitre d'avoir foin de nous, & de nous donner pour fubfide annuel douze mille livres de France à moi, & huit mille au Comte de Berfény. Mais pour ce qui regardoit l'affaire effentielle de commencer la guerre en Hongrie, tout alloit lentement, aiant à traiter avec un Miniftre qui m'étoit inconnu;

nu; & la Cour de France n'avoit pas même conçu d'espérance qu'on pût effectuer ce que j'avois avancé. Mes propositions consistoient dans les points suivans. I. Qu'on tînt prêt à Dantzic de l'argent, des Officiers militaires, & toutes sortes d'armes. II. Que les Grands de Pologne fussent disposés à lever 4000 chevaux, & autant de fantassins, avec lesquels je pusse entrer en Hongrie; car ce Royaume se trouvant alors sans Troupes Impériales, les Garnisons étant mal pourvues, les Forteresses & les Places mal gardées, je pouvois facilement me flatter que le Peuple & la Noblesse se remueroient, que par leur secours je m'emparerois des Forteresses; j'espérois de joindre mes forces avec celles de l'Electeur de Bavière, & d'élever, avec le consentement du Royaume, ce Prince sur le Trône de Hongrie. Il s'étoit dès-lors emparé de Lintz & de Passau, Villes de la Haute-Autriche. Mais ces projets, quoique proposés avec des éclaircissemens qui en démontroient la facilité & l'avantage, étant traités avec un Ministre & une Cour qui ignoroient les affaires de Hongrie, à peine les regar-
doit-

doit-on comme possibles; & quoiqu'ils ne furent pas rejettés, on crut plutôt qu'ils venoient de desespoir, ou d'un dessein de se porter à toutes extrémités. Pour en faciliter l'exécution, il avoit été ajouté, qu'il seroit utile que le Roi de France disposât par quelque moyen les Turcs à donner du secours à Tökölì. C'est ainsi que s'écoulèrent les deux ans de mon exil en Pologne, en débattant de semblables propositions avec lenteur.

Sur ces entrefaites, le Peuple Hongrois étoit opprimé par les exactions & les augmentations d'impôts insupportables. Il avoit été ordonné que les Comtés levassent 12000 hommes, pour être envoyés en Italie, & dans l'Empire. Le prix du sel, qui est très abondant dans le Royaume, avoit été tellement augmenté par l'imposition des Douannes, que le pauvre peuple étoit contraint de manger son pain sans le saler. A tant de duretés se mêloient tant d'abus & de fraudes de plusieurs sortes, dans ces Bureaux & dans la levée des Impôts, qu'en multipliant les Gardes, ceux-ci exerçoient de si grandes cruautés, que ceux qui avoient

vio-

1703. violé les Edits publics, frappés & contraints par la crainte des peines & des châtimens, aiant perdu toute espérance de pardon, étoient obligés de se cacher dans les forêts & montagnes. Mes Sujets du Duché de Munkacz furent de ce nombre. Vers le commencement du Printems de cette année, ils avoient envoyé les prémiers en Pologne un nommé Ladislas Bigue avec un certain Prêtre Russien, pour s'informer si j'étois encore en vie. Ils erroient autour des frontières, & apprenant enfin, quoique par un bruit incertain, qu'il y avoit à Brejan quelques Hongrois, tournant leur marche de ce côté-là, ils m'y trouvérent après m'avoir cherché si longtems. Ils m'exposérent l'extrême misère du peuple, & le desespoir qui le pressoit de prendre les armes, si par compassion de leur état, je voulois leur promettre de les secourir de quelque manière que ce pût être : Qu'il n'y avoit qu'un petit nombre de Troupes Impériales dans le Pays, hors celles des Garnisons ; que le Régiment de Montecuculli même aiant déja reçu ses ordres, prenoit sa marche vers l'Italie : c'est pourquoi, si on les aidoit
par

par quelque petit secours, quel qu'il
pût être, il seroit facile de faire prendre les armes aux habitans : Que la
Noblesse se joindroit sans doute avec
les Troupes que les Comtés avoient
levées, & qui étoient actuellement
dispersées dans le Pays, parce qu'elles avoient été contraintes de s'enrô-
ler, d'abandonner leur Patrie & leurs
foyers; qu'il falloit par conséquent hâter l'espérance du secours, de peur que
ceux qui étoient propres à porter les
armes, ne fussent obligés de sortir du
Royaume.

C'étoient-là les propositions du peuple, trop peu digérées, auxquelles il
eût été imprudent de se fier. Mais il
ne convenoit pas de les méprifer entièrement. C'est pourquoi, après avoir
tenu Conseil avec le Comte Bersény,
nous résolumes d'envoyer un homme
de notre part pour reconnoitre la vérité de ce qu'on nous avoit rapporté,
particuliérement pour savoir avec plus
de certitude, l'affection & les secrets
mouvemens du peuple d'au-delà de
la Teysse ou Tibisque. Nous choisî-
mes pour cet emploi un Palfrenier du
Comte, jeune-homme de son naturel
assez

1703. assez capable & fidèle, pour certifier
au peuple, que j'étois encore vivant,
voisin, & prêt à le secourir, si je
pouvois me promettre de leur part de
la promtitude, de l'obéissance, de l'ac-
tivité, & de la fidélité. Cet homme
parcourut en deux mois la plus grande partie de mes Biens, & le Pays au-
delà du Tibisque. Le peuple lui aioi-
gnit Michel Pap pour compagnon de
voyage. A peine put-il rapporter les
marques d'affection & d'empressement,
avec lesquelles il avoit été reçu par-
tout ; que par conséquent il ne falloit
qu'envoyer des ordres, & des Etendarts,
pour que cette multitude sans Chef
se rassemblât en un Corps, dont une
partie ne pouvant plus souffrir ses
misères & les retardemens qu'on apportoit à les soulager, s'étoit retirée
dans les montagnes, où elle attendoit
mes ordres. Les affaires se trouvant
dans une si grande agitation, & la disposition du peuple étant si favorable
par l'empressement qu'il témoignoit,
nous jugeames à propos de profiter de
la chaleur où se trouvoient les esprits,
de faire faire quelques Etendarts & Enseignes pour les leur envoyer avec nos
Emis-

Emiſſaires, munis de Lettres-patentes 1703.
ſignées en mon nom, & en celui du
Comté Berſény, par leſquelles nous
leur promettions du ſecours. Il leur
étoit ſévèrement enjoint de ne point
lever ces Etendarts, juſqu'à de nouveaux ordres; de ne point faire de dé-
prédations ſur la Nobleſſe : mais de tâcher par quelque ruſe de guerre de
s'emparer de quelques Places mal gardées par les Allemands. Aiant ainſi
expédié nos Emiſſaires, nous allames
joindre nos amis le Prince Wiſnio-
veczky, & Potosky Palatin de Kiovie,
pour qu'en leur engageant mes Biens,
nous puſſions obtenir d'eux quelques
ſecours de Troupes. Ce voyage achevé
avec ſuccès, je jugeai à propos que le
Comte Berſény partît pour Varſovie,
& que de là, s'il étoit néceſſaire, il ſe
portât juſqu'à Dantzik, pour conférer
avec le Marquis de Bonac, lui faire
part de tout ce que nous avions déja
fait, & le conjurer d'aider par quelque
ſomme conſidérable d'argent une entrepriſe ſi importante, qui pouvoit
avoir de grandes ſuites. J'avois réſolu
de me tenir pendant ſon voyage à Ho-
leſicz chez la Palatine de Belz, pour
être

être plus à portée de conduire par des voies fecrettes les affaires commencées en Hongrie, & pour contenir la bouillante ardeur du peuple par l'efpérance d'un fecours prochain.

Environ quinze jours après le départ du Comte Berfény, je partis avec la fufdite Palatine, pour vifiter en fa Terre de Drosdovicze le Palatin de Podolie Konsky, Général de l'Artillerie, notre intime Ami. J'appris par des Lettres apportées à la Palatine, que plufieurs Gentilshommes Hongrois étoient arrivés à Léopold; & de peur que le fujet de leur arrivée ne fût divulgué, je jugeai à propos de lés appeller à Drosdovicze. Ils rapportérent, qu'à l'arrivée de nos Emiffaires, & à la vue des Etendarts, tout le peuple, animé de l'efpérance de ma protection, n'avoit pu fe contenir de prendre les armes, & de concourir unanimement à délivrer leur Patrie & leurs familles d'un joug étranger. Majos, nouvellement venu avec Michel Pap, étoit à leur tête. C'étoit un Gentilhomme courageux, mais pauvre. Il rapportoit, que plufieurs milliers d'entre le peuple, aiant pris les armes, atten-

tendoient mon arrivée fur les frontiè- 1703.
res; que par conféquent ils me prioient
en leur nom, de ne pas abandonner
une fi grande multitude; qui n'en étoit
venue à ces extrémités, que par l'ef-
poir, par la confiance, & par l'affurance de mon fecours: Qu'il ne leur
manquoit ni cœur, ni courage, pour
exécuter ponctuellement les ordres;
mais qu'il falloit un Chef, qui fût profiter de fa faveur & de fon animofité.
Que leur nombre s'augmentoit tous
les jours, & ne pouvoit plus long tems
refter oifif: c'eft pourquoi il avoit été
envoyé avec fes Compagnons, pour
m'accompagner, ou leur porter de
nouveaux ordres. Voilà en quoi confiftoit la Députation de ce peuple, qui
depuis quelque tems pilloit fur les confins des Comtés de Maramaroch, Ugo-
ca, & Szakmar, la Nobleffe, les Eglifes, les Moulins; après avoir déployé,
contre mon ordre & intention, les
Etendarts que je leur avois envoyé.
Ceci aiant irrité toute la Nobleffe de
ces Comtés, elle prit les armes; &
cette Troupe de Voleurs fe voiant ainfi preffée, étoit venue fe retirer fur les
frontières de Pologne.

Tome V.   **B**   Le

Le Marquis Nigrelly, Général de l'Artillerie de l'Empereur, originaire d'Italie, étoit alors Général de Cassovie. Il n'ignoroit pas l'état de la Hongrie, & la disposition de ses habitans. Manquant de Troupes régleés, il avoit, au nom de l'Empereur, ordonné aux Comtés de marcher avec le Ban de la Noblesse de leurs Comtés, & de poursuivre ces pillards. Ce Général aiant dans ces conjonctures conçu des soupçons de la fidélité de Karoly Comte de Szakmar, dès le tems même des mouvemens excités par un certain Tokay, veilloit plus particulièrement sur sa conduite. Celui-ci voulant de toute manière détruire les impressions conçues de sa conduite, plus actif que les autres, avoit obligé la Noblesse de marcher pour poursuivre ce peuple, qui sous mes Enseignes pilloit le bien de la Noblesse ; & après les avoir chassé des confins de sa Comté, il résolut de les poursuivre , & de les dissiper par-tout où ils iroient.

Je ne savois rien de tout ceci, lorsque Majos arriva auprès de moi; mais je ne pouvois approuver cette entreprise tumultueuse, faite contre mes ordres

dres exprès. Les fecours que les Grands de Pologne m'avoient promis, n'étoient pas encore prêts. J'étois en difette d'argent, très peu affuré des efpérances que l'Envoyé de France m'avoit donné. Ainfi les difficultés qui de ce côté-là naiffoient de toutes parts, & les incertitudes où je me trouvois, me confeilloient de différer mon départ. Mais ce que l'on m'avoit rapporté des difpofitions du peuple, me repréfentoit le péril qu'il y avoit dans le délai. Je n'ignorois pas qu'une ardeur populaire ne pouvoit fubfifter longtems, & que ce prémier feu une fois éteint, le fecond n'étoit jamais fi violent. Je fis réflexion, que ce peuple excité par la confiance qu'il avoit conçue en mon fecours, quoiqu'il eût imprudemment agi contre mes ordres, fi cependant il fe fût diffipé, l'opinion vulgaire eût été, qu'en l'abandonnant, j'en aurois été la caufe. Ce peuple ne fe feroit pas accufé lui-même d'imprudence; mais ne s'en prenant qu'à moi, il eût cru que je lui aurois manqué dans le befoin. Je conférai donc fur cette affaire fi importante avec le Palatin chez qui je demeurois, homme

véri-

véritablement prudent; mais aiant mûrement examiné les raisons qu'il y avoit de part & d'autre, il reconnut lui-même qu'il n'étoit pas, dans une conjonéture si délicate, capable de me donner conseil. La vaine gloire, le zèle pour la Liberté de la Patrie, la générosité, & l'attention à n'avoir rien à me reprocher, me le suggérétent. Me confiant ainsi dans la justice de ma cause, & dans le secours de Dieu; après avoir pris congé de mes Amis en répandant beaucoup de larmes de tendresse, je partis sur le soir d'un jour fort pluvieux, accompagné seulement d'un petit nombre de Soldats de la Garde du Palatin.

J'avois déja fait la moitié du chemin, lorsqu'étant encore à Drohobitz, éloigné d'une journée des frontières de Hongrie, il arriva des Couriers, qui raportoient que cette populace armée, sans Chefs & sans Gardes, ensévelie dans le vin & le sommeil, avoit été dissipée par Karoly à Dolha dans la Comté de Maramaroch; qu'elle avoit perdu ses Etendarts; & que les fuyards errans çà & là s'étoient retirés sur les montagnes voisines, où ils attendoient mes ordres. Tel,

Tel, & fi malheureux fut le com- 1703.
mencement de la Guerre de Hongrie,
que j'avoue volontiers avoir entreprife
contre toutes les règles de la prudence, animé par l'ardeur d'un jeune homme, & par le zèle de la Patrie. Je
pouvois encore me retirer, & j'en avois
grand fujet ; mais fortifié & encouragé
par le feul deffein de mériter la confiance & l'amour du peuple, & confirmé dans le but que je m'étois propofé, j'expédiai Etienne Kalnafy au Prince Wisnioveczky & au Palatin de Kiovie Potosky, pour preffer les fecours
que j'en attendois. Je réfolus donc de
pourfuivre mon chemin, afin que raffemblant de nouveau le peuple difperfé, j'attendiffe, caché fur les confins de
la Pologne, l'arrivée des Troupes auxiliaires, pour ne pas laiffer refroidir l'ardeur qui s'étoit allumée dans le cœur
du peuple. Il m'avoit été rapporté, qu'il
étoit aifé de raffembler ceux qui s'é-
toient diffipés, & qu'il y avoit même
5000 hommes de pied & 500 chevaux dans mon Duché de Munkacz,
qui attendoient mon arrivée fur les
frontières du Royaume.

Le fecond jour, aiant pourfuivi ma
route

route jufqu'à ce que je fus arrivé au village de Skola en Pologne, accompagné des foldats du Palatin de Podolie, envoyé fous prétexte de recouvrer le refte de l'argent dû à l'Artillerie, les habitans de Skola s'oppoférent à mon paffage. Mais parmi ces altercations, aiant été reconnu par un Juif, le fujet de la difpute fe tourna en joie & en civilité. Au bruit de mon arrivée, un bon Vieillard nommé Petronius Kamensky, alors Supérieur d'un Monaftère voifin de Moines Ruffiens, qui m'avoit autrefois porté, encore enfant, entre fes bras, verfant à ma vue des larmes de tendreffe, & ne pouvant fe raffafier de me voir, m'accompagna jufqu'aux frontières. Les années fuivantes, après m'avoir rendu beaucoup de bons fervices, & rempli la fonction d'Envoyé auprès du Czar de Moscovie, il obtint l'Evêché de Munkacz du Rite Ruffien. Aiant paffé la journée de la manière que je l'ai dit, nous nous trouvâmes le foir égarés entre les détroits des montagnes; & n'aiant pu le matin fuivant arriver au lieu marqué, nous fixâmes notre ftation au village de Klinetz, fitué au pied de la mon-

montagne Besqued, qui sépare la Pologne de la Hongrie. C'étoit , autant
que je m'en souviens , le 16 Juin
1703.

J'ordonnai pour plus grande sûreté,
qu'on m'amenât les Troupes qui se
tenoient de l'autre côté de la montagne. Elles arrivérent environ midi , armées de bâtons & de faulx ; au-lieu de
500 hommes, à peine y en avoit-il
200 à pied qui eussent de méchans
fusils de paysans , & 50 Cavaliers.
Thomas Esze Paysan, mon Sujet de
Tarpa , étoit leur Chef, avec Albert
Kisch , un scélérat & un voleur pros-
crit pour ses crimes. Entre les autres
qui commandoient cette populace, il
n'y avoit que Maurice , & Horvath,
qu'on pût appeller des soldats, le prémier aiant été autrefois simple soldat
dans la Forteresse de Munkacz , le second avoit servi en qualité de Sergent
parmi les Allemands. Le reste , qui
étoit de la lie du peuple, avoit appris
dans le brigandage les élémens du
métier de la Guerre. Majos , qui étoit
venu avec moi, vouloit les commander, par la prérogative de sa Noblesse,
quoiqu'étant un jeune homme adon-

B 4   né

né à l'ivrognerie, insolent, & bouillant, il ne fût pas propre pour cet
emploi. Cette populace ne vouloit pas
être sous ses ordres, à cause de la haine
naturelle qu'il y a entre le Peuple &
la Noblesse Hongroise. Michel Pap,
vieillard barbu, & grand buveur, étant
du parti des Paysans, vouloit commander les Cavaliers. Enfin étant tous
ignorans, & desunis, ils n'étoient pas
même capables de remplir les fonctions
de Caporal. Cependant, commē ils
étoient estimés par le peuple, on ne
pouvoit ni leur ôter leur emploi, ni
en trouver alors de meilleurs pour
mettre à leur place.

Ce petit Corps de Paysans, ainsi
rassemblé, après avoir modéré les prémiers mouvemens de sa joie & fait
cesser les tirailleries, après les avoir
harangué, les uns sembloient me reconnoître à mon langage, & les autres douter si c'étoit moi : jusqu'à ce
qu'enfin, aiant levé leurs doutes par
un long discours, où je leur exprimois
vivement mon zèle pour la Patrie, &
ma sincère affection pour eux, ils me
prêtérent serment de fidélité avec joie
& empressement. Je faisois moi-même

me ranger cette populace, séparée par
bandes; j'ordonnois les Gardes, & faifant la ronde de nuit , j'écoutois en
cachette leurs entretiens particuliers &
familiers, pour reconnoitre plus fûre-
ment les difpofitions de ce Peuple envers moi, & envers leurs Chefs. Les
vivres étoient diftribués en ma préfence; j'étois attentif à ce qu'on ne
portât ni vin, ni eau de vie , parmi
cette populace mal difciplinée. Je fis
publier des Ordonnances, & j'établis
un Juge pour maintenir la Difcipline;
afin que donnant dès le commencement des exemples de juftice & de fé-
vérité contre les prévaricateurs, on tînt
en bride cette Milice par la crainte des
châtimens.

Aiant paffé deux jours dans ces différentes occupations, après que le bruit
de mon arrivée fe fut répandu dans le
Duché de Munkacz, à peine pourroit-
on s'imaginer l'empreffement & la joie
qui attiroît le peuple de toutes parts.
Ils accouroient par bandes, apportant
du pain, de la viande, & autres chofes néceffaires à la vie. Ce peuple étoit
accompagné de leurs Femmes & Enfans , & me voyant de loin fe met-

B 5 toient

toient à genoux en faisant le signe de la Croix, à la manière des Russiens. Ils versoient abondamment des larmes de tendresse, qui excitoient pareillement les miennes. Ce n'étoit pas assez pour le zèle & pour l'affection de ce peuple, de fournir selon son pouvoir des provisions de bouche : mais renvoyant leurs Femmes & leurs Enfans, ils s'enrolloient dans cette Milice, & ne me quittoient plus ; & faute de fusils, s'étant armés de sabres, de fourches, & de faulx, ils déclaroient vouloir vivre & mourir avec moi.

En peu de jours, le nombre de mes Troupes s'étant augmenté jusqu'à 3000 hommes, cette ardeur rustique, qui s'estimoit au-dessus de ses forces, croissoit tous les jours. Mettant donc à profit cette bonne volonté de mes Sujets, je leur persuadai facilement de fournir leurs chevaux de charge pour grossir le nombre des Cavaliers. Ainsi ma Cavalerie, armée de fusils de Paysans, s'accrut facilement jusqu'à 300 hommes, que la Renommée, qui grossit toujours les objets, faisoit monter jusqu'à autant de mille.

Tandis que ceci se passoit vers les fron-

1703.

frontières, Karoly fier & joyeux de l'Expédition de Dolha, avoir porté à la
Cour de Vienne les cinq Drapeaux qui
avoient été pris dans cette occafion,
comme des arrhes de fa fidélité, & un
témoignage authentique qu'il avoit
diffipé les Soulevés. Ces marques de
fa victoire ne laifferent plus à la Cour
aucun doute, que les mouvemens du
peuple excités ou par moi, ou feulement par leur defefpoir, ne fuffent entièrement appaifés: ce qui fit qu'on
ordonna au Régiment de Montécucully, qui outre les Garnifons étoit refté
feul en Hongrie, de hâter fa marche
vers l'Italie. Le nombre de mes Troupes, & leur courage étant ainfi augmenté, je paffai au-delà des frontières
de la Hongrie, comme Céfar le Rubi-
con, pour n'être pas à charge aux Polonois. Mais je ne pouvois faire un
long féjour fur ces montagnes, parce
que le terroir ne produifoit que de
l'avoine, dont le pain n'étoit pas du
goût de ceux qui n'y étoient pas accoutumés. C'eft pourquoi aiant envoyé de toutes parts des Partis, j'appris
qu'il ne fe préfentoit & n'arrivoit aucun Ennemi: je réfolus de defcendre

dans

1703. dans les plaines de Munkacz, & de m'établir dans la Ville de ce nom, éloignée d'une grande portée de canon du Château, puisque ni l'espérance d'augmenter mes Troupes, ni de trouver des vivres, ne me permettoit pas de m'arrêter plus long tems entre les montagnes : le génie de la Milice Hongroise étant tel, que les habitans des campagnes ont en horreur le séjour des montagnes.

J'étois invité par des Députés secrets de tout le Peuple d'au - delà du Tibisque, par les Villes qu'on appelle Haidonicales, par les Jazigiens, & par les Cummains, à descendre dans la plaine. La Garnison du Château qui faisoit à peine 500 Fantassins Allemands, n'étoit pas un obstacle à mon dessein, puisqu'une partie étoit cassée de vieillesse, l'autre s'étoit mariée dans les villages voisins, & favorisoit mon parti. Il y avoit dans cette Garnison plusieurs Officiers qui m'étoient dévoués, par le secours desquels je pouvois espérer de me rendre maitre de la Place. Toutes ces raisons me pressoient de descendre des montagnes dans la Ville. Aiant donc arrangé le mieux que je

pus

pus ce Corps populaire d'Infanterie & 1703.
de Cavalerie, j'arrivai après trois jours
de marche. Aiant fait faire quelques
efcarmouches fous la Fortereffe, à la
manière Hongroife, pour exercer &
former les foldats & les chevaux; aiant
logé mon Infanterie dans la Ville, retiré les Efcarmoucheurs, & pofé les
Sentinelles, je m'arrêtai là. A peine
avois-je paffé quelques heures dans le
repos, que la Ville retentit d'un bruit
confus de clameurs de querelle, & de
coups de fufils. Car le Soldat aiant
trouvé par-tout du vin dans les caves,
perfonne n'avoit pu réfifter à la tenta-
tion. L'Officier, de la même trempe,
Payfan comme le Soldat, faifoit la
débauche avec lui. Etant ainfi les uns
& les autres pris de vin, ils en venoient aux différends & aux querelles.
Moi feul, fobre & de fang-froid, con-
tenois cette multitude déréglée, jufqu'à ce qu'aiant fait défoncer les ton-
neaux, on eut ôté toute occafion à
l'ivrognerie.

Parmi ces defordres d'un peuple
étourdi dans fes transports, les fenti-
nelles me rapportérent qu'il étoit arrivé un Miniftre Calvinifte nommé

1703. Thuri, qui m'étoit connu, envoyé de
la Forterefie; qu'il fouhaitoit me parler, pour me faire quelques prières au
nom des habitans, qui de la Ville s'é-
toient réfugiés dans le Château. Je le
reçus avec bienveillance, & comme
je m'informois des affaires de la Place
& du Royaume, il me rapporta entre
autres chofes, que le Comte d'Aus-
berg Gouverneur de la Forterefie, que
je connoiffois fort, avoit eu des nouvelles certaines que le Régiment de
Montécuculli paffant le Pays des Jazigiens, & marchant vers Pelt, avoit été
furpris & entièrement défait par ce
peuple. Cette nouvelle me paroiffoit
d'autant plus vraifemblable, que peu
auparavant j'avois renvoyé les Députés
des Jazigiens & des Cunnains, par
lefquels ils m'avoient fait affurer de
leur fidélité, & de la difpofition où ils
étoient de fe foulever pour fe joindre
à mon parti. Mais ces nouvelles, fi
favorables à mes affaires, furent dé-
truites le jour fuivant par des contraires. Car les Partis envoyés en guerre
rapportérent, qu'il étoit arrivé au Château de Szerenyé, éloigné de deux milles, un Efcadron de Cavalerie Alle-
man-

mande qui efcortoit des chariots chargés de poudre; mais que, fur le bruit
de mon arrivée, ils avoient réfolu de
s'arrêter dans ledit Château, pour ne
pas expofer au péril ces munitions de
Guerre. Je connoiffois fort la fituation
de ce Château, environné de tous côtés de murailles, & d'un foffé plein
d'eau; ce qui donnoit aux Allemands
toute fureté contre mes Troupes mal
armées. Je réfolus donc d'employer
des voies pécuniaires, en envoyant des
gens pour mettre le feu aux Bergeries
& aux Etables voifines attachées aux
murs, pour communiquer ainfi l'incendie à l'enceinte extérieure du Château, où les chariots étoient. Outre ce
projet, je fis un Détachement de Fu-
filiers choifis, pour s'aller embufquer
dans les buiffons & les endroits maré-
cageux des chemins, pour attaquer les
Ennemis, en cas que le deffein de mettre le feu venant à échouer, ils fe fuffent mis en marche le lendemain.
Mais cette populace, deftituée de toute expérience des entreprifes militaires,
après avoir paffé le jour dans le chemin public, s'en retourna laiffant l'Ennemi dans le Château.

Tan-

Tandis que je m'occupois à tout
ceci, ma petite Armée croiſſoit tous
les jours, & la Nobleſſe des Comtés
voiſines me favoriſant auſſi, envoyoit
les Nobles les plus pauvres pour obſerver l'état de mes forces, & quelles
étoient mes intentions. Les uns m'aver-
tiſſoient du danger que je courois, par
les Aſſaſſins que les Allemands avoient
envoyés pour me tuer. Les autres rapportoient, que le Régiment des Cuiraſ-
ſiers de Montécucully étoit arrivé déjà
à Unguar. Cet avis même étoit confirmé par un Gentilhomme arrivé depuis peu, qui avoit marché quelques
jours avec le ſuſdit Régiment : je ne
pouvois par conſéquent douter de la
vérité de cette nouvelle. Mais ce me
paroiſſoit une affaire qui auroit de
grandes ſuites, ſi au prémier bruit de
la venue d'un ſeul Régiment, je me
fuſſe retiré ſubitement avec une Armée que l'on croyoit par-tout monter
à 10000 hommes. Cette démarche ti-
mide pouvoit décourager également
le Peuple, & les Troupes; quoique je
cruſſe qu'il y avoit plus de danger
d'attendre dans un lieu ouvert de toutes parts, dont les maiſons n'étoient
bâ-

bâties que de bois & couvertes de paille, n'aiant effectivement que 3000
hommes de pied, & peut-être 500
chevaux, armés en partie de fufils de
payfan, d'attendre, dis-je, avec tant de
defavantage un Corps de 1200 Cuiraffiers, & d'expofer ainfi ma perfonne,
& les intérêts de ma Patrie à un péril
extrême.

J'avois donc bien befoin de confeils, tant pour entretenir l'ardeur du
Soldat, & l'opinion qu'il avoit conçue de fes forces, que pour éviter un
danger fi preffant. Je ne pouvois attendre ce confeil falutaire que de moi-
même. Aiant donc fur le champ mis
en campagne des Partis & des Efpions
de tous côtés, je réfolus, en cachant
le bruit de l'arrivée des Allemands,
d'envoyer pendant la nuit une partie
de ce peuple qui étoit fans armes, entre les montagnes, au Château de St.
Nicolas, éloigné de la Ville de deux
milles, fous ce prétexte, que lorfqu'ils
recevroient mes ordres, en faifant le
tour de la Place par les forêts, ils re-
vinffent par les derrières, pour préfenter à ceux de la Fortereffe l'apparence de nouvelles Troupes qui arrivoient.

1703. voient. La raison véritable étoit cependant, que sous ce prétexte spécieux, en éloignant la plus grande partie de mes Troupes destituées entièrement d'armes, apprenant l'approche
des Allemands par les Partis que j'a-
vois envoyés de tous côtés, je pusse
avoir un prétexte de me retirer, & re-
joindre la plus grande partie de mes
Troupes, pour que, dans l'idée du peuple, ma marche pour joindre cet autre
Corps ne ressemblât pas à une retraite
causée par la crainte. Je retins avec moi
un petit nombre des mieux armés, &
je me reposai.

Le lendemain de grand matin, la
Garde du jour marchant pour relever
l'autre qui se retiroit le soir dans l'Ile
de la rivière de Laronca qui arrosoit
la Ville, avoit déja passé la rivière
pour prendre son poste de jour, & poser les vedettes sur les hauteurs, lorsqu'elle tomba sur un Escadron ennemi, qui fit une décharge sur elle, & la
poussa. Je m'habillois dans ma maison
de nulle défense, entourée de clayonnage, lorsque ceci arriva; & je vis en
même tems le reste de mes Cavaliers,
toujours alertes, passer la Place qui étoit
de-

devant la maison à bride abattue au secours de la Garde. Le petit nombre
d'Infanterie que j'avois réservé, étoit
dans la cour de la maison, & je n'eus
que le tems d'en ranger une partie le
long du clayonnage, & poser l'autre
vis-à-vis entre de petites boutiques bâties au milieu de la Place. Je n'eus,
dis-je, que ce tems; car ma Cavalerie
revenoit bien vîte, poussée d'un gros
Escadron. Elle passa la porte de ma
maison, & se débanda. L'Ennemi fut
reçu entre deux feux, tirés dans les
flancs: j'étois à cheval à la porte avec
Majos & quelque peu de Cavaliers qui
me restoient; elle étoit ouverte, &
lorsque l'Escadron passa, ceux-ci firent une sortie fort brusquement. Majos tomba sur le Capitaine, qui s'étoit
vanté le soir d'auparavant de rapporter
mon cœur enfilé sur son épée, & le
tua; & ils restérent environ 30 de tués.
Cet Escadron décontenancé passa jusqu'au Cimetière qui étoit au bout de
la Place, & se posta. Dans cette fâcheuse situation, je n'avois pas de tems
à perdre; il falloit prendre le parti de
la défense dans une maison située entre les autres, couvertes de paille, &
qui

1703. qui n'étoit environnée que de clayonnage; ou de la retraite, qui n'étoit pas
moins dangereuse devant la Cavalerie, dépourvus que nous étions de toutes armes capables de l'arrêter. Plusieurs croyoient qu'il falloit se défendre :
mais quand même la maison auroit
été entourée de murs, le Château étoit
prêt à fournir du canon pour nous
forcer. Ainsi je pris la résolution de
me retirer.

J'encourageai les miens, je les fis
serrer en colonne de marche sans les
trop ranger, puisqu'ils n'étoient pas
capables de tenir leurs rangs. Les Allemands mirent le feu dans des maisons
au-dessus de la mienne. Le vent nous
couvrit de fumée, dont je profitai.
Mais lorsque je fus au milieu de la
Place, la queue de ma Colonne commença à flotter, & vouloit retourner.
J'arrêtai la tête, je l'encourageai, &
nous nous mîmes en marche à la vue
de l'Escadron, qui ne s'ébranla pas,
comptant apparemment de tomber sur
la queue, lorsque nous serions attaqués
à la tête. J'étois au milieu de la Colonne, avec environ 15 Cavaliers prêts
à affronter tout ce qui se présenteroit

à

à nous. Un simple Soldat s'avança à
moi, & me conseilla de me détourner
vers la rivière ; qu'il savoit un gué,
ou l'Infanterie pourroit aisément passer pour regagner les haies du village
d'Orosvegue qui étoit vis-à-vis, & de là
les vignes , & les hautes montagnes
couvertes de Bois. Je ne balançai pas
à prendre ce parti. L'Ennemi avoit entouré la Ville, son dessein étoit de nous
brûler , & de surplus il attendoit de
l'Infanterie du Château. Il fut fort déconcerté, lorsqu'il nous vit passer la
rivière. Quelques Escadrons poussé-
rent à nous ; mais nous étions déja passés entre les haies , d'où nous gagna-
mes à petit pas les vignobles, au haut
desquels je fis halte, & nous découvrimes l'Infanterie qui marchoit du Château , avec des pièces de campagne, &
le Régiment de Montécucully posté
par Escadrons dans les rues qui dé-
bouchoient à la campagne. C'est ainsi
que la main invisible de Dieu me pro-
tégea dans ce danger. Je perdis en cette occasion tous mes ustenciles les plus
nécessaires : tout étoit embalé dans deux
valises, mais la maladie de mon valet
fit oublier de les charger sur le cheval
qui l'attendoit.　　　Mon

Mon prémier foin fut d'envoyer mes ordres au Corps de mes Troupes, qui étoit fans armes dans le Château voifin de St. Nicolas ; mais ma malheureufe avanture leur avoit déja été rapportée par les fuyards : ils ajoutoient de plus, que j'avois été enveloppé, & tué dans la Ville. Le pauvre peuple confterné, répandant des larmes, commença à gémir à hauts cris, à la manière des Ruffiens, & fit retentir fa voix dans les vallées & les montagnes. La repréfentation de ce deuil populaire fera incroyable à ceux qui liront ceci, auffi-bien que les marques de fon affection. Leur cris frappoient mes oreilles, tandis que nous marchions dans les chemins détournés fur le fommet des montagnes, & dans les forêts. J'avois hâté ma marche pour arriver aux frontières de Pologne, de peur que les paffages ne me fuffent coupés, ou par les Allemands, ou par la Nobleffe du Comté voifin de Maramaroch, par quelqu'une des trois Vallées appellées Latorefa, le grand & le petit Pinnié. Ainfi j'arrivai heureufement en deux jours de marche à Zavadka, Village m'appartenant, fitué fur les confins de

la

la Pologne; & peu de jours après, le bruit de mon arrivée calmant le deuil populaire, il rappella pour ces malheureux la joie publique, & ils commencérent à se rallier.

Les Allemands, fiers de leur victoire, campérent sous le canon de la Place, ne jugeant pas à propos de me poursuivre entre les montagnes. Aiant passé le mois de Juin parmi de si fâcheux événemens; sur sa fin, des Cavaliers Hongrois bien équipés passant en plein jour à la vue du Château, & du Régiment de Montécucully, vinrent me joindre. Cette Troupe étoit composée de bons soldats, chargés de butin fait depuis longtems sur les habitans des campagnes au-delà du Tibisque, & des maisons de la Noblesse; mais exposée à la poursuite du Ban & de l'Arrière-Ban des Comtés, ne pouvant plus subsister dans la plaine, ils se retirérent vers moi. Dans la suite du tems, la plus grande partie de cette Troupe s'étant défaite de la férocité des voleurs, devenue plus humaine & mieux morigénée, a mérité des grades & des charges militaires. Peu de tems après, le Comté Berséni aiant heureusement ache-

1703. achevé fon voyage de Varfovie, me joignit en m'amenant deux Compagnies de Valaques du Palatin de Kiovie, & deux de Dragons, & deux autres du Prince Wisnioveczky. Le Peuple fut encouragé par ce fecours fi peu confidérable, foutenu par l'efpérance d'en recevoir de plus grands, & parce que le Comte avoit aufli apporté de l'argent. L'Envoyé de France m'affura qu'il nous feroit bientôt tenir 5000 fequins. Je fis diftribuer aux Soldats la paye d'un mois, afin de pouvoir mieux les réduire à l'obéiffance, & les contenir fous leurs Enfeignes. Les fusdits Cavaliers Hongrois avoient rapporté, que tout le peuple attendoit avec impatience ma defcente dans la plaine, & me prioient que je tâchaffe de paffer le Tibisque de quelque manière que ce fut. Puifqu'il n'y avoit point d'efpérance d'augmenter la Cavalerie entre les montagnes, leur propofition paroiffoit raifonnable; mais il étoit difficile qu'avec 400 chevaux plus ou moins, & 2000 hommes de pied très mal armés qui me reftoient après la furprife de la Ville, de defcendre dans les plaines, en laiffant derriè-

re·

re nous le Régiment de Montecuculli. Les rivières de Borchova, du Tibifque, & du Samofch débordées aiant
couvert les campagnes, les bois, &
les forêts de boue & de fange, rendoient leurs lits inacceffibles. Ces difficultés furent cependant furmontées
par le courage du foldat, & par la néceffité ; puifqu'on n'auroit pu contenir plus longtems fur les frontières les
Troupes venues de Pologne. C'eft
pourquoi aiant appris fur la fin de Juil-
let, par des avis certains, que la Nobleffe des Comtés de Bereg & de Du-
gocza, avec cent fantaffins Allemands
de la Garnifon de Szakmar, & autant
de cavaliers du Régiment de Montecuculli, étoient poftés au Village de
Tifabecs fous le commandement d'E-
tienne Chaquy Comte des deux fufdi-
tes Comtés ; que leur deffein étoit de
m'empêcher le paffage de la rivière,
& que le refte de cette Troupe étoit
logé dans ma Ville de Beregfas en-deçà du fleuve ; je réfolus de les attaquer,
en marchant avec beaucoup de diligence & de fecret par les chemins cachés des montagnes & des forêts voifines ; afin que mettant ce Corps en

Tome V.   C   defor-

deſordre, je puſſe me rendre maitre des
bateaux qu'il gardoit pour ſon paſſage.
Nous nous mimes en marche de grand
matin, & n'aiant eu que quelques heures de repos la nuit ſuivante, qui fut
fort pluvieuſe, lorſque je fus arrivé
avec la Cavalerie au voiſinage de Beregſas, je ſus qu'il n'y avoit que 25 cavaliers Allemands & autant de Hongrois
de paſſés, les autres étant reſtés à l'autre bord de la rivière dans le deſſein
de m'obſerver, parce que la renommée
groſſiſſoit extraordinairement mon Armée. Pour que ceux ci ne méchapaſ-
ſent pas, je réſolus de me rendre maitre du paſſage gardé par 15 fantaſſins
Allemands retranchés. Mon Infanterie
ne put encore me joindre, à cauſe de
l'incommodité des chemins remplis de
boue ; mais mes cavaliers Hongrois,
forcérent ce retranchement. Pendant
ce tems, le Parti compoſé d'Allemands,
& Hongrois de retour, s'approchoient,
ne ſachant pas ce qui ſe paſſoit. J'avois
embusqué des Troupes pour les enve-
loper ; mais aiant été découverts, &
voyant qu'ils ne pouvoient échaper,
ils ſe retirérent dans un tournant de
la rivière, où ils étoient non-ſeule-
ment

ment défendus par le feu de la Cavalerie & de l'Infanterie Allemande, &
de celles des Comtés poſſées au-delà
de la rivière; mais on leur fourniſſoit
encore du ſecours, qui couverts du rivage tiroient en ſûreté. Les Cavaliers
Hongrois, que j'ai rapporté m'être venu joindre à Zavadka, les attaquoient
avec beaucoup de valeur ; mais craignant de perdre les plus braves d'entre
eux, j'avois réſolu de faire ceſſer l'attaque juſqu'à l'arrivée de l'Infanterie ;
lorſque fondant tout à coup bien ſer-
rés ſur eux, ils les culbutérent : une
partie ſe précipita dans le Tibiſque,
& fut enſévelie dans la boue & dans
la fange ; & l'autre voulant chercher
ſon ſalut dans la fuite, fut priſe, ou
tuée.

Ce fut-là la prémière occaſion, dé-
pas d'importance. Cependant la valeur des cavaliers Hongrois y fut ad-
mirée des Allemands même. Pendant
cette action, un Trompette Allemand
qui avoit été pris dans les plaines du
Tibiſque, déſerta; & m'avoit mis dans
une grande peine, crainte que découvrant le petit nombre de Troupes
auxiliaires que le Comte Berſény avoit
C 2   ame-

1703. amené, & que la renommée avoit fort grofli, il ne fournît occafion à l'ennemi de raffembler les Garnifons, & le Régiment de Montecucully, qui étoit à Munkacz, pour me refferrer entre le confluent des rivières, où j'étois alors. C'eft pourquoi dès le foir, je me retirai dans la Ville voifine de Vary, dans le deffein de me couvrir de la rivière de Borchova qui partage cette Ville, en gardant fon pont. Déja mes cavaliers fatigués, & mon Infanterie laffée des chemins boueux, avoient commencé à prendre du repos, lorfque des fuyards de la petite Ville voifine de Beregfas, rapportérent que le Régiment de Montecucully y étoit arrivé. Sur ces avis, aiant raffemblé mes Troupes, je fis rompre le pont, & après avoir pofté les gardes, j'étois indéterminé quel parti prendre; car bien que la rivière de Borchova femblât nous couvrir contre le Régiment de Montecucully, l'ennemi avec qui nous avions combattu étant derrière nous, pouvoit paffer le Tibisque. Le Comte Berfény étoit d'avis de regagner les montagnes; & fans doute le confeil étoit bon; mais l'ardeur des cavaliers

liers qui deſiroient les plaines du Tibisque, étoit un obſtacle à ce deſſein.
L'opinion vulgaire, & la renommée
de la force de mes Troupes qui paroiſſoit y être intéreſſée, apportoit un
autre obſtacle à cette retraite vers
les montagnes ; & il étoit à craindre
qu'en faiſant remarquer à l'ennemi
notre foibleſſe, nous ne l'invitaſſions
à nous pourſuivre. D'autres étoient
d'avis de paſſer le Tibisque de quelque
manière que ce fût. Ce conſeil paroiſſoit téméraire, puiſque nous man-
quions de bateaux, & le chemin qu'il
nous falloit faire nous conduiſoit en
de ſi grands détroits du confluent du
Samoſch, du Tibisque, & de la Borchova, que venant à manquer le paſſage, il n'y avoit plus de retraite, ni
de moyens de regagner les montagnes. Je panchois cependant vers cet
avis, non que je n'en euſſe prévu les
périls ; mais parce que je remarquois,
qu'à la vérité on pouvoit facilement
pourvoir à notre ſureté par notre retraite dans les montagnes, mais point
du tout à la cauſe commune que nous
avions entrepris. Je prévis qu'en tentant le paſſage du Tibisque, je cour-

C 3   rois

1703. rois un grand péril pour ma perſonne ; mais qu'étant venu à bout de cette entrepriſe, il en réſulteroit un grand
avantage pour le bien public. C'eſt
pourquoi, ſans héſiter, j'avois donné
ma parole aux cavaliers en qui j'avois
le plus mis ma confiance, qu'en cas
que l'Infanterie & les Polonois vinſ-
ſent à reculer, je tenterois avec eux le
paſſage de la rivière. Parmi ces conſeils pleins de doutes & d'incertitudes,
étant menacé de deux attaques, la nuit
s'avançoit, & les Gardes avancées rapportérent que les Ennemis d'au-delà
du Tibisque, le Comte Chaquy avec
les Allemands & ceux de ſa Comté,
faiſoient un pont, puis qu'on entendoit charpenter. Mais ceux que nous
envoyames à Beregſas pour reconnoître, rapportérent que ce n'avoit été
qu'une Compagnie de Cavalerie, venue pour s'informer de ce qui ſe paſſoit près du Tibisque ; mais qui, aiant
appris notre arrivée, s'étoit auſſi retirée. Délivré de ce côté de la crainte
de ce que nous avions prévu, & aiant
paſſé le reſte de la nuit dans le repos,
nous nous apperçumes à la pointe du
jour, que ceux des Comtés, après avoir
rom-

rompu leurs bateaux, s'étoient aussi retirés à Szakmar, pour quelque sujet qui nous étoit inconnu; & que les Nobles de ces Comtés avoient gagné de tous côtés leurs maisons. J'appris ensuite que le Trompette transfuge avoit été la cause de cette terreur, en rapportant que 40000 Suédois & Polonois marchoient par le droit chemin à Maramaroch avec du canon, pour mettre le siège devant la Place de Szakmar. C'étoit un bruit forgé par le peuple pour flater ses desirs, que le Trompette avoit cru véritable.

Ces favorables succès réunirent les avis pour le passage du Tibisque. Je détachai Thomas Eszé avec son Régiment assemblé des villages situés sur les deux bords de cette rivière, & nous le suivimes vers Namin, par des chemins tellement couverts de boue, de fange, & des eaux, que l'Infanterie aiant de l'eau jusqu'aux cuisses, étoit presque toute la journée contrainte de guayer. Mais qu'y a-t-il de si difficile, que le courage ne rende aisé & léger à celui qui a bonne volonté? Ce peuple sans armes, à demi nud, sui-

C 4   voit

voit ſes Enſeignes, abandonnoit ſes
maiſons & ſes enfans, & accourant
de toute part, s'enrolloit dans ma
Milice. De telle ſorte qu'après que
nous eumes paſſé le Tibisque à l'aide des moulins, & ramaſſant des nacelles cachées, ce qui fut l'ouvrage
d'un jour & demi, nous fumes joints
par un ſi grand nombre de fantas-
ſins & de cavaliers, qu'en peu de
jours nous préſentions l'apparence
d'un Corps de huit-mille hommes.

Un ſoulévement ſi prompt & ſi
vif de Payſans étonnoit la Nobleſſe,
qui s'étoit retirée dans des maiſons &
Châteaux hors d'inſulte. Conduits par
une animoſité intérieure contre leurs
Seigneurs, ils enlevoient leurs trou-
peaux & beſtiaux, ſous prétexte qu'ils
ne s'étoient retirés qu'en vue de favo-
riſer les Allemands. Ainſi la Nobles-
ſe des Comtés ne ſachant quel parti
prendre, craignant également le peuple & les Allemands, ſe retiroit bien
dans les Châteaux des Seigneurs; mais
peu s'enfermoit dans les lieux gardés
par les Allemands. Le peuple accourant au Camp, choiſiſſoit les Chefs;
les uns ſe mettoient ſous la conduite

d'un

d'un Porcher, d'un Bouvier, d'un Barbier, d'un Tailleur, felon l'idée qu'ils avoient de leur bravoure. Voilà comme ils venoient en foule, & par bandes. Il auroit été dangereux, & impoffible même de changer de tels Officiers, manque d'en trouver de meilleurs à leur place. La Nobleffe étoit remplie d'une grande attente de l'action de Tifabecs, comme je l'ai rapporté. Celle des Comtés de Bereg & d'Ugocfa, s'étant féparée, les plus pauvres commençoient déja à venir à mon Camp. D'entre les principaux, il n'étoit venu que la Famille des Illosvay, guidée par fon affection particulière pour ma perfonne, & par un attachement fingulier à ma Maifon. Un d'entre eux s'étoit retiré dans le Château de Huszt dans la Comte de Maramaroch, en vue de difpofer la Garnifon à fe rendre; les autres m'étoient venu joindre dans mon Camp. La Nobleffe du Comté de Szabolcz s'étoit renfermée dans le Château de Kichvarda entouré de toutes parts de Marais. Nous l'inveftimes, dans l'efpérance qu'elle fe rendroit à notre fommation; mais le peuple, animé par

C 5 l'efpé-

1703. l'efpérance du butin, vouloit charger de planches & de clayonnage les marais, pour fe faire paffage & tenter d'efcalader des murs, & des Tours très hautes. La Nobleffe ne vouloit écouter ni nos propofitions, ni nos menaces; mais elle promit de ne commettre aucun acte d'hoftilité.

Dans cet intervalle, les habitans du voifinage du Grand-Waradin, animés par le bruit de notre paffage, avoient pris les armes fous la conduite d'André Boné. Leur Cavalerie montoit bien à 4000 hommes, & l'Infanterie à 3000. Ils s'affemblérent à Diofeg: mais peu de jours après, les habitans de la Ville d'Olaszy contiguë à la Fortereffe du Grand-Waradin, aïant furpris leur Camp, les mirent en déroute, & les difperférent. Boné leur Chef crioit au fecours. Comme je reconnus que leur défaite avoit été caufée par leur faute, & non par la force des Ennemis, je crus à propos d'y envoyer en diligence le Comte Berfény avec un Détachement de Cavalerie, pour les raffurer, pour établir une Garnifon à Diofeg, & me ramener la Cavalerie au Camp. Pour
moi,

moi, feignant de fuivre le Comte a-
vec tout mon Corps, je me fuis, pour
ainfi dire, dépayfé pour attendre fon
retour dans les Campagnes de Vercb-
far. Son expédition ne dura que quelques jours. A fon rétour, il m'amena environ 3000 cavaliers, qu'on
pouvoit appeller plus véritablement
foldats que les autres, puifque la plupart d'entre eux avoient fervi dans les
guerres contre les Turcs. Je preffois
en différentes manières les Villes Haidonicales à prendre les armes; mais
je ne pouvois le leur perfuader, à
moins que je ne me rendiffe maître
de Kalo, où il n'y avoit que 40 Allemands en Garnifon, outre les habitans. Il falloit donc tenter cette
entreprife, & bloquer plutôt que d'af-
fiéger ce Fort à quatre baftions; & pour
que le retardement de cette entreprife ne fit perdre les occafions favorables dans les autres Comtés, j'envoyai dans celle de Maramaroch Valen-
tin Illosvay, avec deux ou trois Enfeignes de la Comté de Bereg.

J'avois déja campé fous Kalo, à
couvert des buttes de fable; & ayant
reconnu la fortification pour me dé-

C 6   ter-

terminer à faire donner l'affaut , les Troupes de Diofeg attaquérent avec tant de fureur la porte du Fort, qu'ils prétendoient la rompre à coups de hache : entreprife qui n'eut aucun fuccès. Je manquois de ce qui étoit néceffaire pour en faire le fiége , & ne voyant aucune reffource, j'eus recours aux flèches enflammées , pour mettre par leur moyen le feu aux maifons & aux étables, fort preffées autour du rempart. Aiant donc promis une récompenfe aux Polonois & aux Valaques, il s'en trouva qui s'y engagérent ; & en effet ils allumérent une maifon, dont le feu fut éteint. Mais cet incendie donna occafion aux habitans de contraindre le Lieutenant qui commandoit, de fe rendre ; & cet Officier prit parti avec 40 hommes dont la Garnifon étoit compofée. Je trouvai dans la Place quatre petites pièces de canon , & quelques quintaux de poudre, & c'est en quoi confiftoit mon Artillerie.

Tandis que ceci fe paffoit à Kalo, les affaires étoient heureufement conduites dans le Maramaroch, par les Frères Illosvay. Les foldats Allemands

du

du Château de Huszt n'étoient point 1703.
payés de plufieurs années, & ils étoient
mécontens du Gouverneur. Emeric
Illosvay, qui s'y étoit retiré en ce deffein, leur promit la dépouille de cet
Officier. Ils le tuérent, rendirent le
Château, & prirent fervice. Dès que
la Comté fut délivrée de ce Château
qui la bridoit, toute la Noblefle me
prêta ferment de fidélité & m'envoya
des Députés pour recevoir mes ordres.
Déja la renommée de fi prompts progrès avoit rempli tout le Royaume.
Rabutin qui commandoit en Transfilvanie pour l'Empereur, en fut informé. Il pouvoit mettre 4000 cavaliers de vieux Corps en campagne,
fans compter les Garnifons des Places; mais fe bornant uniquement à
défendre cette Principauté, il avoit
envoyé le Général Kleklesperg fur les
frontières avec 500 chevaux, pour
m'obferver. Cet Officier, de fimple
foldat appellé Ditrich, s'étoit élevé
par fa bravoure à ce degré, & à la
Dignité de Baron. Il vint fe pofter
dans le Bourg de Chomlio, où il y
avoit un ancien Château à demi démoli, afin que fe tenant entre le Grand

C 7   Wa-

Waradin & Szakmar, il fût à portée
de secourir l'un ou l'autre.

Les Rasciens de Waradin, enflés
du succès de l'invasion inopinée de la
Ville de Dioseg que j'ai rapporté, me-
naçoient de détruire les Villages qui
avoient pris les armes sous Boné. Ils
en étoient alarmés, & prévoyant que
hors la défense de ce canton, je ne ti-
rerois aucun service d'eux, je résolus
de marcher nuit & jour pour surprendre la Ville d'Olassy Siége des Rasciens, contiguë, comme je l'ai dit,
à la Forteresse de Waradin. Pour cet
effet, j'envoyai des ordres aux Villes
Haidoniques, dont la Milice déploya
ses étendarts aussi-tôt après la prise
de Kalo. Je leur ordonnai, dis-je, de
fournir quelques centaines de chariots
légers, de trois chevaux attelés de
front, que la Ville de Debreczin devoit faire relayer; ce qui aiant été
exécuté sans délai, je chargeai chaque
chariot de 6 ou 8 fantassins, & nous
arrivâmes à la Ville de Dioseg en bien
moins de tems qu'on ne l'espéroit. Les
Troupes étant rafraîchies, & en partie changées par ceux de Dioseg, je
détachai le Comte Berseny pour cette
Expé-

Expédition, & je restai à Diofeg, a-
vec l'apparence & la renommée d'un
Camp, afin que si l'événement ne ré-
pondoit pas à l'attente, je puisse rassu-
rer l'esprit du peuple par l'opinion de
la force du Corps qui étoit resté avec
moi.

Le Comte s'étant mis en marche
sur le soir, arriva à la pointe du jour
au lieu marqué ; & quand l'Aurore
parut, ayant fait donner le signal, il
attaqua à l'impourvu cette Ville qui
n'étoit entourée que de longs pieux
dayonnés, & revêtus de terre. S'en
étant rendu maître avec plus de facilité qu'on n'osoit espérer, il y fit
mettre le feu, & faire main-basse sur
les habitans Rasciens, avec leur Chef
le fameux Kiss-Balas.

Cette Expédition eut de grandes
suites, par son heureux succès. L'Infanterie Allemande de la Garnison de
Waradin fut renfermée entre ses murailles, & la plaine des environs délivrée de la crainte des Rasciens. A
ces avantages se joignoit l'opinion &
l'estime de mon Armée, dont une
partie auroit été suffisante pour forcer
une Ville blosée par quelques milliers

liers de Rasciens & de Hongrois, &, selon l'opinion vulgaire, en bon état de défense.

A peine le Comte Berséni avoit-il ramené ses Troupes, aussi gaies de leur victoire, qu'animées & disposées à de nouvelles entreprises, que je tournai mes pensées à faire attaquer le Général Kleklesperg dans Chomlio, avec pareille diligence. Je détachai pour ce dessein un vieux Colonel Hongrois nommé Jean Scheucs, fort renommé autrefois. Mais peu de tems avant son arrivée, le susdit Général aiant laissé 30 cavaliers démontés dans le vieux Château, s'étoit retiré avec sa Cavalerie à Szakmar. Mes Troupes le poursuivirent; mais Kleklesperg étant arrivé à l'Ile formée par la rivière de Crasna & du Samosch, brula le pont de cette première rivière, & se retira ainsi à Szakmar. Pendant ce tems, l'Infanterie, qui avoit été laissée à Chomlio, attaqua avec viguer ses masures, l'entoura, l'escalada, & contraignit les vieux cavaliers à se rendre, qui prirent tous service. Tous ces événemens furent véritablement heureux; mais faisant réflexion

sur

sur l'état de mes Troupes, selon le 1703.
principe de la Guerre, & sur la retraite à Szakmar d'un Général fort expérimenté avec 500 chevaux, on pouvoit bien prévoir des choses fâcheuses; parce que si le Régiment de Montecuculli qui campoit encore à Munkacs, s'étoit joint au Général Kleklesperg en passant le Tibisque & se cou-
vrant de la rivière de Samosch, ils
auroient pu facilement dissiper mes
Troupes sans armes, errantes, commandées par des Officiers ignorans
entièrement le métier & la discipline de la Guerre. Ainsi il paroissoit
aussi dangéreux & imprudent de perdre
le tems dans la plaine voisine de Szakmar, sans nulle espérance de pouvoir
me rendre maitre de cette Place bien
munie & en bon état de défense,
qu'en laissant cette Garnison ennemie
au milieu des Comtés dont j'étois maitre, sans m'appliquer à d'autres entreprises. Aiant donc pesé ces raisons,
je résolus de m'approcher de Szakmar, pour être plus à portée d'empêcher la jonction des ennemis, &
pour défendre la plaine des incursions
du Général Kleklesperg; & en passant,
de

1703. de prendre le Château de Karol, dans lequel la femme de ce Comte (qui étant allé à Vienne porter les Drapeaux pris à Dolha, n'étoit pas encore de retour) demeuroit avec une Garnison de 40 Allemands. Ce dessein surpassoit cependant mes forces: ce Château avoit quatre bastions murés, & un bon fossé d'eau revêtu; il étoit suffisamment pourvû d'artillerie & de poudre. Mais aiant préalablement fait faire de secrettes promesses à la femme de Karoly par le Comte Berseny, faisant semblant de vouloir l'assiéger, & menaçant de mettre le feu au Château, dans l'espace de quelques jours on persuada aux Allemands de le rendre, à condition que ceux qui voudroient se retirer à la Garnison de Szakmar, y seroient conduits en sureté.

Tandis que ceci se passoit auprès de la rivière de Crasna, je reçus l'agréable nouvelle que le fameux Voleur des montagnes de Mosech, appellé Pintyé, Valaque d'origine, pour montrer sa fidelité, étoit descendu à la Ville de Nagybanya, plus riche par la renommée des Mines d'or & d'argent, que

par

par les tréfors effectifs ; pour la forcer en mon nom, ou pour l'attirer à
mon parti ; que les habitans aiant capitulé, ils l'avoient reçu dans la Ville,
entourée de murailles défendues par
des Tours ; mais que les troupes de
Pintyé aiant commencé à piller, les
habitans s'étoient réunis tout d'un coup
pour la défense de leurs familles &
de leurs biens, & avoient tué Pintyé
avec ses compagnons ; que nonobstant, la Ville envoyoit des Députés
pour rendre raison de leur fait, &
pour se soumettre à mon obéissance.
Aiant reçu leur serment au nom de
la Ville, je louai leur action, & les
renvoyai.

Après la prise de Karol, je marchai pour camper sur la Samosch près
du Village de Vetes, à une lieue de
Szakmar, pour être à portée d'empêcher la Cavalerie Allemande de fourrager ; laquelle aiant eu des nouvelles
de ma marche, se présenta sur le bord
opposé, & vouloit détruire la digue
qui resserroit la rivière pour jetter
les eaux sur un moulin. Mais aiant
fait avancer de l'Infanterie & mes
pièces de campagne, ils se retirérent.

La

1703. La Forteresse de Szakmar, entourée
du Samosch, avoit un passage libre à
l'un & à l'autre bord ; ainsi il me
falloit un passage aussi des deux côtés.
Mes Gardes de nuit s'approchoient fort
près du pont de la Place, puisque manquant d'Officiers, il n'auroit pas été à
propos de partager mon Armée en deux
Corps. Mais les Allemands profitant
de la commodité de la Ville contiguë
à la Forteresse, & mes Gardes n'étant
pas assez vigilantes, la plupart du tems
on n'appercevoit l'Ennemi , que lorsque de retour du fourage il rentroit
dans la Place ; ensorte que les Troupes commandées arrivoient trop tard.

Le long séjour, & l'inaction dans
ce Camp, dégoûtoit le Soldat avide
de la nouveauté & du butin. Les Gardes qu'il falloit faire selon la Discipline
militaire, leur déplaisoient. Ceux donc
qui étoient les mieux équipés, se dé-
roboient du Camp, & il ne me restoit
que les mal montés pour le service.
J'avois bien de la peine à remédier à
ce mal, parmi une Milice populaire,
à laquelle les Officiers de même trempe que les Soldats, ne savoient , ni
n'osoient pas commander.

L'Eté

L'Eté trop brulant avoit causé l'aridité des sources ; les ruisseaux étant defléchés, la rivière partagée au-deſſus de la Place, ne pouvoit fournir également aux deux lits: ce qui m'avoit fait concevoir le deſſein, ſur le rapport des habitans, de détourner un bras de la rivière pour pouvoir faire inſulter la Ville entourée de remparts & de baſtions de terre fort négligés. C'eſt pourquoi je réſolus de paſſer au Village de Palfalva, ſitué ſous le canon de la Place, mais couvert de buiſſons. Pour que le canon de la Ville ne nous incommodât pas dans la marche que je voulois faire, je la fis de nuit en une ſeule Colonne, la Cavalerie à la tête ; les bagages faiſoient le tour : je fis couvrir ma Colonne par de petites Troupes qui devoient marcher entre moi & la Fortereſſe. Nous avancions ainſi en ſilence moi & Berſény au milieu de la Colonne de Cavalerie, aïant devant nous les 30 Allemands qui ſe rendirent à Chonſlio ; lorſque nous entendimes préciſément à notre hauteur un bruit comme de Cavalerie qui marchoit à nous. Il étoit naturel de croire que c'étoit une

de

1703. de ces petites Troupes qui nous couvroient : mais lorsqu'elle étoit toute
prête à déboucher, un jeune Gentilhomme étourdi s'avança sans ordre
de mon côté, la carabine levée, &
aiant demandé le mot, sans attendre
qu'on lui rendît, tira son coup : sur
quoi mes Allemands qui étoient à peu
de distance de nous, firent volte-fa-
ce, ainsi que la moitié de la Colonne
qui étoit devant eux, & pliérent sur
nous. Dans un instant tout fut mêlé, &
ceux de ma Cour qui étoient derrière
moi commencérent à tirer sur mes Allemands, qui pressés par la Colonne
étoient poussés vers nous. On les
prenoit pour des ennemis, & j'en vis
tomber quelques-uns à côté de moi.
Nous allions nous entretuer dans cette
furieuse mêlée, dont moi & Bersény
voulant nous débarrasser, son cheval,
bronchant, s'abbatit, & je le crus
tué. Je le fis secourir : nous le trou-
vames évanoui d'une mourtissure qu'il
eut à la tête, en tombant ; & l'aiant
fait mener à l'écart, je courus à l'Infanterie, criant par-tout de faire halte,
& que ce n'étoit rien. J'arrêtai la Colonne d'Infanterie, ne renforçant que
la

la tête. En attendant le tumulte commença à s'appaiser, & on reconnut la
fauſſe allarme.

Aiant paſſé une partie de la nuit
dans un ſi grand deſordre, je campai
au point du jour au Village de Palfalva, & le jour ſuivant je commençai à
faire élever une digue dans la Samoſch,
conſtruite pour l'uſage des moulins, a-
fin que rejettant les eaux dans un même lit, comme je l'ai rapporté, nous
puſſions mettre à ſec un de ces canaux.
Le Comte Berſény aiant encore beaucoup de mal à ſa tête de ſa chute, je
le fis transporter à Karol, Château voiſin. Pendant que je faiſois élever cette digue, la Cavalerie Allemande fit
une ſortie de l'autre côté de la rivière.
Je détachai contre elle une bonne partie de ma Cavalerie: mais aiant prévu
ce qui pouvoit arriver, je poſtai un
bataillon à la tête de ma digue, afin
que ſi la Cavalerie venoit à être pouſ-
ſée, elle pût être ſoutenue. L'événement ne tarda pas à montrer l'utilité
de ma précaution; car ceux qui commandoient la Cavalerie, ignorant entièrement le métier de la guerre, ſans
ſe former coururent à l'ennemi, & ſe
mi-

1703. mirent en confusion ; l'ennemi les poussa, & gagna quelques étendarts : mais il y en eut peu de blessés, & encore moins de tués. Une si honteuse action d'une bonne partie de ma Cavalerie, enfla le cœur aux Allemands, & déconcerta les miens. Je crus qu'il y auroit de l'imprudence de rester plus longtems dans un lieu si voisin, où l'ennemi pouvoit sans péril faire sortir de l'Infanterie à la faveur des buissons, pour surprendre mon Camp ; ensorte que la digue élevée, je revins camper près du village de Vetes, palliant mon retour de divers prétextes spécieux, pour qu'il ne passât pas pour une retraite dans l'esprit du soldat.

Le nombre des voleurs, plutôt que des gens de guerre, qui faisoient le dégât dans les biens de la Noblesse, s'augmentoit beaucoup hors du Camp : aussi sous le nom de mes soldats, ils coupoient & resserroient les maisons fortes, & Châteaux, dont ils ne pouvoient se rendre maîtres. Déja la Noblesse du Comté de Szabolcs, enfermée dans le Château de Kichvarda, étoit venué étendarts déployés à Dioseg. La Comté de Maramaroch avoit aug-

men-

menté mes Troupes d'environ 4000 hommes de pied, & de 800 chevaux. Le Baron Étienne Jenney, bloqué dans fon Château de Tarkan, las de fe défendre, capitula & fe rendit à mon Camp. Ce citoyen très zélé pour la patrie, avoit paffé fes prémières années dans la guerre contre les Turcs, & il connoiffoit mieux la guerre que pas un autre. Ainfi je lui donnai le commandement fous le Comte Berfény, quoiqu'étant tourmenté de la goute, il ne pût toujours vaquer aux fonctions militaires. J'appris dans ce même tems, que le Régiment de Montécuculli s'étoit retiré de Munkacs, pour camper à Tokay; & aiant trouvé quelque foulagement en ce que je pouvois confulter plufieurs perfonnes de diftinction, je les fis convoquer pour tenir Confeil avec eux, fur ce qu'il y avoit à faire par rapport à la Forterefe de Szakmar. Le Comte Berfény rétabli en fanté étoit de retour au Camp: il nous parut expédient que ce Général marchât vers Tokay avec un gros détachement pour obferver Montécuculli, l'empêcher de paffer le Tibisque, & défendre le pays de fes incurfions. Mais l'ennemi confterné de mon Armée, & d'un fi prompt foulèvement du peuple, étoit dénué de tout conseil. Nigrelly, Général commandant de la Haute Hongrie, croyant que la confervation de ce pays dépendoit de celle de Caffovie, rappella de Tokay Montécuculli, avant que le Comte Berfény y arrivât : par la retraite, les Villes Haidonicales fituées fur les campagnes de Harangod, auffi-bien que les habitans des bourgs rangés au pied des montagnes qui les barroient, prirent les armes, & formérent un bon Corps de troupes, dont une partie vint au-devant du Comte Berfény, & l'autre l'attendit au paffage.

Il étoit bien fâcheux pour moi de refter dans l'inaction, fous Szakmar, & fans efpérance raifonnable de m'en rendre maître : mais je ne trouvai pas convenable d'abandonner des Comtés qui avoient embraffé mon parti. Car quoique le nombre de mes Troupes eût tellement augmenté qu'elles auroient pû facilemene bloquer la Place, à peine la quatrième partie étoit-elle armée ; & il y régnoit par-tout une groffiére ignorance des principes de la

guer-

guerre. Ainfi je réfolus de n'abandon- 1703.
ner pas ce pays, avant que de m'en rendre maitre, au moins de la Ville contiguë à la Forterefle, & abondamment
pourvue de vivres. La plus grande partie des habitans étoient bien difpofés:
mais bien qu'ils fuffent en plus grand
nombre que les Allemands, les bourgeois craignoient la Garnifon de la
Citadelle. Je confultai avec le Baron
Jenney, lorfque les Gardes m'amenérent deux Bourgeois fortis de la Ville,
qui rapportoient qu'un nombre confidérable des habitans, ennuyés de voir
la Ville ainfi renfermée & bloquée, me
prioient de tenter l'affaut aux endroits
que la Bourgeoife défendoit; qu'elle
étoit toute prête de favorifer l'entreprife, & qu'eux étoient envoyés pour
fervir de Guides, & montrer les gués
de la rivière, que l'Infanterie pourroit
facilement paffer, à caufe de la féche-
reffe de l'Eté, & de la digue qui avoit
été faite à Palfalva; qu'il falloit feulement fe hâter de donner l'affaut, de
peur que par le délai le fecret ne s'é-
ventât, ou que la rivière venant à grof-
fir par les pluyes, ne fût plus gayable.
Ce projet ne paroiffoit pas bien difficile

D 2

cile à exécuter; mais comme je connoiſſois l'incapacité de mes Troupes pour tout ce qu'il falloit faire, on ne devoit rien entreprendre qu'avec de grandes précautions. Je pris donc la réſolution de chercher l'occaſion d'attirer dehors la Cavalerie. Le Baron Jenney étant au fait des ruſés de guerre, me donna un bon conſeil; enſuite duquel aiant la nuit poſté l'Infanterie dans les buiſſons des rivages oppoſés aux remparts que les Guides avoient déſignés, pour qu'au ſignal d'une fumée ils attaquaſſent la Place, j'embuſquai ma Cavalerie entre des vergers peu éloignés de la porte de la Ville; & le matin, après les portes ouvertes, j'envoyai trois ou quatre Compagnies pour inſulter la Garde, croyant que la Cavalerie ſortiroit pour les pourſuivre, comme elle avoit fait lorſque je campai à Palſalva, & que je pourrois la couper. La Garde de la porte fut inſultée; mais l'ennemi n'en ſortoit point. Cependant, peu de tems après nous remarquames beaucoup de pouſſière entre les buiſſons, ſur le chemin qui mène à Nagybania. J'envoyai ces mêmes Compagnies pour reconnoître; &

je

je fus que c'étoit la Cavalerie ennemie,
qui étant fortie la nuit, rentroit avec
le fourrage. Mes troupes embufquées;
fans attendre même le commandement, s'avancérent en defordre; &
les Allemands découvrant un tour-
billon de poflière, preffant leur marche au galop, arrivérent à la porte a-
vant ma Cavalerie. Mais dans ces entrefaites l'Infanterie avoit heureufement
gagné les remparts, & aiant mis le
feu en divers endroits de la Ville, elle
auroit pu facilement couper les Allemands de l'entrée de la Citadelle, fi
elle ne s'étoit diffipée pour piller. La
Ville étant ainfi prife, fut réduite en
cendres, en fauvant cependant les habitans. Pour profiter du defordre de
l'ennemi, je propofai au bout de trois
jours de tenter l'affaut de la Forteres-
fe, qui n'étoit également que gazon-
née & paliffadée. Il y eut des Enfeignes qui parvinrent jufqu'au haut des
remparts; mais n'étant pas foutenus à
propos, l'attaque ne réuffit pas. La Fortereffe privée du fecours de la Ville fut
fi contrainte, que je crus pouvoir lais-
fer le pays en fureté, & former d'autres entreprifes.

Le

Le Général Rabutin commandant
en Transilvanie, troublé à la nouvelle de la prise d'Olassy, & du bourg de
Chomlio, quoiqu'il eût pu mettre en
campagne 4000 chevaux de vieilles
Troupes, comme j'ai rapporté, avoit
pris le parti de défendre cette Province confiée à ses soins, & de n'entrer
aucunement en Hongrie. C'est pourquoi il avoit convoqué à Cybin ou
Hermenstat, tous les Grands & Principaux de la Noblesse, sous prétexte de
tenir Conseil; mais e effet dans l'intention que les renfermant dans cette
Ville, il les empêchât de passer à mon
parti, & d'y entrainer le peuple par
leur exemple. Ce Général partagea sa
Cavalerie sur les frontières de la Turquie; & sur le bruit populaire, mais faux,
que Tököly s'approchoit avec un Corps
d'Armée, il commanda sur les frontières de la Hongrie du côté de Szakmar, Samuel Betlehem, avec les Sicu-
les, & la Noblesse des Comtés, qui se
campa à Gibou pour m'observer. Aiant
appris par des avis certains son arrivée
à deux marches, j'envoyai Emeric Illosvay avec un Détachement d'environ
2000 hommes de Cavalerie choisie;

pour

pour le reconnoître , & me rendre
compte de ce Corps, que la renommée faifoit monter à 6000 hommes
& plus. Mon deffein n'étoit pas de
faire des actes hoftilité en Tranffilvanie ; mais parce que j'avois cru les
forces de l'ennemi bien fupérieures à
celles que j'avois envoyé pour les reconnoître, j'avois jugé qu'il étoit inutile d'enjoindre de ne pas attaquer Betlehem & fes Troupes. Les miens marchérent en témoignant beaucoup d'ardeur ; & étant informés par les habitans de la fituation du Camp, à la faveur d'un brouillard épais du matin ils
attaquérent l'ennemi avec tant de courage , que l'aiant mis d'abord fans
beaucoup de peine en defordre , &
peu de tems après en fuite, ils rem-
portérent une victoire que je n'avois
pas efpéré , & dont j'eus pour marques plufieurs étendarts & timbales
qu'ils m'apportérent.

Cependant le Comte Berfény aiant
paffé le Tibisque, étoit arrivé à Tokay. Voyant l'ardeur du peuple, & fur
le rapport des déferteurs de la Fortereffe concevant l'efpérance de pouvoir
s'en rendre maitre, il commença l'at-

D 4   taque

taque àvec trois petites pièces de campagne , & deux quintaux de poudre. Cette Fortereffe, fituée au confluent du Tibisque avec le Bodrog, dans une extrémité de l'Ile , eft d'une forme triangulaire. Du coté du Continent, elle eft défendue par un foffé affez large, & par une double paliffàde, outre les Tours, & un baftion de pierre de taille qui regarde le confluent des deux rivières. Cette Place étoit abondamment pourvue de toutes fortes de munitions de guerre & de bouche, & défendue par une Garnifon pour le moins de 400 Allemands. Le Comte Berfény en m'écrivant tâchoit de me perfuader par plufieurs raifons, que laiffant à Szakmar une partie de mon Armée, je m'y portaffe avec la meilleure partie de mon Infanterie. Ces raifons me paroiffoient preffantes, non pas par rapport au fiège, mais afin que me trouvant au milieu des treize Comtés, je puffe mieux difpofer les affaires de la guerre. Lors donc que pour la fureté du Corps que je devois laiffer à Szakmar, j'eus vifité les environs de cette Place, je trouvai parmi les tours de la rivière de Samofch une

Pres-

Presqu'Ile , dont les bords étoient es-
carpés de tout côté , & fi refferrée par
les détroits, que fon diamètre pouvoit
être à peine de 100 pas. Je fis fortifier cet efpace d'un foffé & parapet
paliffadé , & fis mettre un Ouvrage
détaché au milieu de la courtine, pour
la garde de la porte. De l'autre côté
du Camp, aïant jetté fur la Samofch
un pont de radeaux , je fis faire une Redoute pour défendre la tête du pont,
de telle forte que la fituation du lieu
fecondée par ces Ouvrages , quoique
peu confidérables , pouvoit presque ê-
tre égale aux forces mêmes du Château de Szakmar. Le voifinage de ce
Camp étoit favorable pour veiller aux
courfes des Allemands , qui ne pouvoient fubfifter fans fourrage ; & de
quelque côté de ce fleuve qu'ils fuffent
fortis, il étoit aifé de les couper à leur
retour. Aïant ainfi pourvu à la fureté
du Camp, je confiai le commandement
de ce Corps au Baron Jenney ; & prenant avec moi 2000 fantaffins & autant de chevaux, je marchai vers Tokay. Je trouvai fur le bord du Tibisque le Comte Berfény , qui étoit venu
au-devant de moi avec le Comte Karoly,

roly, qui peu de jours auparavant étoit
forti de Caffovie fous divers prétextes
fpécieux, pour quitter le parti des
Allemands & embraffer le mien. Ce
Seigneur ne m'avoit pas connu avant
ma prifon, mais il l'étoit du Comte
Berfény : à fa recommandation, & à
caufe du 'crédit qu'il avoit dans les
Comtés au-delà du Tibisque, peu de
jours après mon arrivée je le revê-
tis du caractèré de Général, & je l'envoyai dans les plaines de Keskemet,
pour commander les Jazigiens & les
Cummains, auffi-bien que la Milice
qui étoit déja en armes du côté du
Danube, & pour attirer à mon parti
ou arrêter les courfes des Rafciens de
Bacs.

Après que je me fus retiré du Camp
de Szakmar, avant d'arriver au Tibisque, il me fut rapporté par un Courier exprès, que le Colonel François
Diak, par le fecours des habitans des
Villes qu'on appelle Haidonicales, fituées fur les bords des rivières Hernad & Chajó, qui m'appartenoient de
droit héréditaire, avoit pris d'affaut la
Fortereffe de Szolnok défendue par u-
ne Garnifon Allemande, & qu'il avoit
bat-

battu le fameux Capitaine des Rasciens 1703.
Kiba avec 3000 hommes venus au fecours de Szolnok. Par cette expédition le pays d'entre le Danube & le
Tibisque fut délivré de la crainte des
incursions des susdits Rasciens. En
visitant le Camp devant Tokay, la
disposition de ce siège prétendu me
parut digne d'étonnement. Les petites pièces de campagne placées dans
une batterie retranchée au haut de la
montagne, ne pouvoient aucunement
nuire à la Forteresse. Ceux du dedans
avoient encore du côté de la Ville une
demi-lune gardée par 30 soldats, d'où
faisant des sorties, ils chassoient de la
Ville, comme des moutons, des Troupes sans expérience, & presque sans
armes. Outre cela, ils avoient un chemin libre du côté du Continent dans
l'Ile de Bodrog, par où ils amenoient
des bestiaux des Villages éloignés d'un
ou de deux milles : ils n'étoient ni as-
siégés ni bloqués. Ainsi peu de tems
après mon arrivée, je fis jetter des
ponts sur le Bodrog & sur le Tibisque, je postai les Troupes au Continent de la Forteresse : ce que voyait
D 6　　　　l'en-

l'ennemi, il retira fa garnifon de la demi-lune.

Toute la Hongrie étoit pleine de peuple qui couroit aux armes. La Noblesse, à mon infu bloquée dans fes Châteaux & Maifons par cette populace, commençoit a venir en foule à mon Camp. Ladiflas Oskay, qui étoit venu avec Blaife Borbeil jufqu'aux frontières de Pologne parmi les cavaliers voleurs, pénétrant de fon propre mouvement dans fa patrie la Comté de Nitria, avoit amaffé quelques mille Cavaliers, & portoit jufqu'au Vaag la réputation de mes armes.

La Cour de Vienne, étonnée d'un mouvement fi inopiné & fi prompt, ou plutôt de ce débordement de milice populaire, preffée de tout côté, & dénuée de confeils, ne favoit quel parti prendre. L'Electeur de Bavière, fecondé des forces de la France, comme il me fouvient de l'avoir dit, s'étant rendu maitre de Paffau & de Lintz dans la Haute Autriche, menaçoit Vienne. L'Empereur ne pouvoit faire venir des Troupes de l'Empire, ni fe fier en Hongrie au peu de
Com-

Comtes & de Grands, entre lesquels le ſeul Comte Simon Forgatz, qui exerçoit la charge de Général-Major, & de Vice-Général de Javarin, donnoit eſpérance à la Cour de s'oppoſer à mon Armée. Le Général Schlik, battu par l'Electeur de Bavière, aiant ramené environ 2000 cavaliers, fut commandé pour s'oppoſer à mes progrès avec le ſusdit Comte Forgatz, & les Hongrois que l'on pourroit raſſembler de la Comté de Presbourg. C'eſt à l'occaſion de leurs mouvemens que j'appris par Oskay qui étoit dans la petite Ville de Léva à faire la débauche, ce qu'il avoit fait juſques-là; & comme je ne pouvois eſpérer qu'il pût par ſon autorité remettre en ordre les Troupes qui couroient çà & là dans les Villages, ni recevoir la foi de la Nobleſſe des Comtés, je détachai le Comte Berſény vers Agria ou Eger, avec un Corps d'élite, pour que recevant le ſerment de fidélité de la Ville, qui offroit déja de ſe rendre, il perſuadât à Etienne Télékéſy Evêque d'Agria, de ne point quitter ſon Diocèſe, raſſurant ſon eſprit, qu'on avoit rem-

1703. rempli de fausses impreffions que la
Religion Catholique feroit opprimée
par cette guerre; que cela étant fait,
le fusdit Comte fit fortir de la Ville les habitans, afin que la Forterefle
pût être plus preffée, & contrainte de
fe rendre.

A peine le Comte arrivé à Agria,
put exécuter fes ordres, qu'il reçut
des Couriers d'Oskay, qui annon-
çoient que lui & fes Troupes avoient
été furprifes & défaites par Schlik &
Forgatz, & que l'ennemi aiant pris
Léva, s'avançoit pour fe rendre maître des villes des montagnes, & des
Mines d'or. Sur cet avis, le Comte
Berfény raffemblant les Troupes de
toutes parts, & aiant envoyé des ordres
à Karoli qui étoit à Keskemet, de fe
joindre à lui, pourfuivit fa marche,
après m'avoir envoyé un détail de ce
qui étoit arrivé.

Ceci fe paffoit en Octobre & Novembre. En ce même tems, le Cardinal Radziéousky, Primat du Royaume de Pologne, m'avoit envoyé fe-
crettement une perfonne affidée pour
m'informer qu'en vertu de fon autorité Primatiale il avoit publié l'Inter-
règne,

règne, & que les affaires du Royaume rendoient à l'élection d'un Roi; que lui Primat, & le Grand-Général de la Couronne Lubomirsky, sans opposition du Roi de Suède, visoient à réunir les suffrages en ma faveur, pour faire tomber sur moi l'élection, si j'y consentois. Mais aiant entrepris la guerre pour la liberté de ma propre Patrie, & voyant tous les Ordres du Royaume dans un si grand mouvement & fermentation, je crus qu'il ne seroit pas bienséant, ni convenable à mon honneur, d'abandonner les intérêts de ma Patrie, pour une Couronne étrangère, & pour mon avantage particulier; & en quittant ainsi la partie, d'exposer au dernier péril, & au joug Allemand, cette ombre de liberté qui restoit encore. J'envoyay donc Paul Raday alors mon Secrétaire, & Michel Okoliczany, au susdit Cardinal Primat, & au Roi de Suède, pour expliquer au prémier les raisons que j'avois pour ne pas accepter la Couronne de Pologne, & pour représenter au Roi de Suède la teneur de l'Alliance contractée entre son grand-père & le mien, par laquelquelle il étoit ftipulé, que fi dans les tems à venir il arrivoit qu'on dépouillât par violence fes Succeffeurs de la Principauté de Tranffilvanie, la Couronne de Suède s'engageoit à les fecourir & à les aider d'un fubfide de 40000 écus, leur donnant pouvoir de prendre à leur folde 6000 Suédois. Le Roi Augufte de Pologne m'avoit auffi en ce tems envoyé un Officier, fous prétexte de répéter les Déferteurs Saxons. Ce Prince m'affuroit de fon amitié, & me promettoit de ne donner aucun fecours à l'Empereur contre moi.

Je n'avois eu qu'une légère efpérance de me rendre maitre du Château de Tokay; mais campant dans le milieu du pays, je pouvois avoir l'œil à tout. Je détachai la plus grande partie de ma Cavalerie, pour ferrer Caffovie, & empêcher Montécuculli de faire des courfes. J'avois cru que le capital dépendoit du fuccès de l'entreprife de Berfény, qui marchant droit à Neifôl avec Karoli, contraignit le Comte Forgatz avec avec un Régiment Allemand de fe retirer en defordre dans la Ville; car Schlik étoit à Cremnis

avec

avec le reste de ses Troupes. Mes Généraux espéroient contraindre Forgatz à capituler : mais Schlik épou-
vanté à l'arrivée d'un Corps de mes
Troupes, donna ordre à Forgatz de
se retirer le mieux qu'il pourroit vers
Baimos, où il l'attendroit. Forgatz se
retira donc la nuit en desordre, & le
Comte Bersény aima mieux faire un
pont d'or à l'ennemi fugitif, que d'attaquer des Troupes aguerries avec u-
ne milice inexpérimentée & mal disci-
plinée. Après la retraite de l'ennemi,
le Château de Neisol, où il avoit
laissé garnison, se rendit peu de tems
après ; & des François déserteurs qui
se trouvoient parmi les Allemands,
prirent parti dans mes Troupes.

Pendant que j'étois sous Tokay,
mes Troupes s'augmentant toujours,
se choisissoient des Chefs ; & un
Corps investit Leuchovie, & l'autre
Kesmark, Villes royales. Leur débordement, semblable à un torrent, é-
tourdissoit les Garnisons Allemandes,
& en obligeoit plusieurs à se rendre
plutôt par ennui, que par nécessité.
Parmi tous ces sortes d'événemens,
l'action de Mathias Trenchiny fut singulière,

1703. gulière, & digne de remarque. Il é-
toit Domestique du Comte Michel
Chaqui, Brodeur de son métier, ren-
fermé avec son maître dans le Château de Szepes, ou Sepuse, défendu
par une Garnison Allemande. Il n'é-
toit soldat ni de génie, ni de profession, ni de physionomie ; mais aiant
appris que tout le Royaume couroit
aux armes pour la défense de ses Libertés, animé par un tel exemple, il
se mit à penser en lui-même, comment il pourroit obliger, au péril même de sa vie, le Commandant de la
Place à se rendre au Corps du peuple qui avoit investi le Château. Il
n'osoit confier son dessein à ses compagnons, il n'avoit pas le moyen
de gagner les Allemands par des ré-
compenses : il prit donc la résolution
de tuer le Commandant, ou de le
blesser, afin que n'aiant pas de Chi-
rurgien pour se faire panser, il fût o-
bligé de se rendre. Déterminé à cette
entreprise, comme le Château est sur
un roc escarpé, il choisit un endroit,
& se pourvut de cordes pour pouvoir
se laisser couler, & échaper après l'exécution de son dessein. Le jour pris
pour

pour cette entreprise, il alla voir le Commandant, le sabre au côté, à l'ordinaire, & portant du sel dans la main, pour le jetter aux yeux du Commandant; ce qu'aiant fait, il tira aussi-tôt son sabre, & lui fit plusieurs blessures. La femme de cet Officier arriva au bruit; on commença à courir de plusieurs côtés: mais Trenchiny courut à l'endroit où il avoit dressé sa corde, & se laissa couler, pour joindre les Troupes qui tenoient le Château bloqué. Ce dessein téméraire ne fut pas sans succès, puisque le Commandant blessé, & manquant de Chirurgiens, rendit peu de jours après la Place, à condition de se retirer librement avec ses Troupes.

Ce furent-là les événemens les plus remarquables de l'année 1703; à la fin de laquelle l'Hiver, qui n'étoit pas encore rude, n'avoit pas fait geler le Tibisque & le Bodrog. Il ne restoit cependant point d'autres espérances de me rendre maître du Château de Tokay, qu'en tentant l'assaut. La partie de ce Château qui regarde le Continent de l'Île du Bodrog, n'étoit défendue que par des palissades, & par un fossé sec. Du

côté

1703. côté du confluent des rivières, elle é-
toit entourée d'un rempart de terre,
& d'une fauffe-braie : outre cette enceinte la maifon bien maffive, flanquée de Tours, défendoit les dehors.
Mais comme tous les beftiaux, & la
plus grande partie des vivres, étoient
gardés entre ces fortifications du dehors, on pouvoit efpérer qu'en les
brulant, on obligeroit la Garnifon à
capituler.

Le defir que j'avois de voir un Hiver plus rigoureux, adouciffoit les incommodités que je reffentois dans u-
ne tente mince, qui me défendoit à
peine des injures ordinaires de l'air.
Les prémières lunaifons du mois de
Janvier 1704, amenérent la gelée:
le froid d'une feule nuit aiant arrêté
le cours des eaux, la nuit fuivante af-
fermit tellement la glace, que je commandai l'Infanterie pour monter à
l'affaut. Mon deffein étoit de former
l'attaque véritable du côté du Continent; mais d'environner de tous côtés le Château, pour donner de fauffes attaques par-tout ailleurs. Je mar-
quai aux Officiers leurs poftes, je leur
donnai des guides. Les Troupes s'y portérent

térent avec valeur; elles attaquérent
contre mes ordres la fauffe-braie,
plufieurs la paffèrent même, & ils furent miférablement canardés. Le gros
rebrouffa fans continuer la fauffe attaque, ce qui fit mal réuffir la véritable, puifque la Garnifon étoit fuffifante pour défendre ce feul front. Il
eft certain que mes Troupes s'y com-
portérent d'abord vaillamment; & fi
la fauffe attaque eût duré, j'avois lieu
de croire qu'on auroit réuffi à fe rendre maitre, & à bruler les Ouvrages
extérieurs. Mais quoique l'entreprife
eût été mal conduite, l'ennemi conçut une grande idée de la bravoure
de mes foldats, & aux menaces d'un
fecond affaut, il commença à capituler. Cette Place, qui m'appartenoit
de droit héréditaire, & que je fis enfuite démolir, fe rendit vers la Fête
de la Converfion de St. Paul. Je per-
mis à la Garnifon de fe retirer à Peft.
On trouva dans la Fortereffe un bon
nombre de canons & de mortiers,
qui me fervirent à attaquer le Château d'Agria ou Eger, vers le Printems fuivant.

La prife de Tokay fut le commencement

1704. cement des opérations de l'année,
1704.; & avant de les continuer, je
crois qu'il est à propos de toucher
quelque chose de l'état dans lequel
j'avois trouvé tout le Royaume, &
celui de mes Troupes. Je sai que l'a-
mour de la Patrie, naturel à un chacun, rend ordinairement suspectes les
louanges que l'on donne à son propre Pays, & à sa Nation. Je sai que
la Nation Hongroise (depuis le tems
que ce Royaume aiant perdu son Roi
à la funeste bataille de Mohacz, &
que les Grands se laissant aller à di-
verses factions & partis, Ferdinand I.
fut élu Roi) est si noircie dans toutes
les Histoires des Nations étrangères,
des épithètes de rebelle, de séditieu-
se, de turbulente, que tout ce que je
pourrai dire en sa faveur paroîtront
être suspect. Mais parce que j'ai dédié ces Mémoires à la Vérité Eternelle, je dois mépriser le jugement de
l'esprit humain, & suivre le mouvement de ma propre conscience. Les
titres mêmes calomnieux infligés à la
Nation Hongroise, découvrent sa valeur, & sa générosité qui ne sauroit
souffrir la servitude; & comme elle

a

a trouvé tant de fois dans ses Rois des
Pasteurs, qui vouloient revêtir les é-
trangers de la laine de ses brebis, &
les engraisser de leur graisse, les Rois
étant toujours devenus les prémiers
infracteurs des Loix, ont provoqué les
Hongrois à leur legitime défense. Je ne
prétens pas autoriser tous les souléve-
mens des Seigneurs particuliers entrepris sous les anciens Rois: mais il
est aisé à ceux qui lisent les Histoires
sans préoccupation, de discerner les
tumultes causés par la rebellion, d'a-
vec les justes & legitimes défenses de
la Liberté commune, dans lesquelles
les Comtés en corps ont pris les armes; au-lieu que dans les autres, ce
n'étoit que les Vassaux des Grands qui
ont excité des tumultes. C'est pourquoi la concorde des Comtés a ma-
nifesté les maux communs, c'est-à-
dire, la violation des Loix & des Libertés; & les mouvemens d'une ambition particulière n'ont eu autre suite que les troubles entretenus par les
Vassaux des particuliers. Les prémiers
doivent donc être appellés des guerres de la Nation, entreprises pour la
défense de ses droits; & les troubles

des

1704. des particuliers méritent à juste titre les noms de crimes de Lèze-Majesté, & de Rebellion. Si j'avois entrepris l'apologie de ma Nation, je ferois ici mention de la sainteté du Fondateur de nos anciennes Libertés. Je confirmerois ce que j'avancerois par l'exemple de St. Ladislas, qui pour les maintenir prit les armes contre un Roi qui gouvernoit par le conseil des étrangers, & le détrôna; pour que l'exemple de ce Saint, canonisé par la voix de toute l'Eglise, appuyât cette proposition, Que ceux qui ont ainsi violé les Loix & leur Serment, méritent les titres odieux, que depuis près de deux siècles la calomnie attribue à ceux qui embrassent leur défense. Il feroit facile, en lisant dans Bonfinius les guerres civiles dont la Hongrie fut agitée avant les Rois de la Maison d'Autriche, de démontrer que la plupart du tems, c'étoient des Seigneurs ambitieux qui excitérent ces tumultes; mais que les Comtés ne déployent leurs étendarts que très rarement, & toujours contre des Rois violateurs de leurs Sermens, & rebelles aux Loix. Mais au contraire il ne

se-

feroit pas moins facile de prouver par
les dernières Hiſtoires, que depuis le
tems des Rois de la Maiſon d'Autriche, toutes les guerres ont été en-
trepriſes pour la défenſe de la Liberté ſous les étendarts des Comtés. Par
où le Lecteur équitable pourroit juger
de ce que l'on a avancé, c'eſt à-dire,
que ſous les prémiers Rois, ſouvent
des rebelles & des factieux avoient
ſuſcité des troubles ; & que ſous les
derniers, la Nation a montré une
grandeur de courage incapable, je ne
dis pas d'être abbattue, mais même
d'être fléchie par les plus grands
maux, & par le joug de la ſervitude.

Les langues médiſantes publient
les parjures des Hongrois, en ſuppri-
mant, qu'à l'occaſion de leur oppreſ-
ſion (hé! combien de fois, hélas!)
les ſermens qu'on a extorqué d'eux
contre leurs loix & leurs libertés,
ont été ſi violens, & ſi indiſferets,
qu'il auroit été criminel de les garder
au préjudice de la poſtérité, & de
bleſſer ainſi la charité. Or ſi par u-
ne telle conduite Dieu a été offenſé,
malheur aux cauſes de la cauſe, comme aux cauſes de ce qui a été cauſé !

1704. Les traits dont le pinceau Autrichien
dépeint les Hongrois font groſſiers,
& les couleurs en ſont noires ; le bu-
rin avec lequel ils gravent leurs monumens hiſtoriques eſt bien aigu : tantôt ils les blâment de leurs mœurs
groſſières, ruſtiques, & barbares ;
tantôt ils les taxent de l'ignorance des
Sciences, & des beaux Arts; quelque-
fois de leur débauche, de leur oiſive-
té, & de leur avarice. Mais hélas !
ce qui s'eſt paſſé dans une guerre
de huit ans, & qui eſt raconté dans
cet Ouvrage, ne convaincra pas les
Autrichiens de fauſſeté ; car ce qui y
eſt rapporté, n'eſt que des ſignes ma-
nifeſtes & des fruits amers de la domination paternelle de la Maiſon
d'Autriche, ſous leſquelles toute la
Nation a contracté les véritables pro-
priétés d'enfans mal éleves, ſans qu'on
puiſſe les en accuſer, mais leur père.
Car quel eſt le Roi Autrichien, qui
ait établi des Collèges pour que la
Jeuneſſe pût être imbue de mœurs
plus polies? Quel eſt-ce, qui ait érigé
des Académies pour cultiver cette
Nation dans les Sciences, & dans les
beaux Arts ? Qui eſt-ce qui l'a employé

ployé aux fonctions de la Cour , ou
de la Guerre , pour la retirer de la
débauche ? Quel est-ce qui a introduit
parmi le peuple les Arts méchaniques & le Commerce, pour l'éloigner
de l'oisiveté ? Et enfin , quel est-ce
de ces Rois qui n'ait pas fait des ex-
torsions sur les Hongrois, pour qu'en
les contraignant à amasser , & à se
retrancher sur leurs propres nécessités,
il ne leur eût point enseigné l'avarice ? Je réprime les calomnies , j'é-
claircis la vérité : cependant je n'im-
pute pas aux hommes les malheurs de
la Nation , mais je reconnois que la
domination des Parâtres envoyés sur
nous par la main du Père céleste, qui
nous frappe avec justice, a été comme une verge de fer. Dieu s'étoit
servi de moi, quoiqu'indigne , comme d'un instrument pour réveiller
dans le cœur des Hongrois cet amour
pour la Liberté , qui paroissoit déja
refroidi , accoutumé aux maux; &
l'on doit remarquer l'admirable disposition de Dieu envers cette Nation,
depuis le commencement même de
la domination Autrichienne ; car si
l'on examine les Histoires depuis le

tems de Ferdinand I. & de Jean Zapo-
lia, on obfervera un admirable tiffu
des œuvres de la Providence, principalement en ce qu'elle a donné au
Roi Jean, Hongrois, la Transſilvanie, & les parties du Royaume de
Hongrie qui y font annexées, comme un Etat ſéparé, dans lequel on
conſerva le modèle de la Liberté donnée par les loix à la Nation. Cette
forme fut toujours conſervée ſous les
Princes de Transſilvanie. Cette Principauté, dis-je, aiant été ſous Ro-
dolphe reconnue libre, & indépen-
dante par les Etats d'Hongrie, nour-
riſſoit l'amour de la Liberté, & en
enflammoit de tems en tems le déſir
dans le cœur des Hongrois. Or afin
que cette Principauté, ſéparée authen-
tiquement de la domination Autrichienne, ſubſiſtât, ce qui eſt arrivé
ſur la fin du Gouvernement des Bathori, eſt encore revenu de notre
tems. Au commencement du ſiècle
paſſé, les Autrichiens s'étoient appro-
priés la Principauté de Transſilvanie
à titre de ceſſion de Sigismond Bathori, qui, contre toutes les loix & con-
ſtitutions, l'avoit échangé avec Ro-
dolphe

dolphe contre les Duchés d'Opava
& de Ratibor en Siléſie ; mais s'étant
enſuite repenti de cet échange, il revint ſecrettement , & étant reçu de
nouveau par les Etats de Tranſſilvanie , il chaſſa les Troupes Autrichien-
nes. Pouſſé cependant par l'incon-
ſtance de ſon eſprit, il céda la Principauté à ſon couſin-germain le Cardinal André Bathory. La Maiſon
d'Autriche ſuſcita contre lui, Michel
Prince de Moldavie : celui-ci vainquit
le Cardinal, qui fut tué dans la fuite.
Alors l'Armée Allemande , pêchant
en eau trouble, & ſe trouvant en tiers
entre deux prétendans , prit poſſeſſion
de la Principauté. Les Annales de
Tranſſilvanie , entre leſquelles celles
de Loup Betlehem ſont les plus fidèles, ne rapportent pas l'anecdote ſuivante ; mais aiant été curieux dans la
recherche de ce qui regarde cette
Principauté , j'ai appris par la tradition digne de foi des Vieillards, ce
que j'ai cru à propos pour mon deſſein de rapporter ici de Boskay.

Le gouvernement des Bathori étant
interrompu , le Général Baſſa, homme haï des Tranſſilvains , comman-

doit

1704. doit pour l'Empeur en Transilvanie. Quelques Seigneurs qui confervoient le fouvenir de la Liberté, croyoient ne pouvoir lui oppofer perfonne plus propre que Boskay, iffu de la première Noblesse, doué de beaucoup de belles qualités, & particulièrement eftimé dans la Comté de Bihar, & dans les Villes qu'on appelle Haidonicales. Mais parce que Boskay élevé parmi les Allemands leur étoit fort favorable, les Zélateurs de la Liberté balancérent de s'ouvrir à lui fur leurs intentions. Aiant donc mis en délibération de quelle manière ils pourroient aliéner des Allemands l'efprit de Boskay, ils conclurent entre eux de contrefaire une lettre en fon nom, par laquelle il pût être rendu fufpect au Général Bafta, à qui ils la firent rendre par une main inconnue. Le ftratagéme réuffit, & le Général s'étant emporté, prit des réfolutions contre lui, que les auteurs du complot (d'ailleurs amis de Boskay) furent: ils l'avertirent que Bafta, non feulement le foupçonnoit, mais qu'il avoit réfolu, en lui marquant le jour, de le faire arrêter; &
que

que pour cet effet il envoieroit une
Compagnie de Cuiraffiers. Boskay,
fûr du témoignage de fa confcience,
ne vouloit point d'abord ajouter foi
à cet avis ; mais ne pouvant pas non
plus rejetter entièrement les avertiffe-
mens des perfonnes de fes amis dignes
de foi, le foir d'avant le jour qu'on
lui avoit dit que les Cuiraffiers viendroient pour le prendre, il fortit de
fa maifon fous prétexte de la Chaffe,
mais en effet pour obferver d'une
montagne voifine ce qui fe pafferoit.
A la pointe du jour, il vit une Compagnie d'Allemands entourer fon Château ; il fut que fa perfonne avoit été
exactement cherchée dans les endroits
les plus fecrets de fa maifon. Ainfi piqué de la manière indigne dont Bafta en
agiffoit à fon égard, après avoir tenu
confeil avec fes amis, il excita les Villes Haidonicales à fe foulever, il chaf-
fa les Allemands de Transfilvanie, il
entreprit la caufe de la Liberté Hongroife, qui dès les tems du règne
de Ferdinand avoit commencé d'être
ébranlée; & aiant fait une Confédération des Comtés de la Haute Hongrie
à Serens, il fit une guerre heureufe

1704. fe contre la Maifon d'Autriche, qui fut terminée par la paix de Vienne, & par fa mort. Après lui, Gabriel Betlehem entreprit la caufe de la Liberté. Mon Bifaieul George I. lui fuccéda dans la Principauté, & dans cette entreprife, qui fut terminée par la paix de Tirnau. Longtems après, cette même caufe de la Liberté fut reprife par Michel Apaffy, fous les aufpices du Roi de France. Tököli la continua jufqu'à ce que le fiècle étant fini, la divine Providence, par une période admirable, commença en moi avec la prémière année du fiècle. Le tems, & les événemens qui avoient paru fous Boskay au commencement du fiècle paffé, les manifefta la troifième année. Je rapporte ceci entant que les violations des Libertés, & leurs réparations, ont été la caufe des guerres, & non entant que celles-ci concernoient la propagation des Religions hétérodoxes : quoique Dieu arrange toujours les actions, bonnes & mauvaifes, des hommes pour les fins juftes & équitables de fes decrets éternels. Je rappelle cinq guerres entreprifes

dans

dans un même fiecle, par des intervalles fi merveilleux, que par rapport
à l'âge, & à la mémoire des hommes, on pourroit dire qu'elles ont
été continuées, entant que les plus
avancés en âge fe reffouvenant du
paffé, ont pu dans les occafions pré-
fentes fomenter & nourrir dans les
cœurs de la Jeuneffe le defir de la
Liberté, par fa narration de ce qui
s'étoit paffé autrefois. Dieu, auteur
de la paix & de la juftice, a voulu
fans doute par ces mouvemens aver-
tir & apprendre aux Rois de la Maifon d'Autriche, que la Nation Hongroife ne pouvoit être conduite par
une crainte fervile, mais qu'elle fup-
portoit volontiers le joug de l'amour
paternel.

Le Confeil de Vienne avoit gardé
quelques mefures avec les Hongrois,
avant que les forces des Turcs euffent été abbattues par la levée du fiège de Vienne, par la bataille de Par-
kan, & par la prife de Bude. La
Maifon d'Autriche étant enflée de
tant d'heureux fuccès de toute cette
guerre, fa cupidité rompit fa barriè-
re; & fes defirs conçus longtems au-

1704. paravant fur la Hongrie , parurent prémièrement dans les Lettres expédiées pour la convocation de la Diète de Presbourg , dans lesquelles l'Empereur Léopold ne propofa pas fon fils ainé pour être élu, felon la manière jufqu'alors pratiquée ; mais il déclara qu'il vouloit le faire couronner comme Roi Héréditaire. Le funefte Théatre d'Epéries érigé fous la direction du Général Caraffa , & fur lequel plus de 70 Gentilshommes furent exécutés , nous fait fouvenir de quelle manière cette Sentence , entièrement oppofée au Loix & aux Libertés , a été foutenue , & par combien de fang elle a été cimentée. Ce fouvenir eft gravé en lettres de fang , non fur des monumens de marbre, mais fur les tables vivantes de tous les cœurs. On conferve de même le fouvenir affez récent de la manière dont on s'y eft pris pour dépouiller la Transfilvanie d'un Prince national.

Aiant ainfi arraché les pierres angulaires de la Liberté , & fait une paix glorieufe avec les Turcs à Carlowicz , le Confeil de Vienne croyoit que

que les forces des Hongrois étoient ſi affoiblies, & leur courage ſi abbat-tu, qu'il ne trouveroit aucun obſtacle à ſes volontés, aiant reſtreint au cou-ronnement du Roi Joſeph la Bulle d'or du Roi André le Hiéroſolymi-tain. Il croyoit avoir en main les verges pour frapper librement ; en-ſorte que la licence des Autrichiens ſe déchainoit impunément ſur tous les états du Royaume. Ce ſeroit ici le lieu de rapporter les propoſitions qui furent faites à Vienne dans l'Aſ-ſemblée de tous les Comtés, après la concluſion de la paix avec les Turcs, & ce qui avoit été fait avec moi, & avec les compagnons de ma Capti-vité. Mais en aiant fait mention ail-leurs, il ſuffira d'avoir rapporté ceci en manière de préambule, pour mon-trer plus clairement que le jour, l'é-tat du Royaume, & la diſpoſition intérieure de ſes habitans.

Tout le monde ſait que la Nation Hongroiſe eſt diviſée par les Loix en quatre Etats. Car le Peuple, du tems du Roi Uladiſlas, abuſant de la Bulle de la Croiſade, & ſe révol-tant contre la Nobleſſe, aiant été

E 6   dompté

1704. dompté & vaincu, fut réduit en une
fervitude fi étroite , & la Noblesse
acquît un droit fi ample fur fes Sujets, que felon les Loix le Payfan ne
poffede rien en propre que fon ame.
Une partie du Peuple, compofée foit
d'Efclavons, foit de Rufliens , porte
ce joug avec affez de patience. Mais,
les Sujets Hongrois ont tant d'animofité contre leurs Maitres & contre
tout le Corps de la Noblesse , qu'ils
femblent encore ne refpirer que la
vengeance de leur Liberté perdue.
La condition de ceux d'entre le Peuple Hongrois qu'on appelle Affran-
chis, eft au-deffus de celle des Payfans ; mais n'égale pas entièrement
l'état des Nobles : ce font les habitans
des Villes Haidonicales , qui étoient
autrefois frontières des Turcs. Ils
avoient obtenu du tems du Roi Jean,
des privilèges des Princes de Tranfilvanie dans les Comtés annexées à
cette Principauté , fous le nom de
parties du Royaume de Hongrie, afin
que n'étant fujets à perfonne, ils ne
ferviffent qu'à la guerre ; & pour que le
nombre de cette Milice augmentât,
le Royaume confirmant leurs privilèges,

ges, ils obtinrent qu'aucun d'entre les
Nobles ne pourroit retirer son Sujet
réfugié dans les sudites Villes. Si
l'intention des prémiers fondateurs des
Villes Haidonicales avoit été suivie en
tout tems, & que leurs habitans eussent été tenus dans une exacte discipline militaire, on auroit facilement
prévenu les maux, que les Affran-
chis dispersés dans le Royaume, &
qui dans la suite des tems s'aggregé-
rent au Corps de la Noblesse, ont
causés; & ils n'auroient pas fraudé le
Royaume & la Noblesse, changeant
d'un lieu à l'autre, pour ne pas payer
de redevances aux Seigneurs dont ils
cultivent les terres.

Le Clergé est le prémier entre les
Etats du Royaume: mais il faut gémir de ce que la pieuse intention de
St. Etienne, & des autres Rois, y est
si mal observée depuis le tems du
Gouvernement Autrichien, que les
Chapitres ont entièrement cessé d'in-
struire la Jeunesse, principalement depuis que les Jésuites ont pris sur eux
ce soin. Le Conseil de Vienne s'est
servi très habilement de cette occasion; car les Jésuites Hongrois étant
toujours sous l'obéissance des Supé-
rieurs

1704. rieurs Autrichiens, ont prémièrement inspiré à la Jeunesse une grande haine contre les Sectateurs de Calvin & de Luther : ce qui faisoit que ces jeunes-gens, préoccupés, & imbus des principes d'un zèle amer, étoient choisis pour l'état Ecclésiastique, & on retenoit parmi les Jésuites ceux qui se distinguoient par leurs études. Les Hongrois ont naturellement du respect pour les Prêtres ; il ne leur fut pas difficile de communiquer ce zèle amer aux Catholiques Séculiers. La meilleure partie du Clergé croyoit que la conservation de la Religion Orthodoxe dépendoit de la domination Autrichienne, & qu'on ne pouvoit prendre les armes contre elle, que dans la vue de détruire les Catholiques, & sans encourir l'excommunication *ipso facto* : ce qui faisoit qu'au commencement de cette guerre, mes propres Curés & Pasteurs m'avoient tellement fui, que j'ai été longtems sans Prêtres, étant regardé comme fauteur des Hérétiques, & comme excommunié ; jusqu'à ce que m'étant rendu maitre de la Ville d'Olassy, le Prévôt du Chapitre de Waradin

eût

eût été amené à mon Camp avec
quelques Religieux. L'Empereur Léopold avoit accoutumé de conférer les
Evêchés à des Sujets recommandés
par les Jéfuites. Ceux-ci mettoient
des Eccléfiaftiques de la plus mince
Nobleffe, ou d'une naiffance tout à
fait populaire, qui primoient plus
par la prérogative de leur dignité fa-
crée, que par la pureté de leurs
mœurs, par leur doctrine & par leur
charité. Comme le Peuple, & la plus
grande partie de la Nobleffe, fui-
voient les Confeffions hétérodoxes,
les Pafteurs manquant d'auditeurs,
fous ce prétexte ne vaquoient point
à la prédication, ni ne catéchifoient
point la Jeuneffe: ils exigeoient cependant, à la rigueur, de leurs Paroif-
fiens les dixmes & autres redevances;
ils amaffoient de l'argent pour leurs
parens roturiers; les Eglifes à demi
ruïnées reftoient dépouillées de leurs
ornemens, & à peine y gardoit-on
quelque propreté. L'état du Clergé
fe trouvant tel, je jugeai qu'il étoit
d'une grande importance de perfuader à l'Evêque d'Agria, dont le Dio-
cèfe s'étend fur treize Comtés, de

ne

ne pas abandonner ſes ouailles. Ce
Prélat étoit d'une bonne Nobleſſe de
la famille Télékézy , bon Vieillard,
doué de toutes les vertus Epiſcopales,
particulièrement de cette ſainte ſim-
plicité , & de la charité ; & parce
qu'il avoit retenu l'idée conçue dans
ſa jeuneſſe, de la Liberté de la Nation , il n'étoit point attaché aux ſentimens des Jéſuites , & il n'aimoit
point le Gouvernement Autrichien.
Auſſi aiant contracté d'une part &
d'autre une connoiſſance & une amitié particulière , je le regardois comme mon père , & lui réciproque-
ment me conſidéroit comme ſon fils.
Son exemple retenoit le petit nombre
entre le Clergé, qui ne ſuivoit pas
le ſentiment des Jéſuites. Toutes les
Troupes (à peine la dixième partie ex-
ceptée) étoient compoſées de Cal-
viniſtes , & toutes les irrévérences
qu'elles commettoient envers nos
Prêtres ſentoient la deſtruction & la
perſécution de l'Egliſe , même aux
yeux des Grands qui ſuivoient mon
parti. Mais aiant pris les armes pour
le rétabliſſement de la Liberté , il
falloit exécuter à la rigueur ce qui
étoit

étoit ordonné par les Loïx, régler & corriger par de bons moyens ce qui ne l'étoit pas. Or fi en de tels cas je ne me comportois pas avec violence & avec impétuofité, ou fi j'exhortois les efprits à la charité & à la tolérance réciproque, ne pouvant approuver qu'on employât la violence dans la conduite des confciences, on m'accufoit de favorifer le parti des Anticatholiques, & de n'avoir qu'une Religion feinte & diffimulée.

Le fecond Etat eft celui des Grands, dont la difpofition n'étoit pas differénte. Ils font compofés, ou de ceux qui font de la Baffe Hongrie, ou des onze Comtés fituées fur le Vaag, ou enfin des treize Comtés de la Haute Hongrie. Entre les prémiers & les feconds, plufieurs avoient époufé des femmes de l'Autriche, ou de la Stirie ; les autres élevés à Vienne poffédoient des biens héréditaires fur les confins de la Stirie, de l'Autriche, ou de la Moravie. Ceci étoit caufe qu'ils favorifoient de cœur les Autrichiens, & qu'ils ne vouloient pas expofer au hazard leurs biens & leurs fortunes; ou bien, faifant peu de cas de la famille

1704. mille & de la perſonne du Comte
Berſény, ils avoient de la peine à
embraſſer mon parti, crainte de ſe
mettre daus un rang inférieur au ſien :
car il eſt certain qu'aucun d'entre eux
n'avoit de mauvais ſentiment ſur la
cauſe, dont j'avois embraſſé la défenſe. Le Palatin même Paul Eſterhazy, Chef de tous les Grands, la favo-
riſoit de bouche ; mais il ne rempliſ-
ſoit pas les devoirs de la Charge de
Palatin, puiſque ſi dès le commencement de la guerre, ce Seigneur en ſe
conciliant l'autorité eût rempli ſelon
ſa dignité ſon caractère de Médiateur,
de concert avec les Grands attachés à
l'Empereur, à raiſonner ſelon les lu-
mières de la prudence humaine, la
guerre de Hongrie eût enfin eu un
heureux ſuccès.

.. Ecrivant ces Mémoires devant la
Vérité Eternelle, & mettant à part
toute affection humaine, je dois
avouer que la perſonne, mais plus
encore le génie, les inclinations, &
les mœurs du Comte Berſény, ont
été un grand obſtacle à la conciliation
des eſprits des Seigneurs Hongrois.
Tous le connoiſſoient, & je n'étois
connu

connu que de peu d'entre eux, qui **1704·**
regardant ma jeuneſſe comme incapa
ble des conſeils militaires & politiques, attribuoient tout au Comte.
Pluſieurs n'auroient pas voulu ſe mettre en parallèle avec lui, bien loin
de vouloir être ſous ſon commandement. Le génie donc de Berſény,
qui ne pouvoit ſouffrir l'égalité, paroiſſoit dur & inſupportable à ſes in-
férieurs; il étoit inconſidérément mor-
dant & ſatirique dans la familiarité,
léger dans la gravité, aigre & mépri-
ſant dans la repréhenſion; opiniâtre
eſtimateur de ſes propres ſentimens,
il mépriſoit la plupart du tems ceux
d'autrui; éloquent en paroles, héſi-
tant dans l'action, flottant dans le
doute; vague & indéterminé dans le
conſeil, à cauſe de la vaſte étendue de
ſon eſprit, il attribuoit toujours aux
autres les mauvais événemens. Berſény m'étoit attaché par affection, &
par néceſſité; ainſi, par amitié & affection réciproque, je le ſupportois en
bien des choſes, en pluſieurs j'excu-
ſois ſon naturel qui ne pouvóit ſe
modérer. D'ailleurs ne remarquant
en lui aucun mal volontaire, je ne
pou-

pouvois corriger ce qui étoit involontaire, ni le punir avec juſtice ; ce qui faiſoit que ſouvent on m'accuſoit tacitement en cela de foibleſſe. L'opinion commune taxoit Berſény d'avarice & d'avidité pour amaſſer des tréſors ; mais il en étoit incapable. On le croyoit épargnant, parce que ne ſe ſouciant pas de ſe concilier l'affection des autres, il croyoit qu'avec moi il ſe ſuffiroit à lui-même. C'eſt pourquoi il n'avoit, hors moi, aucun ami dans toute la Hongrie. Je ne laiſſai pourtant pas ſouvent de lui déplaire, parce que je ne pouvois ſatisfaire ſes deſirs en gardant les règles de l'équité. Du reſte, étant doué, comme je l'ai dit, d'un génie fort vaſte, il pénétroit facilement les affaires ; mais il ſavoit rarement démêler les talens des hommes, & leur capacité. Aiant entrepris la cauſe de la Liberté, je lui accordai volontiers tout ce que j'avois vu pratiquer en Pologne par les Grands par rapport au Roi, & ce que je crus pouvoir ſe faire en vertu de nos Loix. Ceci fut cauſe de beaucoup de médiſance : car on croyoit que le Comte affectoit avec moi l'égalité

galité de la dignité & du pouvoir ,
quoique je n'aye jamais pu blâmer en
lui aucun manque de refpeĉt & d'o-
béïffance. Il m'étoit difficile de modérer le naturel de cet ami , que
j'aimois fincèrement , qui participoit
à mes fecrets, & avoit été le fidèle
compagnon de mon exil & de mes
malheurs. Il étoit difficile de le concilier avec les autres Grands qui fui-
voient mon parti ; car étant tous d'un
génie différent , quoiqu'ils paruffent
déférer volontiers l'honneur au Comte Berfény, à caufe de l'eftime que je
lui marquois, & à caufe de fa dignité , aucun n'étoit fincère envers lui ,
ni les uns envers les autres. L'un
méprifoit , médifoit , & fouvent ca-
lomnioit l'autre devant moi , après
avoir librement critiqué entre eux ma
perfonne & mes aĉtions. Je pourrois
partager entre les autres Seigneurs ce
que j'ai dit de Berfény, hors la fa-
gacité de fon efprit, la maturité de
fon jugement, la folidité de fon af-
feĉtion , de fon amitié, & de fa fidélité envers moi. Il n'y avoit perfonne entre ceux qui avoient des emplois
militaires, qui n'eût mérité de févè-
res,

1704. res, mais juſtes châtimens, pour n'a-
voir pas exécuté mes ordres : ils l'auroient ſans doute ſouvent reçu , ſi
leur ignorance en ce qu'il falloit faire,
ou d'autres défauts, ne les euſſent
excuſés ; puiſque manquant d'habiles
Sujets, en en mettant d'autres en leur
place, je n'aurois pu ſuppleér à leur
défaut. Du reſte, pour ce qui concerne l'état des Grands, depuis que le
Peuple eut été appauvri par les exactions des Autrichiens , leurs rentes
étant fort diminuées, & leurs biens
héréditaires déſolés, ils ne pouvoient
plus tenir de groſſes maiſons & de
nombreuſes ſuites de Nobleſſe, dont
les parens leur étoient attachés : voilà
pourquoi ils étoient fort déchus de
crédit & d'eſtime dans l'eſprit de la
Nobleſſe, & par conſéquent ils étoient
peu en état de nuire.

Le troiſième Etat, c'eſt à dire celui
de la Nobleſſe , & toute la Milice,
me rendoient tout reſpect, obéiſſan-
ce, & affection, & ne ſe plaignoit
que de ce que je ne réprimois pas avec
ſévérité la licence des Grands & des
Généraux., aux prémières plaintes
qu'on en portoit ſouvent inconſidérément,

ment, & fouvent fans preuves fuffi-
fantes. Car l'opinion vulgaire, & le
jugement du public ne confidéroit pas
toujours les circonftances des affaires,
& les maux que la précipitation, la
manière d'agir inconfidérée, & enfin
les procédures irrégulières & illégales
pouvoient caufer; & combien il eût
été blâmable, en travaillant pour le
rétabliffement de nos Libertés, d'agir
avec les Grands & les Principaux def-
potiquement, à la manière des Autrichiens. Les Loix défendoient de
condamner quelqu'un fans avoir été
entendu, & dûement convaincu: ainfi, lorfque je prévoyois que les plaintes, quoique juftes, pourroient manquer de preuves juridiques, ou faute
de témoins exemts de crainte & de
corruption, je ne croyois pas à propos de les entreprendre juridiquement;
mais je ne manquois pas d'en faire des
réprimandes en particulier affez dures,
& fenfibles. Le refpect dû à la vérité
me contraint de parler ainfi, quoique je ne croye pas qu'aucun des
Grands ait été mal intentionné à mon
égard, puifque c'étoit l'émulation,
pour ne pas dire l'envie qu'ils avoient
contre

1704. contre le Comte Berſény , ou une
mauvaiſe habitude dégénérée en nature, qui cauſoit entre eux ces diſcours médiſans & calomnieux. L'Ordre de la Nobleſſe me montra toujours une affection conſtante & fidèle.
Un véritable fils de la Patrie ne peut
aſſez gémir de voir ce Corps ſi conſidérable dans l'Etat , entièrement négligé de l'éducation ſous le Gouvernement Autrichien , & mêlangé de vils
Sujets tirés d'entre le Peuple. Le faſ-
te des Grands, & leurs nombreuſes
Suites, n'étoient pas autrefois ſans un
grand inconvénient ; mais leur manquement cauſa que l'éducation · de la
Nobleſſe fut négligée. A peine un
Gentilhomme avoit-il appris chez les
Jéſuites la Langue Latine, & achevé
ſes Humanités , qu'il ſe marioit &
exerçoit l'Oeconomie , ou prenoit le
parti du Barreau ; en ſorte que les
Avocats , les Préſidens de Juſtice, les
Procureurs, & autres Juges ſubalter-
nes, marchoient accompagnés de jeune Nobleſſe , qu'ils employoient à
des fonctions civiles , & qui apprenant la Juriſprudence, terniſſoient, &
combien, hélas! ſe dépouilloient entièrement

rement du fentiment de leur naiffance. La plus grande partie de ce Corps, attaché à la Secte de Luther ou de Calvin, ne fréquentoient plus les Collèges des Jéfuites : car la haine qu'on avoit contre eux, à caufe de leur zèle amer & bouillant, augmentoit de plus en plus; & leur Jeuneffe n'étant pas reçue par les Préfidens de Juftice, la plupart du tems créatures des Jéfuites, étoit encore plus négligée dans fon éducation, & contractoit des moeurs plus groffières. La Nobleffe retirée fur fes terres au milieu de fes foyers, & dans l'oifiveté domeftique, s'adonnoit à l'Ivrognerie, & s'attachoit plus à la propagation, qu'à l'éducation de fes enfans. Plufieurs les engageoient ou dans un Commerce indigne de la Nobleffe, ou dans les Arts méchaniques; heureux s'ils pouvoient faire des Avocats & des Procureurs, de ceux qui avoient plus de talens. Ce nombre de Juriftes fufcitoit des procès entre les Grands, qui rempliffoient la bourfe des Avocats & des Juges. Comme les Loix nationales prefcrivoient un partage égal des poffeffions héréd*itai-*res

1704. res entre les enfans des deux fexes, elles fournifloient occafion & matière à procès; d'où il arrivoit que les mariages mêmes étoient devenus des sources fécondes de grandes divifions dans les familles. Les Avocats & les Juges forfientant & excitant ces divifions, s'étudioient à porter les parties avec adreffe & avec rufe à des accommodemens & à des tranfaétions amiables, pour profiter des deux partis; mais dans la fuite des tems, ceux des Juriftes qui fe trouvoient offenfés par l'une & par l'autre parties, reffüfcitoient les procès affoupis, par des Contraéts envelopés d'équivoques. Par cette fuite de chicane, les Préfidens de Juftice amaffant de grandes richeffes, & achetant des Seigneurs leurs Châteaux & domaines en argent comptant, s'élevoient aux prémiers grades d'honneurs, aux principales Charges, & à la dignité de Baron. En examinant ceci, quoique rapporté en peu de paroles, perfonne ne s'étonnera que les moeurs des Hongrois aient été peu polies; il ne les méprifera pas, en voyant régner parmi la Nobleffe l'ignorance des Sciences, de l'Art mili-

militaire ; le sentiment, que le sang 1704.
leur a donné, refroidi ; & la recherche de la Vertu guerriere, à laquelle
l'inclination naturelle porte les Hongrois , négligé. Mais leur mauvaise
éducation leur représente souvent des
fantômes illusoires d'honneur & de
vertu , par où ils sont malheureusement sujets à prendre le change. La
funeste Tragédie d'Epéries avoit enlevé les principaux Gentilshommes ,
qui se distinguoient par leurs richesses & par leurs qualités personelles.
Ceux qui , à l'occasion de la guerre
contre les Turcs, avoient été élevés
dans les Places frontieres , étoient
morts , ou avoient vieilli ; enforte
que dans cette dernière guerre entreprise pour la Liberté , la seule fermeté & la bravoure des Hongrois, desti-
tuée de toute expérience, que dis-je ?
de l'idée même de la guerre , leur
seule bonne volonté & docilité , leur
générosité incapable d'être ébranlée
par les maux, avoit soutenu la guerre, & malgré tant de malheureux succès, disputoit le terrein à une Nation
& à des Troupes habiles dans l'Art
militaire , exercée, aguerrie, équipée

&

& fournie de tout l'attirail militaire ;
& quoique les Hongrois fuſſent ſupé-
rieurs en nombre aux ennemis, ils
étoient cependant toujours fort infé-
rieurs en armes, en chevaux, & en
Officiers.

Je ne ſaurois exprimer les marques
d'affection, de fidélité, de conſtance,
de dévouement, que la Nobleſſe & la
Milice m'ont donné. Si elle avoit eu
des Maîtres dans l'Art militaire, elle
auroit voulu s'inſtruire, obéir, & ſe
comporter avec valeur.

Le quatrième Etat du Royaume,
c'eſt à dire les Villes Royales, a été
auſſi un monument ſemblable de la
domination Autrichienne, en mon-
trant par la pauvreté, par le petit
nombre des bourgeois, par l'ignorance des Arts méchaniques, & par le
défaut des manufactures, que le
Royaume étoit orphelin, & que les
biens du pupile avoient été épuiſés
par des parâtres. J'avois aſſez l'affection & la fidélité des citoyens, mais
leur pauvreté ne pouvoit m'être que
d'un médiocre ſecours ; car eux-mêmes n'étant que les Facteurs des Marchands

chands de Breflaw & de Dantzic, ne
fe foutenoient qu'en fervant.

La Divine Providence m'avoit conduit dans ce Défert de ma Patrie,
comme la Voix qui crioit aux Armes,
à la Liberté. Elle fit entendre ce cri
à tous les habitans. Les cœurs géné-
reux, émus au nom de la Liberté,
accoururent, ils prirent les armes pour
la recouvrer; mais cette voix n'étoit
pas en état de donner ni la paye au
Soldat, ni l'habillement, ni des
armes, ni des chevaux. Il falloit
donc demander au peuple de donner,
pour qu'on fût en état de lui rendre.
Cependant ce même peuple étoit
foldat; ainfi il auroit fallu le furchar-
ger en impôts, l'obliger à fournir des
vivres, fans ceffer de cultiver la terre, & de fupporter en même tems les
fatigues de la guerre. Ce Royaume,
que j'oferois dire furpaffer tous ceux
de l'Europe par les tréfors de la Nature, & par fa fertilité, perdoit fans
retour tout l'argent qu'il avoit pu tirer
de Pologne pour le prix de fes vins,
& de l'Allemagne pour la vente de fes
beftiaux: les Autrichiens l'enlevoient
par des impôts; & pendant la guerre

des

1704. des Turcs, l'argent qu'on avoit porté à Vienne, avoit été employé pour des marchandiſes de l'Autriche, deſtinées pour les Troupes de l'Empereur. Cette grande diſette d'argent monnoyé m'obligea donc dès le commencement de la guerre à introduire la monnoie de cuivre, pour n'être pas contraint d'exiger du peuple, qui ſervoit avec ſes propres chevaux & armes, fourniſſant les vivres de bonne volonté. Les rentes royales des Douanes ne produiſoient qu'un léger ſecours ; le profit en étoit fort diminué par la guerre : il falloit abolir pluſieurs de ces Douanes établies contre les loix par les Allemands au milieu du Royaume, parce qu'elles étoient à charge aux Regnicoles. Les Mines d'or & d'argent, qu'on cultivoit dans l'eſpoir d'y. trouver de riches veines, avoient à peine ſuffi pour les fraix qu'il avoit fallu faire : il n'y avoit que les Mines de cuivre, d'où il falloit attendre la plus grande reſſource. Mais ſi la monnoie de cuivre eût été frappée ſelon ſa valeur intrinſèque, elle n'auroit pu ſuffire, ni à la néceſſité, ni ſervir pour l'uſage, à cauſe de ſon poids énor-

énorme. Je demandai donc le confentement de toutes les Comtés, &
des Villes Royales; & l'aiant obtenu,
je fis faire de la monnoie de cuivre
marquée avec des emblèmes de la Liberté publique, & non à mon coin.
Ainfi, lorfque dans la fuite le Lecteur
obfervera que je ne louerai perfonne
en particulier, & que j'en blâmerai
plufieurs, il l'attribuera à ce que j'ai
rapporté, c'eft à dire, qu'il a manqué
de Maitres & non de Difciples, au
nombre desquels je dois me ranger.
J'étois alors âgé de 26 ans, fans expérience militaire, & affez fuperfi-
ciellement inftruit des affaires politiques & hiftoriques Je favois remarquer les fautes & les défauts; peut-
être n'ai-je pas fu les corriger. J'a-
vouerai donc, que j'étois un aveugle,
qui conduifois des aveugles. Quicon-
que jugera fur ce fondement des affaires de Hongrie, attribuera l'heureux
commencement de cette guerre à la
trop grande précaution des ennemis
dans leur conduite; il attribuera, dis-
je, le progrès aux Garnifons & Fortereffes mal pourvues, & encore plus
mal défendues; enfin il imputera la

F 4   mau-

mauvaise issue à l'ignorance, à l'inexpérience de la Nation ; au manque d'argent & des armes, qui sont les nerfs de la guerre, à la peste, & à la médiocrité des secours qu'on a reçus de la Cour de France. Mais il rapportera tout cela à la disposition toujours bonne, sage & miséricordieuse, de la Divine Providence.

J'ai déja rapporté, que la prise de mon Château héréditaire de Tokay a été le commencement des opérations militaires de cette année. Après sa réduction, aiant mis mes Troupes en quartier d'Hiver, je pris le mien dans le Bourg de Miskols, situé au milieu des Places de Cassovie, d'Agria, & de Szendro, où il y avoit Garnison Allemande. Le Général Nigrelli étant mort, la moitié du Régiment de Montécuculli demeura à Cassovie, & l'autre à Epéries. Quoique foible, & hors d'état de nuire, il occupoit pourtant beaucoup de Troupes, pour garantir le pays de ses incursions. Il falloit que le bruit du nombre des miennes les contînt, pour les empêcher d'entreprendre ce qu'elles auroient pu facilement exécuter ; car dans l'état

tat où elles se trouvoient réduites, *1704*
souvent c'eût été un effet de prudence
que d'agir imprudemment. Ainsi la
prévoyance des entreprises, que l'ennemi hardi auroit pû tenter, fut la
principale cause de mon séjour à Miskols. Au reste l'Hiver, nonobstant sa
rigueur, n'empêchoit pas de faire des
progrès au soldat à démi nud, mais
brulant d'une ardeur intérieure, que
le butin & le pillage lui inspiroit.

Le Corps que commandoit Samuel
Berlehem aiant, ainsi que je l'ai dit,
été défait sur les frontières de Transsilvanie, le nombre de mes Troupes
s'augmentoit aussi de toute part dans
cette Principauté. Le Général Rabutin avoit envoyé d'Hermenstat le Comte Laurent Pékry pour lever le Ban de
la Noblesse des Comtés, & le Comte
Michel Mikech pour ramasser les Si-
cules. Mais mes Troupes, sans mes
ordres, & même à mon insu, se répandant de toute part, aiant pris ces
deux Seigneurs avant qu'ils eussent pû
exécuter les ordres de Rabutin, amenérent le prémier prisonnier à Tokay,
& le second à Miskols. Peu après
elles prirent aussi Sava, né d'une famille

F 5

mille Rafcienne, mais élevé par les Allemands au titre de Baron, à caufe de fes flatteries & des fidèles fervices qu'il avoit rendus à dépouiller cette Principauté de fes Libertés. C'étoit un homme rufé par nature, & par art. Pékry aiant abandonné les dogmes de Calvin, faifoit commerce de fa Religion pour gagner la faveur des Allemands ; car de mon tems il vint de nouveau profeffer la prémière. Au refte, comme il parut dans la fuite, il é-toit fort affectionné au parti de Tököly, à caufe de quelque alliance du côté de fa femme, qui étoit de la famille de Petrofy. Selon l'opinion commu-ne, il paffoit pour inconftant & tur-bulent. Je fus longtems fans vouloir recevoir ni fon hommage, ni celui des autres Grands de Tranfilvanie, de peur qu'on ne crût qu'ils euffent fait trafic de leur fidélité & de leur liberté. Je leur confeillois de retour-ner au parti de l'Empereur, par un échange de prifonniers ; mais réfiftant tout de bon à mes avis, & me pref-fant de recevoir leur foi, je confentis enfin à leurs inftantes demandes. J'en-voyai Pékry au Comte Berfény, avec qui

qui il avoit dès longtems des liaisons 1704.
d'amitié ; je retins auprès de moi les
autres, qui furent bientôt après joints
par Michel Téléky., après m'avoir
livré le Château de Keuvar dont il
étoit Gouverneur.

Le Général Schlik aiant été repouſ-
ſé ; comme je l'ai dit, les Troupes
Allemandes s'étoient retirées à Presbourg ; & mon Armée étoit non ſeu-
lement maitreſſe du pays en-deçà du
Danube, excepté les Fortereſſes ; mais
encore après que Karoly eut paſſé ce
fleuve à Samaria par l'ordre de Berſény avec un Détachement de Troupes Tranſtibiſcaines, toutes les Comtés de la Baſſe Hongrie prirent les armes, & me prêtérent ſerment de fidélité. Or avant que Schlik fût venu en Hongrie, lui & le Général Sty-
rum aiant été battus par l'Electeur de
Bavière, & mes Troupes faiſant des
courſes juſqu'aux portes de Vienne,
l'Empereur Léopold ſe trouvoit réduit
à une ſi grande extrémité, qu'il crai-
gnoit que conjointement avec cet Electeur nous n'entrepriſſions le ſiège de
cette Capitale. Ainſi contraint d'a-
voir recours à des conſeils pacifiques,

F 6

404. il avoit souhaité que l'Envoyé des Etats-Généraux d'Hollande Hamel, Bruininx écrivît au Comte Bersény, qui étoit alors en quartier d'Hiver à Frieftat près du Vaag, pour lui faire des ouvertures de Négociations pacifiques, & lui demander des passeports pour pouvoir conférer plus commodément sur les moyens de parvenir à une pacification. Le Comte suivoit la vue que j'avois de contenir, plutôt par la renommée que par les forces, l'ennemi, (dont 2000 chevaux qui s'étoient retirés avec Schlik restèrent à Presbourg sous le commandement du Prince Eugène de Savoie;) & craignant qu'en usant de délai, il n'arrivât quelque événement qui pût faire prendre coeur à l'ennemi, il fit expédier d'abord des passeports à l'Envoyé, & m'instruisit des raisons qu'il avoit eu d'en agir ainsi. Quoique j'approuvasse cette conduite, elle excita cependant de grands soupçons sur la fidélité de Bersény, parmi tous les Principaux qui étoient auprès de moi. On me pressoit de veiller attentivement aux affaires du Royaume, & aux miennes, de peur que Bersény faisant

faisant son accommodement particulier
avec la Cour de Vienne, n'abandon-
nât l'intérêt de la Cause commune.
Je ne me défiois pas du Comte, qui
m'étoit attaché par une sincère amitié : cependant dans cette conjoncture, la trop grande confiance & la
moindre défiance paroissoient également dangéreuses ; la prémière, crainte de donner à ceux qui étoient près
de moi, des marques d'un esprit sans
prévoyance, foible, & qui se laissoit
aller aveuglément aux conseils de Bersény ; la seconde, de peur qu'en of-
fensant par la défiance un ami intime
& fidéle, je ne lui donnasse moi-même sujet de pourvoir à ses affaires.
C'est pourquoi aiant écrit au Comte,
je lui découvris sincèrement la défiance presque générale qu'on avoit
conçue de sa conduite, en ce qu'il
s'étoit ingéré, sans me consulter, de
traiter sur les affaires politiques ; mais
je l'assurai en même tems de ma confiance particulière, en lui déclarant
que la formalité l'exigeant ainsi, je
lui avois écrit en Latin, pour qu'il
pût montrer ma Lettre à l'Envoyé, &
lui persuader que l'affaire de la paix

ne

1704. ne dépendoit pas de lui seul, mais de toute la Nation, qui avoit pris les armes non pour nos intérêts particulier, mais pour la Liberté publique. Je ne connoissois pas encore Karoly, que je n'avois vu que pendant peu de jours près de Tokay; mais lui me regardant comme incapable du maniement des affaires, croyoit que je n'agissois que par les mouvemens de Berséñy. Aiant passé le Danube sur un pont de glace, il s'avançoit heureusement dans le pays au-delà de ce fleuve, où il trouvoit abondamment des soldats aguerris, & exercés à leur manière dans les guerres contre les Turcs, ou contre les François sur le Rhin; & si Karoly eût su s'en servir, il eût pu réduire les affaires des Allemands à de bien plus grandes extrémités.

Voulant mettre à profit la rigueur de l'Hiver & les glaces du Danube, je détachai les Colonels François Diak & Emeric Illosvay, pour aller à Feuldvar combattre les Rasciens qui habitent les bords du Danube, ou les forcer à embrasser mon parti. Ces deux Officiers aiant passé ce fleuve, com-

combattirent heureusement le Général-Major Kraicz, qui avoit été commandé pour la garde des bords du
Danube avec la Garnison de Bude &
des autres Places, & avec la Milice
Rascienne; ils l'amenèrent prisonnier
à Miskols. Le bruit de mes progrès
étoit déja parvenu aux frontières de
l'Empire Turc. Tököly étoit relégué
à Nicomédie; les soldats Hongrois
encore engagés à sa fidélité, qui a-
voient formé une Colonie éloignée
des frontières, selon qu'il étoit porté
par le Traité de Carlowicz, commençoient à revenir en leur Patrie : quelques Officiers entre eux, qui avoient
de la réputation, avoient suivi Karoly, & s'étoient acquis sa faveur &
sa confiance par le détail de leurs ex-
ploits passés. Karoly n'aiant jamais
servi, se regardoit comme inférieur
à eux en expérience : il les considéroit
comme de très fidèles & expérimen-
tés Officiers : il vouloit se conformer
à leurs conseils, & aux principes de
Tököly, quant aux services & aux opérations militaires. On lui vantoit la
prudence pénétrante de ce Prince à
éluder les artifices des Allemands, &
des

des perfonnes foupçonnées; on lui repréfentoit fes précautions pleines d'une fage défiance. Ce qui fit que dans la fuite Karoly conçut du foupçon contre la Nobleffe, & contre les Troupes de la Baffe Hongrie; & voulant prévenir leur trahifon imaginaire, il la fépara en plufieurs Corps.

Avant la défaite du Général Kraicz, les Rafciens habitans des bords du Danube avoient envoyé à mon infu des Députés à Karoly pour fe foumettre; ils étoient revenus avec toute affurance, fûrs de la parole donnée: mais mes Troupes qui avoient défait le fufdit Général, n'aiant pas été informés de leurs démarches, commencèrent à les traiter en ennemis. Les Rafciens irrités, & fe plaignant qu'on leur avoit manqué de parole, s'attachérent depuis fi fortement au parti ennemi, qu'il ne fut plus poffible de les en ébranler.

La Cour de Vienne, fort troublée de l'expédition de Karoly, & des courfes qu'il faifoit jufqu'aux portes de cette Capitale, rappella pour fa défenfe toutes les Troupes de Presbourg. Elle envoya en diligence des ordres

ordres à Paul Szecfény Archevêque 1704.
de Collofa, de conférer avec Berlé-
ny, & de tâcher de lui perfuader auffi-bien qu'à Karoly, de préférer les
conſeils pacifiques à la guerre. Ce
Prélat demanda un rendez-vous, que
Berſény, après avoir reçu mon agrément, lui affigna à dix lieues de Vienne dans le Château de Lebenszent
Miklos dans la Comté de Moffon,
& enfuite dans la Ville de Ruft; &
après avoir reçu le ferment de fidélité
des Principaux & des Comtés en mon
nom, il laiffa le commandement à
Karoly, & revint fur le Vaag.
    Tout avoit réuffi à Karoly, dans
la courfe qu'il avoit faite jufqu'aux
portes de Vienne. Les Officiers de
Tökôly, qui s'étoient acquis dans ſon
efprit une grande eftime de bravoure,
& les Nobles Tranftibicains attachés
à fa fuite s'étant joints à eux, gouver-
noient enfemble ſes Confeils. Mais
leur grande faveur, leurs mœurs rudes,
leurs débauches, leur avidité pour
le pillage, aliénoient de Karoly l'efprit des meilleurs Officiers, qui aiant
fervi entendoient mieux le métier,
qui avoient vieilli fous les armes, &
qui,

qui, animés d'un cœur véritablement Hongrois, avoient pris les armes pour l'amour de la Liberté, & non pour celui du butin. Ces maux à mon infu, & à celui de Berfény, fe répandirent dans les cœurs de toutes les Troupes de la Baffe Hongrie. Les rapports de Karoly, pleins d'heureux fuccès, ne nous laiffoient pas alors entrevoir ces difpofitions; ainfi les raifons que Karoly nous donnoit de fa conduite paroiffoient bonnes, & avoient des marques de précautions plaufibles à nous-mêmes. Car nous ignorions encore la fource du mal, qui ne parut qu'au Printems fuivant, & produifit un effet très fâcheux, & inefpéré.

Le Comte Berfény aiant entendu dans la Ville de Ruft les propofitions de l'Archevêque de Collofa, avoit confeillé à ce Prélat de demander des paffeports pour fe rendre auprès de moi, en vue de traiter des affaires qui concernoient la paix; ce que je lui accordai, lui défignant la Ville de Gyöngyös pour le lieu du Congrès. Mon deffein étoit d'attaquer Agria, & aiant tiré des canons & des mortiers

tiers de Tokay, je quittai mon quartier d'Hiver de Miskols au mois de Mars. Ce Château étoit fortifié à l'antique, de vieilles Tours du côté de la Ville, & celui qui regardoit les côteaux des vignes avoit un Ouvrage à cornes fort haut, que les Allemands avoient démoli avant la guerre. Ainſi il ne reſtoit que le corps de la Place bâti de bonnes murailles. Le Comte de Zinzendorf en étoit Gouverneur, & la Garniſon étoit aſſez foible. Il étoit arrivé de Pologne à Miskols quelques Officiers & Ingénieurs François, avec un Gentilhomme de la part du Roi de France nommé Fierville, envoyé avec des Lettres de créance pour réſider auprès de moi. Au commencement du Siège, les Raſciens retirés dans la Place avec un petit nombre d'Hongrois, faiſoient d'aſſez vigoureuſes ſorties ſur mes retranchemens ; mais aiant toujours été repouſſés, & perdu les plus braves d'entre eux, ils ſe tinrent tranquilles entre leurs murs. Mon canon médiocre ne faiſoit guères d'effet contre les vieux murs; mais j'appris par les Déſerteurs, que les citernes avoient
été

été crevées par des fecouſſes de tremblement de terre cauſées par les bombes, & qu'elles commençoient à perdre l'eau, laquelle venant à manquer,
j'avois lieu de me flatter que la Garniſon feroit bientôt obligée de capituler. Sur la fin du mois de Mars je
quittai le fiège pour me rendre à Gyöngyös, accompagné feulement de
mes Gardes, pour conférer avec l'Archevêque. J'avois mandé à Berſény &
aux Principaux des Comtés de la Haute Hongrie, de s'y rendre. Le Comte Berſény m'avoit parlé fouvent avec
éloge des belles qualités de ce Prélat,
& du zèle qu'il avoit pour la Liberté
de la Patrie. Par cette raiſon, il étoit
fufpect à la Cour de Vienne avant
mon empriſonnement. Il n'avoit été
envoyé par l'Empereur Léopold à l'occafion de cette guerre, qu'en vue de
perfuader à la Nation, qu'aiant fait
choix d'une perfonne zélée pour la
Liberté, il defiroit fincèrement la rétablir. C'étoit la raiſon pourquoi on
joignit par la fuite à ce Prélat Etienne Sirmay, Préfident de Juftice, auparavant compagnon de ma prifon ;
& Paul Okoliczany, célèbre Avocat,

pareil-

pareillement accusé d'intelligence a- 1704.
vec nous. Les propositions faites dans
ce Congrès au nom de l'Empereur,
& les réponses que j'y fis, font mar-
quées dans les Actes. De concert
avec Bersény, le plus fidèle de mes
amis, & le seul dépositaire de mes
secrets, mon but étoit de parvenir à
une paix affermie par la garantie de
plusieurs Puissances étrangères ; afin
que si la Cour de Vienne, selon sa
coutume, venoit à l'enfraindre, ces
mêmes Puissances garantes eussent un
titre légitime de nous secourir. Il
ne nous fut pas difficile de découvrir
l'éloignement de la Cour de Vienne
pour une semblable paix. Cette prémière Conférence ne dura que peu de
jours. Pendant sa tenue, les Minis-
tres de l'Empereur souhaitant d'être
informés de la cause de si grands mouvemens, promirent la clémence, la
bénignité, la sincérité, & un rétablissement trop générique des Libertés ; mais je ne leur répondois qu'en
leur reprochant tant d'infractions de
la parole royale, tant de Traités frau-
duleux, tant de tromperies, enfin tant
de transgressions des loix ; & je de-
man-

1704. mandois des réfolutions fpécifiques,
pour redreffer les griefs expofés dans
le Manifefte publié en mon nom.
  Peu de jours après mon retour au
fiège d'Agria, arriva le Comte Simon
Forgatz Comte de Borfod, & Général-Major au fervice de l'Empereur.
Ce Seigneur m'étoit connu dès ma
tendre jeuneffe, & prefque le feul entre les Grands de Hongrie avec qui
j'euffe eu des liaifons. Après m'avoir
juré fidélité, il me conta les injures
qu'il avoit reçu de la Cour de Vienne
pour de faux rapports, & les foupçons
qu'elle avoit conçu, pour lefquels
il étoit fur le point d'être arrêté, s'il
ne s'étoit fauvé. Mais après la fin de
cette guerre, ce ne fut qu'en Turquie
qu'il m'avoua qu'il avoit paffé à mon
parti du confentement de Jofeph alors
Roi des Romains, avec commiffion
de ce Prince de détourner la Nation
de procéder à l'élection d'un nouveau
Roi, de quelque manière que ce fût;
mais qu'elle demandât à fon Père Léopold qu'il lui cédât de fon vivant la
Couronne d'Hongrie. S'il m'eût alors
découvert fon deffein, il eût trouvé
tant en moi, que dans la Nation,
un

un grand penchant à le faire réuſ-
fir.

Karoly avoit fixé ſa demeure dans
le Château d'Eiſenſtad, & à cauſe du
ſoupçon dont on a parlé, aiant diſ-
perſé les Troupes de la Baſſe Hongrie,
partie ſur les confins de la Croatie,
partie ſur ceux des Raſciens, il ſe
conduiſoit en tout par les conſeils de
ceux du parti de Tököly, qui étoient
plutôt des Voleurs que des Officiers.
Ce Général négligeant les gardes &
la diſcipline militaire, paſſoit le tems
dans la débauche, & invitoit par-là
les Allemands poſtés dans les petites
Villes ſituées ſur la rivière Laita, à
l'attaquer. L'Empereur avoit donné
le commandement du peu de Troupes
qu'il avoit au Maréchal de Camp Général Comte Sigefrid Heiſter, lequel
aiant appris par les Eſpions l'état & la
conduite de Karoly, réſolut de l'attaquer dans ſon poſte d'Eiſenſtad avec
2000 chevaux. C'eſt une petite Ville murée, où Karoly avoit un bon
nombre d'Infanterie. Cependant l'entrepriſe du Général Heiſter lui réuſſit;
car la Cavalerie livrée au vin & à la
débauche, troublée au prémier bruit
de

de l'arrivée des Allemands, fut d'abord mife en defordre; & tous ces favoris & complaifans de Karoly, accufant les Troupes du pays de trahifon, perfuadérent aifément à ce Général de fe fauver: auffi firent-ils une diligence extrême à traverfer le pays, paffant les rivières à la nage à l'aide de groffes liaffes de rofeaux, & le Danube à Feuldvar fur de petites nacelles, fuyant ainfi fans que perfonne les pourfuivît. Les ennemis, encouragés par ce fuccès inefpéré, s'avançoient, après la fuite de Karoly; & le refte des Troupes abandonné fans ordre, fans Chef, fut aifé à réduire. On détruifoit par le fer & par le feu les petites Villes, & les Villages. Heifter croyoit, en faifant maffacrer les enfans, & en lâchant la bride à la cruauté du foldat, pouvoir imprimer la terreur dans l'efprit du peuple, pour le détourner de prendre les armes.

Lorfque ceci arriva, je n'avois encore rien avancé au fiège d'Agria; mais je l'appris bientôt après de Karoly même, qui ne m'étoit pas encore affez connu pour pouvoir porter un juge-

jugement exact sur l'origine & les causes naturelles de sa déroute. Selon
son rapport, j'attribuai ce malheureux
événement à l'inexpérience des Troupes, plutôt qu'à lui-même: c'est pourquoi, après l'avoir plus encouragé &
consolé, que réprimandé, je l'envoyai au-delà du Tibisque, pour que
rassemblant ses Troupes, & les augmentant par de nouvelles levées, il
revînt au-plutôt me joindre: car j'a-
vois aisément prévu que Heister aiant
repris courage pour avoir si facilement
recouvré tout le pays au-delà du Danube, tourneroit ses armes contre Berseny qui désoloit la Moravie par ses
courses. J'avois acquis dans la personne
du Comte Forgatz un Général assez
versé dans le métier de la guerre pour
conduire la Cavalerie, & dans la manière dont il falloit agir avec les Allemands; mais opiniâtre dans son sentiment, bouillant, impétueux, opposé au Comte Bersény par je ne sai
quelle antipathie. Voyant qu'il ne me
restoit qu'une légère espérance, faute
de munitions, de me rendre maitre
de la Place que j'assiégeois, je commis
à Forgatz, d'avoir quelque entrevue a-
Tome V. G vec

1704. vec le Gouveneur, pour le difpofer à
fe rendre. Ce deffein fut heureufement exécuté, & on convint que la
Garnifon Allemande refteroit quatre
mois dans le Château, fans commettre aucun acte d'hoftilité, en achetant
des vivres au Marché de la Ville; &
que fi dans cet intervalle elle ne rece-
voit point de fecours de l'Armée Allemande, elle évacueroit cette Place.

J'ai confidéré comme un grand a-
vantage la Capitulation que j'avois fait
avec le Commandant du Château
d'Agria; car j'avois réfolu de paffer le
Danube pour faire de nouveau prendre les armes aux peuples foumis par
Hoiffler, & fort mal à propos aban-
donnés. J'étois affez avancé dans ma
marche, lorfque j'appris que ce Général avoit paffé le Danube à Commore. Le Comte Berfény me preffoit
fort, voulant me perfuader d'aller fur
le Vaag; mais comme je prévis que
cette démarche pouvoit me conduire
à une bataille, que je ne jugeois pas
à propos de hazarder avec des Troupes
de bonne volonté, mais très mal armées, je détachai le Général Karoly

avec

avec quatre Régimens de Cavalerie
faisant environ 4000 hommes, au
secours du Général Bersény. En arrivant à Imschod, où le Danube est
fort étroit, & par le moyen de quelques nacelles qui servirent à transporter les selles, je fis passer les chevaux
à la nage avec 4000 cavaliers choisis,
dont je donnai le commandement au
Comte Forgatz. Excepté ma Maison,
il ne me restoit que des Troupes com-
posées des habitans du pays entre le
Tibisque & le Danube. Je crus qu'ils
pourroient faire difficulté de s'éloigner
de leurs maisons, si je continuois mon
dessein de passer le Danube ; ainsi,
pendant que je faisois faire un petit
Fort à Scholt pour couvrir le pont,
auquel on travailloit assez lentement,
faute de matériaux, j'eus le tems de
sonder leurs esprits par des personnes
affidées. Ma précaution ne fut pas
vaine : ils étoient résolus à se débander, si je passois le Danube, appréhendant les Rasciens habitans les ri-
ves du Danube & du Tibisque. Cette
Nation, ennemie naturelle des Hongrois, se contenoit dans leurs habitations lorsqu'ils savoient quelque Corps
G 2 de

1704. de mes Troupes en campagne; mais aussi-tôt qu'ils s'éloignoient, ils se rassembloient pour faire des courses sur les Bourgs & les Villages, où il ne restoit que des femmes & des vieillards, contre lesquels ils exerçoient de véritables barbaries par le massacre des femmes & des enfans, & par des incendies. Cette disposition des Troupes m'aiant mis hors d'état de poursuivre mon prémier dessein, je résolus de les employer à détruire & disperser les susdits Rasciens, en les contraignant d'abandonner le pays.

Le Comte Forgatz, par la connoissance & le crédit qu'il avoit dans le pays, rétablit les affaires bientôt après son passage. Le Comte Antoine Esterhazy, Lieutenant-Colonel d'un Régiment Hongrois au service de l'Empereur, avoit été laissé par Heister avec 400 hommes à Papa, Château de son héritage. Il se joignit au Comte Forgatz, m'aiant prêté hommage. Sa naissance fut cause que je le fis Général. Forgatz renforcé de tout côté passa le Raab, parcourut le rivage de la Mur, qui sépare la Croatie de la Hongrie; il assembla un Corps de Cavalerie & d'In-

d'Infanterie beaucoup plus confidérable que le précédent. Le Général
Heifter, preffant le Corps commandé
par le Comte Berfény, étoit à la hauteur de Neiheizel, lorfqu'il reçut l'ordre de retourner, pour couvrir l'Autriche & les environs de Vienne : il
repaffa le Danube à Commore. Ce
Général, vieilli dans l'Infanterie, n'entendoit nullement la Cavalerie. Sur
de fauffes nouvelles, il pouffa jufqu'aux
environs d'Albe-Royale par des marches forcées, pour combattre le Général Forgatz, qui étoit bien éloigné
de là. Celui-ci aiant appris la manœuvre des ennemis, leur coupa la
communication avec la Fortereffe de
Raab, s'étant pofté à Coromfo. Leur
Cavalerie étoit abbattue par les chaleurs, & par des marches précipitées.
Heifter fe trouva pris, & n'aiant aucune Place pour fa retraite, il n'ofoit
rien hazarder. Les deux Corps étoient
campés fort près l'un de l'autre, ce
qui donna occafion au Comte Forgatz de s'aboucher entre les Gardes
avec le Général Viar; & le lendemain
il quitta fon pofte très mal à propos,
fans qu'il en pût donner aucunes bon-

G 3 nes

1704. nes raiſons. Les Officiers & les Troupes, étonnés de ce mouvement, ſoup-
çonnérent Forgatz de colluſion , &
perdirent totalement la confiance qu'ils
avoient en lui. Heiſter ne tarda pas
de s'emparer du Camp abandonné,
& s'étant ainſi aſſuré de la Fortereſſe
de Raab, il vint chercher Forgatz dans
ſon Camp. Le Général Etienne Andrachi, qui commandoit ſous Forgatz, lui fit entendre aſſez clairement
l'ombrage que les Officiers & les ſol-
dats avoient conçu de ſon entretien
avec le Général Viar: mais il mépriſa
l'avis, il rangea ſes Troupes en bataille ; des Officiers ignorans dans leur
métier firent des mouvemens très mal
entendus, auxquels Forgatz attribua
la perte de l'action. La Cavalerie ſe
retira avec peu de perte ; mais le combat s'étant paſſé dans la plaine, l'Infanterie périt preſque entièrement : elle étoit la meilleure que j'euſſe, a-
guerrie dans les guerres contre les
Turcs, & la mieux armée.

Lorſque Heiſter ſe défiſta de preſſer le
Comte Berſény, le Général Richan a-
vec la Milice d'Autriche, renforcée de
quelques bataillons & eſcadrons, devoit
paſſer

passer la Montagne Blanche pour garder le Vaag. Sur l'avis de sa marche Bersény détacha Karoly avec le Détachement que j'avois fait de mon Armée, & le suivit lui-même avec son Corps. Mais lorsque Karoly arriva aux débouchés des montagnes, le Colonel Oskay avec les habitans de ces montagnes, fort lestes & courageux, étoit tombé sur l'arrière-garde des Allemands, ensorte qu'à l'arrivée de Karoly, il étoit entre deux feux, & embarassé dans les défilés. Ils se mirent en confusion; le Général se sauva dans un petit Château qui fut aussi-tôt investi, & aiant perdu son bagage & son artillerie, il fut fait prisonnier de guerre. Ce fut dans le tems de cet avantage remporté, que Forgatz aiant coupé Heister, demanda du secours au Comte Bersény, qui avança aussi-tôt dans l'Ile de Schut, ou Chalokens: il fit passer à Samaria le Danube à Karoly, & il resta lui-même sur le bord de ce fleuve. Peu de personnes connoissoient l'état de nos Troupes, leur génie, & le ménagement qu'on devoit garder. Voilà pourquoi plusieurs blâmérent Bersény; ils l'attribuoient à

une

1704. une pique, ou pour mieux dire, à une averlion naturelle qui règnoit de tout tems entre eux, de n'avoir point paflé pour fecourir Forgatz. Le fait eft que, fur-tout dans ces commencemens, il étoit impoflible d'empêcher les Troupes de fe débander après quelque action; fi elle étoit avantageufe, ils retournoient chez eux pour emporter le butin; & fi elle étoit malheureufe, ils faifoient de même pour confoler leurs familles. Ainfi il ne reftoit à Berfény que peu de Troupes, avec lefquelles il vouloit garder le paffage. Karoly n'aimoit pas d'agir conjointement avec Forgatz, en qui il n'avoit nulle confiance. Les Officiers qui influoient le plus dans fon Confeil, étoient des Partifans, fort contraires aux batailles rangées : ainfi, au-lieu d'aller joindre Forgatz, ils firent une courfe jufqu'aux fauxbourgs de Vienne ; & à leur retour, l'action étoit paffée, & Karoly fe trouva à portée de rallier les fuyards. Il y avoit alors trois Généraux dans la Baffe Hongrie, favoir Forgatz, Karoly, & Antoine Efterhazy, qui ne s'accordoient guère, à caufe de leur génie & de leurs maximes oppofées. Pen-

Pendant que cela se passoit ainsi, 1704.
l'Archévêque de Collosa vint à Pax,
Bourg au-dessus duquel on voit sur
une hauteur isolée un vieux Retranchement Romain appellé Feuldvar,
ou Château de terre, que j'avois fait
fortifier pour servir de tête au pont,
qui malheureusement ne me servit
qu'à recevoir les fuyards de l'Armée
du Comte Forgatz. Le Prélat proposoit une Tréve, que j'avois rejet-
tée ; & après son départ, connoissant la disposition de mes Troupes,
que j'ai déja marquée, pour les délivrer de l'appréhension des Rasciens je
donnai ordre au Comte Antoine Esterhazy de côtoyer le Danube. Mon
artillerie consistant en quelques pièces
de 10 à 12 livres de calibre, avec
deux mortiers, & le gros bagage, devoit traverser la base du triangle que
forment les sudites rivières, pour me
joindre à Seguedin, que je voulois
bombarder. Ainsi, après avoir laissé
mon petit Fort Scholt garni, je commençai à côtoyer le Danube. Le Lieutenant Colonel Flouck, qui commandoit à Bacs, rendit aux prémières menaces le vieux Château muré, con-

G 5   fis

fié à sa garde, appréhendant l'artillerie, que je n'avois pas. Les Rasciens fuyoient par-tout, on leur donnoit la chasse dans les marais, on bruloit les roseaux où ils se retiroient. Je sentois que cette entreprise n'étoit pas tout à fait honorable pour moi; mais n'aiant pas de Troupes suffisantes pour passer le Danube où tout étoit en desordre, il convenoit encore moins de rester oisif à la garde du pont.

Heister, après avoir remporté l'avantage sur Forgatz, fit encore une course jusqu'à Killite où le Lac de Balaton se décharge, pour surprendre les Troupes de Karoly. Il réussit sans résistance, car ce Général suivoit toujours le conseil des Officiers qui avoient servi sous Tököly. Leur idée étoit de séjourner loin de l'ennemi, de ne tenir aucune garde, de bien boire & dormir, & après un long repos des hommes & de leurs chevaux, faire une course de trois ou quatre journées, pour tomber brusquement sur l'ennemi, le poursuivre s'il fuyoit, & rebrousser s'il résistoit. Cette idée sur la guerre étoit répandue dans toute la Nation. Le peu de soldats qui

se

se souvenoient de ce qui s'étoit passé
depuis la bataille, & depuis la trêve
sanguinaire de St. Gothard, ne par-
loient que des avantages remportés sur
les Turcs par des courses, par des sur-
prises, & par des embuscades. Ceux
qui depuis les commencemens de Tököly avoient porté les armes, ne ci-
toient que de pareilles époques. Or
dans le commencement du soulève-
ment populaire sous mon commandement, ceux-ci primoient le plus; ils
étoient écoutés, & par-là ils étoient
devenus Officiers. Le service dans l'Infanterie étoit de tout tems méprisé de
la Noblesse; elle croyoit ce Corps
peu propre à de pareilles entreprises,
elle tenoit à honte d'y servir: le pro-
verbe étoit commun, que c'étoit le
métier d'un Chien, de marcher toujours à pied; que l'Homme devoit se
servir des animaux pour se faire porter. On ne connoissoit presque aucun usage de l'Infanterie, hors celui
de leur faire garder les portes des
Châteaux & des Palanques: c'est ainsi que l'on nommoit les Places frontières contre les Turcs. Leurs fortifications consistoient dans une enceinte

de

1704

de pieux les plus longs que l'on pouvoit trouver, plantés de deux à trois
pieds l'un de l'autre, clayonnés & revêtus de terre glaife mêlée de paille
hachée. Des cages quarrées bâtics de
poutres entaillées, & pouffées hors
d'œuvre, tenoient lieu de baftion.
Tous ces endroits étoient forts, parce
que, felon les conditions de la Trève, on ne pouvoit fe fervir de canon;
& on s'étoit mis en tête de part &
d'autre, qu'on ne pouvoit pas les in-
fulter. Ces frontières fourmilloient
de Nobleffe, qui ne pouvoit pas ha-
biter dans les maifons de campagne.
Tous étoient foldats, tous couroient
fur les Turcs voifins, pour faire des
prifonniers, & s'enrichir par leur
rançon. Si on s'avifoit d'employer
l'Infanterie pour les faire glifler dans
les jardins voifins du lieu devant lequel on avoit deffein de fe préfenter,
pour favorifer la retraite; s'il étoit
queftion de paffer des bois ou des défilés, on les mettoit quatre à quatre
fur de petits chariots fort légers. Si
on avoit formé le deffein de faire quelque entreprife éloignée, dans les Places voifines du Danube, l'Infanterie
fe

fe fervoit de bateaux appellés Saïques,
pour pénétrer bien avant dans le pays
des Turcs, & elle faifoit des entreprifes très valeureufes. Mais ce métier n'étoit jamais du goût des Gentilshommes; par où l'Infanterie devint méprifable, faute de connoiffance de la Guerre. Pendant celle de
Tököly, on n'avoit prefque aucune
occafion de fe fervir de ce Corps ;
aufli n'en avoit-il que très peu. Les
Seigneurs gardoient eux-mêmes leurs
Châteaux. La Citadelle de Caffovie
fut efcaladée par un petit nombre
d'Infanterie , & la Ville fut affiégée
par les Turcs. Voilà ce qui a produit l'ignorance totale des parties les
plus effentielles de la Guerre, dans la
Nation Hongroife. Si , pendant le
cours de la dernière Guerre , j'euffe
pu féparer les foldats d'avec le peuple, j'aurois trouvé plus de facilité à
la conduire ; mais il y avoit quantité
de lieux gardés par les Allemands ,
qu'il falloit bloquer au moins avec des
Troupes trois fois plus nombreufes
que n'étoit la Garnifon , & mettre
en campagne plufieurs Corps d'Armée contre les Rafciens qui ont une
G 7   chaine

1704. chaine de Colonies depuis la Transilvanie jusqu'en Croatie. Les Croates étoient ennemis, ainsi que la Styrie, l'Autriche, la Siléfie, la Moravie; en forte que ce n'étoit que les frontières de Pologne qu'on pouvoit laisser dégarnies. Or le Royaume n'est pas généralement peuplé; par où il s'enfuit qu'il falloit profiter de la bonne volonté du peuple. Pour introduire la Difcipline, il falloit nécessairement caffer les prémiers Officiers, payfans brutes, infolens, & ivrognes, avec lesquels la Nobleffe ne vouloit pas fervir; il falloit perfuader à celleci d'entrer dans l'Infanterie. Ceux qui avoient porté les armes, ignoroient le métier par les fusdites raifons: les jeunes-gens, élevés dans les Ecoles & dans le Barreau, avoient bonne volonté & difpofition d'apprendre; mais le feul brevet ne leur donnoit pas la connoiffance de leur devoir: il étoit bien difficile d'apprendre, & d'exercer en même tems. Comme je ne pouvois pas faire tout à la fois la réforme des Colonels payfans, je commençai dès cette feconde Campagne de faire des Brigadiers, pour donner

à

à la Noblesse un rang supérieur à ses
propres Sujets & Vassaux. Mais cette même démarche, qui visoit à disci-
pliner les Troupes, ne profitoit en
rien quant aux actions & entreprises
journalières, parce que ces Brigadiers
étoient incapables de commander :
ainsi l'ordre même portoit avec soi
un desordre dans les entreprises. Mais
ce n'est pas encore tout : car si même
ces Brigadiers eussent été tels qu'on
eût pu souhaiter, ce qu'on appelle
le pied des Troupes, c'est à dire le
Corps des bas Officiers, manquoit
absolument. Celui qu'on nommoit
Caporal & Sergent, étoit camarade
du soldat, & ne savoit prendre aucune autorité sur lui : ils étoient du même Village, ils se débandoient en-
semble pour cultiver leurs champs &
leurs vignobles, & pour faire la re-
colte. Ce qui fut la source inévita-
ble de tant de malheureuses actions,
& de la réussite des entreprises très-dé-
raisonnables des ennemis. J'étois parvenu par la suite à avoir des Régimens
formés, jusqu'à l'exactitude de recevoir tous les jours des Tabelles du nombre effectif des soldats en état de servir ;

vir.; mais j'étois auſſi embarraſſé de le produire, que de le dérober à la connoiſſance de ceux mêmes avec qui je concertois les projets, & que je détachois. Car la Nation avoit cela de commun avec toutes celles qui ignorent la Science militaire, qu'elle étoit prête d'entreprendre tout avec impétuoſité ; mais elle s'en déſiſtoit aiſément, dès que les idées ne répondoient pas aux eſpérances, & que les eſpérances n'étoient pas remplies par le ſuccès. Lorſqu'elle voyoit l'étendue du terrein, que l'Armée occupoit en marche & en campement, elle ne reſpiroit que le combat, par la confiance en ſa ſupériorité. Le ſoldat ſe débandoit par mépris du Chef, ſi on ne le conduiſoit pas à l'ennemi, ou ſi par quelque ruſe on eût voulu reculer. Mais on auroit penſé différemment de ce nombre, ſi on eût vu les ſuſdites Tabelles. Le ſoldat le mieux armé n'avoit qu'un fuſil ou arquebuſe à rouet, outre ſon ſabre; & le nombre de ceux-ci étoit toujours fort inférieur à l'ennemi. On auroit pu les armer de piques; mais quel moyen avoit-on d'inſpirer la confiance en cette

te arme à ce soldat peuple, & lui en
apprendre le maniement? Le cavalier
le mieux armé avoit une carabine de
deux pieds de longueur, la bouche du
canon en entonnoir, un sabre d'assez
mauvaise trempe, un bidet mal em-
bouché, une selle mal garnie; cependant la moitié d'un Régiment n'étoit
pas si bien équipé. La représentation
des grandes Armées étoit nécessaire
pour imposer aux ennemis; mais lorsqu'on étoit mal mené, leur courage
s'élevoit, & celui de la Nation s'ab-
battoit.

: Pendant toute la marche que je fis
en suivant le Danube jusqu'à Titul,
& remontant le Tibisque jusqu'à Seguedin, on ne vit pas d'ennemi; tous
les Rasciens s'étoient sauvés dans le
pays des Turcs. Mes Troupes firent
de grands butins de bestiaux de toute
sorte; elles souffrirent beaucoup par
les grandes chaleurs de l'Eté, par des
marches de 8 & 12 heures dans des
sables brûlans, & dans la disette d'eau,
ne pouvant pas toujours suivre le courant du Danube. J'arrivai enfin à Seguedin; & après l'avoir fait investir,
je tombai malade de la fièvre continue
                                    bilieu-

bilieufe. La grande fatigue que j'ef-
fayai en apprenant mes Troupes à
marcher, à fe mettre en bataille, &
à camper; la fatigue, dis-je, de pofter
les Gardes en arrivant au Camp, de
les vifiter avant minuit, m'avoit mis
dans cet état. J'étois déja bien malade,
lorfque je donnai ordre d'attaquer la
Ville, qui étoit contiguë au Château.
C'étoit le refuge le plus affuré des
Rafciens, habitans les bords du Tibisque. Elle fut emportée d'emblée,
faccagée, & brulée; c'étoit tout ce
que je pouvois raifonnablement efpérer. Mon artillerie tarda quelques jours
d'arriver, & mon mal empiroit. Tout
mon équipage confiftoit en une petite tente, fans marquife, que les
rayons du Soleil pénétroient. Mon
lit étoit une paillaffe remplie d'herbes
fanées, jettée par terre. Il eft vrai
que depuis le commencement de la
guerre, je n'en avois pas d'autre, étant
toujours couché habillé. Mais la maladie m'accabloit, une foif ardente
me tourmentoit continuellement, &
je n'avois que les eaux du Tibisque
pour l'étancher : ces eaux noires &
épaiffes fentoient la boue & le poiffon,
dont

dont elles font fi remplies qu'on ne 1705
fauroit en puifer fans prendre du poiffon. Outre toutes ces fortes d'incommodités, il y avoit dans les herbes
une efpèce de groffe araignée verte,
dont la morfure étoit fi venimeufe,
qu'elle faifoit enfler les parties, & caufoit des douleurs très aiguës. Un Officier de mon artillerie mourut pour
en avoir avalé une. Je manquois de
Médecin; j'avois envoyé mon Chirur-
gien François à Temefwar pour fervir
d'Interprète à un Gentilhomme mandé au Pacha de ce lieu, à qui je demandois de permettre aux Turcs de
porter des denrées au Camp, & de faire éloigner des frontières les Rafciens
qui s'y étoient réfugiés, pour qu'ils
n'y puffent pas retourner. Il falloit
attendre l'arrivée d'un Médecin Allemand, qu'on envoya chercher dans
les Villes des montagnes éloignées de
6 à 7 grandes journées. A fon arrivée, tous ceux qui m'approchoient le
plus, m'exhortoient de ne point prendre fes drogues, crainte de poifon;
mais comme celui que j'avois dans le
corps fuffifoit pour me tuer, j'eus affez de préfence d'efprit pour préférer

au

au mal certain, le mal d'autant plus incertain, que ce Médecin Luthérien étoit établi dans le pays, & que je l'avois fort connu avant la guerre. Comme il étoit fort expérimenté, il me guérit plus tôt qu'on n'avoit es-péré ; & en même tems je reçus u-ne lettre du Comte Bersény, accompagnée de celle de l'Archevêque de Collosa, qui souhaitoit une seconde Conférence, sur de nouvelles propo-sitions de la part de l'Empereur Léo-pold. J'étois bien aise de profiter de cette occasion, pour abandonner le bombardement du Château entouré de murs terrassés, de bonnes Tours, & de fossés avec un chemin-couvert : car le Commandant enfermé avec 400 Allemands, ne me paroissoit pas d'hu-meur de se rendre au fracas d'une cin-quantaine de médiocres bombes que j'aurois pu faire jetter.

En décampant je reçus deux nou-velles bien différentes. Un Courier de Transsilvanie m'apporta celle de mon élection en Prince de cette Principau-té, faite à Albe-Jule Siège des Princes, avec toutes les formalités & l'union des Voix. Pour l'éclaircissement de cet évé-

événement , il faut réfléchir 'fur ce
qui a été rapporté au fujet des Comtes Pékry , Mikech, Téléky, & Sa-'
va, Seigneurs de Transfilvanie. J'ai
rapporté d'avoir envoyé Pékry chez
le Comte Berfény , parce que ceux
qui le connoiffoient, m'avoient donné
des idées très defavantageufes de lui.
Les autres Seigneurs fusdits me fui-'
voient , & ils étoient honorablement
traités à ma Cour comme des Etran-
gers. Après la défaite du Général
Richan, Pékry fe fit renvoyer auprès'
de moi, & obtint des recommanda-'
tions du Comte Berfény. Etant arrivé à Scholt , je commençai à l'employer, parce qu'il avoit fuivi l'Armée dans fa jeuneffe, & avoit vu la'
guerre. C'étoit un homme intriguant,
double ; & comme il étoit plus adroit
que les autres Seigneurs de Transfilvanie, pour fe faire valoir, il concerta
avec eux de me préfenter un Mémoire fur l'état de leur Patrie, fur la confufion qui y règnoit à caufe des ravages
ges des Troupes qui fe difoient à moi :
ils concluoient en me priant de convoquer une Affemblée des Etats pour
l'élection d'un Prince , vû qu'il étoit
no-

notoire qu'Apaffi avoit trahi la Principauté en cédant son droit à l'Empereur. Je répondis, comme il étoit en effet ainsi, que je n'avois commandé aucunes de mes Troupes en Transsilvanie; que celles qui ravageoient le pays étoient Transsilvaines sur lesquelles je ne prétendois aucune autorité; que je ne voulois pas m'attribuer celle de convoquer les Etats de la Principauté; que pour remédier aux désordres qui y régnoient, ils ne pourroient rien faire de mieux, que d'y aller eux-mêmes, pour faire ce qui leur sembleroit le plus convenable. Sur quoi ils m'expofèrent, que sans mes ordres, bien loin d'avancer, ils courroient risque d'être maltraités par les Troupes qui couroient le pays, lesquelles, quoique Transsilvaines, disoient m'avoir prêté serment de fidélité: ainsi, dès qu'ils voudroient agir sous leur propre nom, elles courroient sur eux, aussi-bien que sur ceux qui s'assembleroient avec eux. Enforte qu'ils continuoient toujours à me prier, de faire publier une Déclaration en formes de Lettres-patentes, qu'aiant agréé leur demande pour pouvoir tenir un

tel

tel & tel jour une Affemblée d'Etats
à Albe-Jule Siège des Princes, nul de
ceux qui m'avoient prêté hommage,
n'ofât inquiéter en aucune façon les
Deputés des Comtés, les Députés des
Sicles, & des Saxons, qui voudroient
s'y rendre. Pour plus de fûreté, ils
demandoient une perfonne autorifée
de ma part, qui fût en'état de pro-
téger leur Affemblée. J'eus bien de
la difficulté à leur accorder cette dernière demande, parce que je voulois
que tout s'y paffât avec une entière
liberté, fans que l'on pût dire que
j'euffe fait ombre de démarche pour
me faire élire; mais enfin après plufieurs inftances réitérées, je leur accordai un Gentilhomme Luthérien
appellé Radvansky, que Pékry me
propofa. Le principal point de fon
inftruction étoit de n'entrer jamais
dans les Affemblées de l'Etat. Le
Comte Pékry voyoit par mes démarches, ma grande indifférence quant
à mon élection. J'ai toujours cru que
ce n'étoit que pour m'ébranler, qu'a-
vant fon départ il me dit en fecret,
que le Comte Berfény l'avoit fortement prié, & avoit tâché de l'engager

à

1704. à travailler qu'il fût élu Prince. Je lui répondis fort froidement, que je ne m'opposerois jamais à ce que les Etats feroient pour le bien de leurs intérêts. Il est certain que si je me fusse proposé de faire quelque démarche pour cette élection, je n'aurois jamais envoyé Radvansky, dont le pere fut mis à mort par les Autrichiens à cause de son attachement au Prince Tököly. Toutes les Comtés, tous les Sièges des Sicles concoururent à mon élection par leurs Députés, ainsi que quatre Sièges des Saxons. Leur Chef, appellé le Comte des Saxons, étoit enfermé dans Hermenstat. Ce Siège, aussi-bien que Safchebech & Bracho, ne purent envoyer des Députés, à cause des Garnisons Allemandes. Voilà ce qui s'étoit passé en Transilvanie, & ce que j'appris par le Courier.

Un autre étoit venu avec la malheureuse nouvelle de la perte de la Bataille de Hochstet : événement qui me fit perdre toute espérance de jonction avec l'Electeur de Bavière. C'étoit-là l'unique fondement sur lequel j'avois entrepris la guerre, dont j'avois très bien prévu les difficultés que

que j'ai rencontré. Le Comte Forgatz vint me joindre peu de jours a-
vant que je quittaffe Seguedin : la
manœuvre que j'ai rapporté méritoit
des recherches & des perquifitions, mais
je ne croyois pas encore mon autorité
fuffifamment reconnue pour procéder
juridiquement contre lui.

J'avançai donc vers Gyöngyös, deftiné pour la feconde fois aux Conférences. J'avois pris pour maxime particulière, d'écouter toutes les propofitions qui tendoient à la Paix, parce
que je tenois par-là en fufpens les
efprits les plus timides, & craintifs de
l'avenir. Mais puifque rien n'eft plus
dangéreux dans le Gouvernement d'un
peuple libre que l'affeftation du fecret,
ce qui caufe bien des foupçons & des
méfiances, je laiffai une liberté entière aux Emiffaires de la Cour de
Vienne, & je ptofitai d'autant plus
pour mes vues, que leurs prétentions
étoient toujours rebutantes, entant
qu'elles ne confiftoient qu'en des pro-
meffes vagues, qui ne devoient être
terminées que par la Diète, de la liberté & conclufion de laquelle on n'a-
voit rien à efpérer. De furplus, les

Négociations & les Conférences pour
la Paix difpofoient les Alliés de l'Empereur en notre faveur. C'étoit une
occafion de leur faire connoître les
griefs de la Nation, & que nous ne
faifions pas la guerre par intrigue, &
pour les intérêts de la France, comme
la Cour de Vienne le débitoit. Auffi
s'eft-il trouvé des Princes en Allemagne, qui ont refufé des Troupes auxiliaires contre nous. Je ne rapporterai
de ce qui s'eft paffé à Gyöngiös, que ce
qui n'a pu être connu par le Public.

La principale propofition de l'Archevêque étoit la Trêve. Il étoit bien
aifé d'appercevoir que la Cour de
Vienne ne la fouhaitoit, qu'en vue
de réparer le Corps de Cavalerie que
Heifter avoit entièrement ruiné par
fes courfes. Ce Général avoit fervi
dans les guerres de Tékély: il favoit
par les manoeuvres de Sultz, Officier
de fortune & grand Partifan de ce
tems-là, que les Hongrois étoient battus toutes les fois qu'ils étoient furpris: il couroit donc d'un bout du
Royaume à l'autre; mais on le balo-
toit, parce que, lorfqu'il couroit dans
la Baffe-Hongrie, on ravageoit la Moravie;

savié; & quand il passoit pour s'y op-
poser, on saccageoit la Stirie & une
partie de l'Autriche. Je pensois souvent d'établir des contributions dans
les Pays Héréditaires de l'Empereur;
mais le desordre de la prémière Campagne, & les soulèvemens si précipi-
tés du peuple de la frontière, commençoient d'abord par les incendies,
avant que je sûsse que j'eûsse des Troupes de ce côté-là. Ainsi les Paysans
d'Autriche & de Moravie s'étoient réfugiés dans des lieux murés, & dans
des tanières creusées dans la terre,
d'où ils se défendoient contre les Partis, & je n'avois pas des Troupes assez
bien réglées pour m'y établir : mes
Troupes se débandoient avec le moindre butin. Si donc les Impériaux a-
voient besoin de repos, j'en avois autant besoin qu'eux. J'étois convales-
cent, & le Médecin m'avoit proposé
les Eaux de Vyknyé. Les trois Généraux dont j'ai parlé, avoient fort brouillé les Troupes, & les affaires de la
Basse Hongrie. Enfin il falloit faire
des préparatifs pour des entreprises so-
lides. J'envoyai le Comte Forgatz au
blocus de Cassovie, & d'Epéries. Je

con-

connoiſſois perſonnellement les Officiers qui commandoient dans ces Villes ; ils s'ennuyoient , croyant être
plus reſſerrés qu'ils n'étoient en effet.
Forgatz connoiſſoit auſſi leur foible,
il avoit le talent de s'inſinuer ; mais
il falloit du tems & du repos pour y
réuſſir. Ainſi, ſans en avoir rien té-
moigné, je reçus aſſez agréablement
la propoſition de la Tréve , qui ne
fut conclue que quelques mois après,
lorſqu'elle ne put préjudicier aux pri-
ſes des ſuſdites Villes.

, Je regardai comme un grand bonheur, d'avoir pu éviter l'embuche que
la Cour de Vienne me tendit dans ce
Congrès. Il paroît qu'elle y avoit tra-
vaillé depuis le Printems, lorſque je
m'abouchai la prémière fois avec l'Archevêque dans ce même lieu. Voici
le fait. Les Proteſtans, léſés dans les
privilèges que les Loix , & que ſur-
tout la Pacification de Tirnau faite
par mon biſaieul George I. leur avoit
accordés, avoient depuis le commencement de la guerre, fait des tentati-
ves pour s'emparer des Egliſes qui leur
avoient été enlevées par violence ,
contre cette Pacification ; mais comme

me je prévis le grand préjudice que ces
fortes de faits nous pourroient attirer,
je perfuadai aux plus raifonnables d'entre les Réformés, qu'il feroit avantageux pour eux que cette reftitution fe
fît dans un Congrès folennel de la
Nation ; vu que mon autorité n'aiant
pas encore été reconnue dans une pareille Affemblée, ce que je pourrois
faire feroit de peu de valeur, & mettroit infailliblement la confufion parmi nous. Ils entrérent dans mes raifons, ils firent reftituer eux-mêmes les
Temples qu'on avoit enlevés. Depuis
ce tems, je crus leurs plaintes appai-
fées, comme elles le furent en effet
dans les treize Comtés de la Baffe
Hongrie. Mais Okoliczany un des
Députés de l'Empereur, & Luthérien zélé, avoit difpofé ceux de fa
Secte, qui eft la plus puiffante dans les
onze Comtés qui bordent la riviève
du Vaag, de s'affurer de la fatisfaction
de leurs griefs, & d'accepter les fure-
tés que l'Empereur leur donnoit, fi je
la leur refufois. Ces Comtés envoyérent des Députés à Gyöngyös à mon
infu, & m'aiant fait demander audience en Corps, je fus bien furpris de

H 3 leurs

leurs demandes , & encore plus de l'obstination qu'ils me marquérent malgré toutes les raisons que je leur alléguai, & malgré les promesses confirmées par les sermens les plus sacrés, que je convoquerois la Nation le plus tôt que faire se pourroit, & que j'exécuterois tout ce qu'elle décideroit sur ce sujet, puisque je n'avois aucune autorité actuelle pour pouvoir satisfaire à leurs demandes. Mais je n'avançai rien. Dans cette fâcheuse conjoncture , je fis venir le Maréchal de ma Cour le Baron Vay, Calviniste, & Ot-lik Luthérien , Maitre de ma Maison , l'un & l'autre fort raisonnables, & fort accrédités parmi ceux de leur Profession. Je leur exposai le danger dans lequel les Députés desdites Comtés mettoient la Cause commune ; je leur fis voir la lettre que j'avois reçu par bonheur du Marquis de Bonac Envoyé de France en Pologne, dans laquelle il me mandoit que le Roi son Maitre avoit reçu un Bref de Clément XI, avec un adjoint des Articles que l'Empereur avoit communiqué à Sa Sainteté, que les Hongrois soulevés avoient proposés pour conditions de

Paix ;

Paix; mais que ces Articles étoient si
contraires à la Religion Catholique, &
tendoient si fort à son extirpation,
que le Pape croyoit que le Roi avoit été
surpris, lorsqu'il avoit accordé sa protection aux Hongrois : qu'ainsi, lui
Marquis de Bonac avoit ordre de
me déclarer de la part de son Maitre,
qu'il n'étoit nullement disposé de m'aider dans des desseins pernicieux à nôtre sainte Religion. Ces Articles furent forgés à Vienne, apparemment
de ceux qu'Okoliczany avoit représenté de la part de l'Archevêque comme griefs qui ont causé la guerre;
ensorte que si j'eusse alors déféré aux
demandes des Députés, j'aurois confirmé le faux & calomnieux Exposé
de la Cour de Vienne. Je conclus, que
si les Députés ne se contentoient pas
des assurances que je leur avois don-
nées, confirmées par mes sermens, je
ferois publier des Manifestes contre
eux, pour que le Pape & le Roi de
France pûssent être assurés de mes sentimens; que j'étois assuré que les treize Comtés entreroient dans mes raisons, ce qui pourroit causer une guerre entre nous-mêmes. Vay & Otlick
fu-

1704. furent frappés de ce danger, & aiant ainfi découvert l'embuche que la Cour de Vienne me tendoit, furent, pour ainfi dire, caution de ma parole devant ceux de léur Religion. Les Députés des Comtés furent fatisfaits, & plus attachés que jamais à ma perfonne. Auffi depuis ce tems, les affaires de la Religion demeurérent paifibles, dans l'état qu'elles étoient actuellement.

Les Conférences étant finies à Gyöngyös, je marchai à petites journées avec mon Armée vers les Eaux de Vyknyé, que j'étois réfolu de prendre pour le rétabliffement de ma fanté. Je fis quelque féjour à Saag, où je reçus le Comte Vétérany, qui étoit venu pour demander la ratification de la Capitulation de Caffovie. Une Députation folennelle des Etats de Transfilvanie me joignit auffi dans ce lieu : elle m'apportoit le Diplome de mon Election ; elle étoit chargée de me prier de vouloir l'accepter, & de m'y rendre pour prendre les rênes du Gouvernement. Elle étoit compofée des trois Nations, c'eft à dire, des Hongrois, des Sicles, & des Saxons ; &

des

des quatre Religions établies par les loix, à favoir, la Catholique, la Calvinifte, la Luthérienne, & la Socinienne. Le Comte Mikech étoit à leur tête. Je n'aurois rien précipité dans l'acceptation de leurs offres, parce qu'après la nouvelle de la perte de la bataille de Hochftet, je n'avois pas lieu d'efpérer d'en obtenir la poffeffion par la Paix. Mon deffein étoit de gouverner cette Principauté fans en prendre le titre. Les Députés s'en apperçurent, & hors celui des Saxons qui étoit Luthérien, ils me vinrent repréfenter en particulier, qu'il étoit vrai que mon élection s'étoit faite d'un confentement unanime; mais que le Comte Pékry, allié de Tököly par les Pétrofy dont il avoit la fœur en mariage, commençoit à prédire que je n'accepterois pas l'élection, mais que mon deffein étoit de gouverner la Principauté par des Hongrois, étrangers par rapport à eux; qu'en ce cas, leur condition ne feroit pas meilleure qu'elle n'avoit été fous les Allemands: qu'il leur faudroit un Prince qui réfidât parmi eux, mais que je ne voudrois pas abandonner la Hongrie pour

H 5   n'at-

1704. m'attacher entièrement à leur Gouvernement: que si je confirmois cette
prédiction de Pékry par le refus ou
par le délai considérable de l'acceptation de mon élection, il étoit à crain-
dre qu'il ne portât les Saxons & quelques-uns de ses amis à solliciter le Prince Tököly de s'y rendre, ce qui causeroit un préjudice considérable à l'E-
tat, & sur-tout à la Religion Catholique; raison, dont le Comte Mikech
se servoit comme Catholique. Je pe-
sai assez murement ces raisons; & la
Cause commune aux deux Nations me
détermina à prendre le parti d'accepter
leurs propositions, nonobstant tout
ce que je prévoyois, & ce qui m'est
en effet arrivé. Vu l'amitié intime qui
étoit entre moi & le Comte Bersény,
ce Seigneur me parut sensible, de ce
que j'avois fait cette démarche sans sa
participation; mais je lui dis naïvement, que connoissant à fond les difficultés qu'il avoit à prendre parti dans
des affaires de cette nature, je ne voulois pas m'embarrasser par des raisonnemens vagues & indéterminés qu'il
auroit pu me produire, parce que j'é-
tois convaincu qu'il étoit de l'intérêt
de

de la Nation Hongroife & Transfil-
vaine, & fur-tout de la Religion Catholique, que cette Principauté ne
tombât pas entre les mains du Prince
Tököly, qui commençoit à avoir des
correfpondances fecrettes avec fes anciens amis Luthériens dans les onze
Comtés, où il avoit fes biens, qui lui
furent rendus.

Aiant quitté mon Armée à Saag,
je me rendis à Vyknyé avec une Suite affez médiocre. Ce lieu n'étoit é-
loigné que de deux heures de chemin
de la Ville de Schemnis, où les Conférences fe devoient tenir pour la conclufion de la Trève. Les Actes de la
Négociation font voir ce qui s'eft paffé dans ces Conférences. Nous étions
convenus avec le Comte Berfény de
traiter les affaires avec la dignité convenable, pour donner quelques idées
relevées aux Miniftres Médiateurs. La
pompe & l'oftentation étoient du goût
de ce Seigneur, & encore plus de celui de fa femme. Cette illuftre Ma-
trone fentoit fa naiffance, d'une des
plus illuftres & anciennes familles du
pays; elle n'avoit pas oublié le haut
rang qu'elle avoit tenu dans fes deux

maria-

mariages précédens, avec le Comte Erdeudi Ban de Croatie, & avec le Comte Drasquovitch Grand-Juge du Royaume de Hongrie. Les Hongrois qui n'étoient pas au fait des Actes publics, ne confidéroient pas que les démarches de Berfény étoient repréfentatives, & fe rapportoient à la dignité de la Nation : ils croyoient que fa magnificence, quoique très médiocre par rapport à celles qu'on pratique ailleurs en de femblables occafions, m'étoit préjudiciable, puifque je n'étois dans les Bains qu'avec la moindre partie de ma Cour. Plus je tâchois de leur perfuader que cela convenoit ainfi, & plus j'approuvois la conduite de Berfény, plus les raifonneurs fe perfuadoient, que je ne fuivois en cela que le grand afcendant que le Comte s'étoit acquis fur mon efprit. Ils croyoient même que les plaintes qu'il avoit produites fur ce que j'avois accepté la Principauté de Transfilvanie fans le confulter, ne procédoient que de l'envie qu'il avoit eu lui-même de monter fur ce Trône.

Avant que d'avoir noué la Conférence de Schemnis, j'avois déja formé

mé. le deffein fur Neihaifel, dont les
anciennes brèches, faites à l'occafion
de fa reprife fur les Turcs, n'étoient
que paliffadées. La Place n'avoit aucun chemin-couvert, le foffé pouvoit
être faigné, & fa defcente étoit très
pratiquable. Les habitans Hongrois é-
toient bien difpofés ; la Garnifon Allemande foible, & mêlée d'Officiers
de la Garnifon de mon Château de
Munkacz, qui me connoiffoient &
m'affectionnoient. J'avois au Camp le
canon & les mortiers que je voulois
employer à Seguedin, & auffi-tôt que
Caffovie fut rendue, je fis des difpofitions pour qu'on m'amenât des pièces de batterie, qui devoient fervir au
fiège de Léopoldftat. Ce fut la caufe
que je refufai au Miniftre médiateur
des Etats-Généraux la prolongation de
la Trève, qu'il étoit venu folliciter.
Auffi-tôt qu'elle expira, mes Troupes
deftinées à cette entreprife étant toutes
prêtes, je marchai brusquement, j'in-
veftis la Place ; je la fis bombarder
quelques jours, & enfin j'ordonnai
l'affaut, pour que les habitans Hongrois fe déterminaffent à forcer le Commandant à fe rendre. Mes Troupes
H 7 com-

1704. commençoient à marcher, l'ennemi battit la chamade & capitula. Pendant que je demeurai devant la Place, il nous parut fort extraordinaire d'entendre tous les jours au coucher du Soleil, des décharges de gros canons par intervalles égaux, comme dans un grand éloignement, fans que nous ayons jamais pu découvrir la caufe de ce phénomène. Il eft certain qu'on n'avoit point tiré dans les Places ennemies, qui étoient toutes bloquées. Ce qu'on difoit étoit difficile à croire, & fentoit trop la fable, pour ceux qui ne croyent que ce qui fe préfente aux fens.

La Saifon étoit avancée, mais trop belle pour rentrer en quartier; elle étoit la plus favorable de l'année pour contenir les Troupes en Corps, parce que toutes les recoltes étant faites, ce peuple armé fuivoit les étendarts en efpérance du butin. Quoique mon gros canon ne fût pas arrivé de Caffovie, je marchai pour inveftir Léopoldftat, Place d'armes bâtie par l'Empereur Léopold, pour brider autrefois la Garnifon Turque de Neiheifel. Elle eft fituée entre la Vaag, & un bras

bras de cette même rivière appellé 1704.
Dudvaag, dont les eaux font augmen-
tées par des fources. Comme le terrein entre les montagnes de Galgos,
que les Allemands appellent Freiftat,
& les rideaux de la plaine de Tirnau
de l'autre côté, eft fort uni, les inon-
dations laiffent des canaux & des marais remplis de fonds très bourbeux;
le petit ruiffeau qui coule toujours,
eft bordé de buiffons très épais. La
Place étoit un hexagone régulier, entouré d'un foffé d'eau affez profond;
le chemin couvert étoit en affez mauvais état. L'entreprife furpaffoit mes
forces, eu egard à mon Infanterie, &
à une artillerie mal fournie de poudre; mais la Garnifon étoit foible, &
l'ennemi fi étourdi de la rapidité de
mes progrès, que je crus néceffaire de
profiter de la fortune. Dès que je fus
arrivé au pont de Seret, je détachai
le Comte Berfény avec toute ma Cavalerie fur les frontières de Moravie,
au-delà de la montagne appellée Blanche, qui par une chaîne contiguë coupe la plaine fituée entre le Danube &
le Vaag, parallèlement à la rivière de
Morava qui fépare la Province de ce
nom

nom d'avec la Hongrie. Ce pays a-
bonde en fourage, & Berfény prit
fon quartier à Scalis, Ville ceinte d'un
mur non terraffé, & de Tours. Il
faifoit de là des courfes affez avant
dans le pays ennemi, & il n'étoit pas
trop éloigné de moi.

Comme la Vaag, & la Dudvaag
s'approchent affez près au-deffous de
Léopoldftat, j'occupai ce terrein avec
mon Infanterie. Je fis bruler les trois
ponts, qui font faits pour la communication de la Forterefle avec la plaine. Je pris mon quartier dans la Ville de Galgos, qui eft précifément vis
à vis de la Forterefle. M'étant logé
dans le Château du Comte Forgatz,
Seigneur du lieu, élevé plus qu'à mi-
côte, je voyois tout ce qui fe paffoit
à mes pieds, à mon Camp, dans les
approches, dans les batteries, & préf-
que dans la Forterefle. Je languiffois
après le gros canon. En l'attendant,
quelques pièces de douze & de feize
battoient les défenfes avec plus de fuccès qu'on n'auroit ofé efpérer; car le
mortier étoit très mauvais, imbibé
de l'humidité du terrein, ce qui avoit
caufé l'affaiffement des baftions & des

coul-

courtines. La faiſon me preſſoit, mais
tout apportoit du retardement à ce
ſiège. Caſſovie, d'où l'artillerie &
ſur-tout la poudre devoit venir, étoit
éloignée de preſque douze journées
de marche. Comme les Allemands
avoient négligé cette Place & ſon Ar-
ſenal, les affuts étoient mauvais, &
il n'y avoit point d'avant-train. Les
chariots des payſans étoient foibles &
petits pour mener les trains & les bou-
lets, il falloit en augmenter le nombre; & les Villages ſur la route ne
ſuffiſoient pas pour relayer les Beſtiaux. Les Officiers provinciaux en partie, ignorans, ou peu actifs, n'apportoient pas aſſez de diligence pour fournir les relais. Les ponts ſont naturellement mauvais dans le pays; le
canon étoit à chaque pas arrêté, les
conducteurs ignorans ne ſavoient pas
s'aider, enſorte que la dernière voi-
ture de poudre n'étoit arrivée que trois
jours avant que j'euſſe marché à l'ennemi. Les déſerteurs flattoient cependant mon eſpérance, puiſqu'ils rapportoient que la foibleſſe de la Garniſon augmentoit ſa fatigue & ſon mécontentement; que ce n'étoit que les
foſſés

1704. fossés pleins d'eau qui empêchoient leur désertion en foule. C'étoit quasi le seul moyen de réussir.

Telle étoit la situation de ce siège, lorsque le Général Bersény m'avertit que Heister, renforcé d'un Corps considérable de Troupes arrivé de Bavière, avoit le dessein de passer le Danube à Theben, Château situé à l'embouchure de la Morava dans le Danube; qu'en ce cas, il ne croyoit pas mieux faire que de le harceler avec de la Cavalerie, & d'encourager les habitans de la montagne Blanche de faire de même dans les défilés; qu'il supposoit que je marcherois devant l'ennemi, & qu'en ce cas il croyoit que la jonction de toute l'Armée ne se pourroit pas mieux faire qu'à Farkasfalva, Village situé à deux heures de mon Camp; que pouvant commodément camper dans ce fond, l'ennemi ne pourroit reconnoître ni de loin ni de près mon Armée. J'approuvai son projet, & aiant fait le partage de mon Infanterie, qui devoit rester au siège sous le commandement du Colonel La Mothe, & celle qui devoit marcher sous le Général Antoine Ester-

Esterhazy, j'attendis des nouvelles de
la marche des ennemis, que je reçus
la veille de Noël. Le Général Berthé-
ny me mandoit qu'il n'avoit pu exécuter entièrement son dessein; qu'à la
vérité, les Paysans montagnards a-
voient fait quelques attaques, & pillé
quelques chariots de bagage de l'ennemi, mais qu'il n'avoit pas voulu s'engager trop, parce que le moindre
échec auroit donné occasion à sa Cavalerie de se débander; que l'ennemi
aiant passé la montagne marchoit vers
Tirnau, qu'il avoit laissé les Brigades
d'Oskay & d'Ebesqui pour le côtoyer
dans la plaine, pour l'inquiéter dans
sa marche, & pour le devancer à l'approche de Tirnau; que quant à lui,
il se trouveroit avec le reste de la Cavalerie au rendez-vous le soir, où je
me rendis aussi. Comme je me sentois fort novice dans le métier, j'é-
tois bien aise de consulter ceux qui
croyoient l'entendre; mais je me suis
bien-tôt apperçu qu'ils ne l'entendoient
pas. Tous convenoient qu'il falloit
chercher une plaine dégagée, pour
présenter la bataille à l'ennemi, &
qu'il falloit occuper Tirnau. Je sentois

tois intérieurement quelque répugnan-
ce de mener au combat des Troupes
si mal armées; mais je ne voyois pas
de remède, parce qu'en reculant &
en levant le siège, j'aurois entièrement découragé le pays; l'ennemi
m'auroit pressé, comme il avoit fait
le Comte Bersény au commencement
de la Campagne; & dans la retraite
j'aurois vu toutes mes Troupes se
débander. J'y consentis donc, & je
commençai de mettre mon Armée
en bataille selon l'ordre que j'avois
dressé; mais j'eus bien de la peine de
réussir avant la nuit fermée. J'étois
résolu de décamper après minuit, pour
arriver à la pointe du jour à Tirnau.
Tout étoit en bivac, la Générale é-
toit battue, lorsqu'aiant reçu des
nouvelles de la marche de l'ennemi,
le Comte Bersény me représenta,
qu'aiant fait réflexion sur la peine
qu'on avoit eu de mettre cette Armée
en bataille, il croyoit qu'il arriveroit
bien du desordre dans la marche de la
nuit, puisqu'il s'agissoit de passer un
défilé, qui étoit à la tête du Camp,
pour monter le rideau qui ferme la
plaine; & que puisque l'ennemi marchoit

choit avec affez de lenteur , quand,
même on ne décamperoit qu'à l'aube
du jour , on le devanceroit d'autant
plus aifément , qu'on pourroit marcher par la plaine à Brigades rangées.
L'avis me parut raifonnable, je le fui-
vis ; mais je m'en repentis bien après,
parce que je n'avois pas affez de tems
pour reconnoitre & pour choifir mon
Champ de bataille. La nuit de Noël
fut claire, & d'un froid fec; le jour
commença de même. Nous arriva-
mes à Tirnau, & nous découvrimes
l'ennemi de loin ; il marchoit en quatre colonnes, le bagage au milieu faifoit la cinquième. Les Brigades que
Berfény avoit laiffé en arrière, marchoient à fa droite, & à fa gauche,
en Colonnes parallèles avec lui ; mais
elle n'entreprirent abfolument rien.
La Ville de Tirnau eft fermée de mauvaifes murailles, & de Tours, fans aucun foffé; elle eft fituée précifément
fur la crête d'un rideau efcarpé qui
coupe toute la plaine : au pied de ce
rideau coule un ruiffeau de moulin
fort creux; c'eft la décharge d'un é-
tang affez grand, qui étoit au-deffus
de la Ville au pied du rideau. Aux
deux

1704. deux bouts de la Ville il y avoit deux
chemins creux pour y descendre. Cette situation, qui m'étoit entièrement
inconnue auparavant, donna lieu à
différens avis. Bersény & plusieurs autres Officiers, dont chacun croyoit savoir plus que moi, vouloient qu'on
se rangeât sur la crête du rideau, la
Ville au centre, garnie d'Infanterie.
Sur quoi je leur demandai, si l'ennemi ne pourroit pas côtoyer le rideau,
pour gagner le Camp que nous ve-
nions de quitter, & marcher droit au
siège. Ils me répondirent que rien
ne l'empêcheroit de le faire, mais que
nous pourrions le devancer, mes Troupes étant plus lestes. Il ne me fut pas
difficile de leur faire voir le danger
que nous courrions par cette démarche, qui nous obligeroit à combattre
sur un petit front, entre la Vaag & la
Dudvaag; que notre Cavalerie ne pourroit pas s'étendre, pour tomber dans
le flanc de l'ennemi; que si nous l'attendions sur la crête, nous nous met-
trions mal à propos en défense, dans
laquelle son feu beaucoup supérieur
& mieux réglé que le nôtre, empor-
teroit tout sur nous. Ainsi je décidai

pour

pour la defcente. Je fis marcher le 1704.
Général Eftherhazy avec la ganche de
la Cavalerie fuivie par l'Infanterie,
pour qu'il fe dépêchât, par le chemin
creux, & qu'il rangeât les Troupes
en bataille à mefure qu'elles arrive-
roient. Berfény marcha avec l'Aile
droite de la Cavalerie par le chemin
creux qui étoit à la droite de la Ville.
Voilà les deux Généraux que j'avois,
dans l'Infanterie : il y avoit très peu
d'Officiers raifonnables, c'étoient la
plupart des Coqs de Village, comme
on dit, qui avoient amené le peuple.
Il falloit ma préfence pour empêcher
que les maraudeurs ne rompiffent la
porte de la Ville pour y entrer. J'aurois bien voulu voir le Champ de bataille ; perfonne ne m'avoit parlé de
ruiffeau, je ne le connoiffois pas; j'a-
vois très fouvent paffé par cet endroit,
en courant la pofte, mais un petit
pont eft bientôt paffé fans s'en appercevoir, lorfqu'on court en chaife, &
on ne remarque pas les ruiffeaux creux
dont les bords font couverts, fi on
ne regarde pas les objets avec les yeux
d'un homme de guerre. J'avois cru
bonnement que tout étoit uni en-
bas,

bas, comme l'on me l'avoit affuré;
je me difois à moi-même, que les
Généraux étendroient les Ailes en attendant que je veillerois à la marche
de l'Infanterie; qu'aiant enfourré une
partie de la Colomne dans le chemin
creux, je pourrois faire le tour de la
Ville au grand galop, afin de m'y
trouver à tems. Il y avoit environ
une heure que le tems commençoit à
se brouiller; mais lorfque je quittai
l'Infanterie pour faire le tour de la
Ville, il commença à tomber telle a-
bondance de neige avec un vent fi
impétueux qui nous la portoit au vi-
fage, que nous ne vimes abfolument
rien. J'étois accompagné de très peu
de monde, mes Guides ne favoient
plus où ils en étoient; en forte que
pour être plus fûr de mon fait, je re-
brouffai chemin pour paffer par celui
de l'Infanterie. J'étois encore à la
defcente, lorfqu'on commença à tirer
le canon, dont le bruit aiant féparé
les nuages, nous vimes l'ennemi devant nous en bataille au-deçà du ruiffeau. Efterhazy à la gauche ne fuivoit pas l'ordre de bataille, n'aiant
formé qu'une feule Ligne; ainfi une
bon-

bonne partie des Troupes ne lui servit pas, car le ruisseau assuroit le dos
de l'ennemi. Il s'étendoit par sa gauche, lorsque Berfény m'envoya l'A-
judant Norval, Lorrain, pour m'aver-
tir que l'ennemi marchoit le long du
ruisseau: par où il lui sembloit qu'il
avoit dessein d'éviter le combat ; &
qu'il croyoit que nous devions lui laiffer continuer sa marche. Je fus furpris, je l'avoue, du mauvais raisonnement de ce Général; car fi même
l'ennemi eût penfé ainfi, il pouvoit
connoître que cela ne pouvoit fe pratiquer, à caufe de l'étang qui barroit
le terrein jufqu'au pied de la ravine.
Je lui fis dire que nous n'étions pas
venus pour croquer des noifettes, qu'il
ne devoit pas différer d'un moment de
lui tomber dans le flanc. Lorfqu'il reçut ma réponfe, l'ennemi étoit déja
à la hauteur de fon Aile; ainfi pour le
déborder il fit marcher la Brigade d'E-
besqui à droite, & lui-même courut
pour faire avancer l'Infanterie. Les
Officiers ignorans, voyant la marche
de cette Brigade, crurent devoir la
fuivre, & la Cavalerie s'éloigna de
l'Infanterie. Ebesqui donna dans le

Tome V. I flanc,

1704. flanc, le renverſa, il tomba fur le bagage qui étoit entre les deux Lignes de l'ennemi ; & les Soldats, qui n'étoient pas contenus par les bas Officiers, commencérent à piller. Ce malheureux mouvement de ma Cavalerie donna occaſion à deux Eſcadrons Allemands de s'ébranler pour prendre ma Cavalerie en flanc, par le vuide qu'elle avoit laiſſé entre elle & l'Infanterie. A leur approche, un Bataillon de Déſerteurs Allemands commandé par Charody bas Officier déſerteur, & faute d'autre meilleur élevé au rang de Capitaine, tourna contre mon Infanterie, il fit ſa décharge contre elle, & la prenant par le flanc, la mit en confuſion. Je vis d'aſſez près le deſſein de la Cavalerie Allemande, étant à la tête de mes carabiniers. J'avançai, & ordonnai qu'on me ſuivît ; mais un zèle indiſcret du Maréchal de ma Cour, avant la bataille, fit conjurer en ſecret quelques Gentilshommes de ma Cour de veiller à ma perſonne, & de m'empêcher d'approcher de la mêlée. Ceux-ci m'environnérent, prirent mon cheval des deux côtés par la bride, & me tirérent

rérent comme un prisonnier ; & mes carabiniers ne s'ébranlérent pas non plus. Ma gauche se soûtenoit enco-re, & faisoit merveilles ; mais aïant pénétré dans le bagage elle commença aussi à piller. Le Centre de mon In-fanterie rompit pareillement la pré-mière Ligne de l'ennemi ; mais son Aîle droite étant mise en confusion par les Déserteurs, & la Cavalerie é-tant comme j'ai dit attaquée par la queue, produisit une déroute géné-rale, la plus pitoyable qu'on puisse s'imaginer. Dans cette malheureuse circonstance, comme le moment où on auroit pu réparer le mal étoit pas-sé, j'ordonnai à mes carabiniers de me suivre, je remontai la hauteur, je m'arrêtai pour rallier les fuyards. Le Comte Bersény m'y joignit ; je me rangeai en bataille, & je me reti-rai à petit pas avec ma Cavalerie, qui ne souffrit qu'une petite perte. Com-me je crus que les Allemands pour-roient me suivre, pour les détourner du Siège je marchai à Vece, où j'a-vois un pont sur la Vaag, aïant en-voïé ordre au Colonel La Mothe de se retirer à Nitria, Château que le

I 2   Comte

Comte Berfény avoit pris par bombardement. Mon Infanterie auroit pé-
ri entièrement en traverſant la plaine
toute raſe, ſi la confuſion & le deſordre dans lequel les Allemands étoient
mis, ne les eût empêché de les pourſuivre. Une Compagnie d'Infanterie
de mon Centre, compoſée d'habitans
montagnards du Bourg de Miskos,
paſſa les deux Lignes de l'ennemi,
franchit le ruiſſeau, & vint me joindre.

Dans cette malheureuſe conjoncture, il s'agiſſoit d'empêcher les Troupes de ſe débander pour s'en aller chez
eux. Pour cet effet, Berfény propoſa
que ſi je le trouvois bon, il ne paſſe-
roit pas la Vaag, mais qu'il iroit deux
lieues plus bas au Village de Schelié,
écarté, où on adreſſeroit les fuyards qui
viendroient infailliblement au pont.
Il parloit ſelon le génie des Troupes;
car en effet, il ſuffiſoit de les rallier
en Corps, pour les raſſurer : elles n'é-
toient jamais ſi découragées après la
déroute, qu'elles refuſaſſent de marcher à l'ennemi. J'approuvai ſon projet, qui fit un bon effet, car deux
jours après il m'amena un bon nombre

bre de Troupes, pendant que je raf-
femblois l'Infanrerie, dont les fuyards
du Siège s'étoient rendus à petite Topolchane.

Dans ces entrefaites arriva le Général Karoly, avec fon Corps de Cavalerie environ de 6000 chevaux. Selon les mefures que j'avois pris, il auroit dû arriver avant l'Action; mais
quoiqu'il donnât des raifons pour ex-
cufer fon retardement, je crus que la
bonne étoit le principe dans lequel
ceux dont il fuivoit le confeil l'entre-
tenoient, à favoir, qu'il ne falloit jamais venir à une Action générale a-
vec les Allemands. Ce Corps étoit
compofé de Trou pesd'au-delà le Tibisque, bons Partifans, affez braves,
mais pillards fans difcipline. Ce renfort remit mes affaires, & combinant
tout ce qui s'étoit paffé, je fus bien
aife du retardement de Karoly. Tous
les avis confirmoient la perte confidérable que les Allemands avoient fait
de leur Infanterie de la Droite, où
ma Cavalerie avoit fi bien enfoncé,
qu'il y eut des Bataillons entier fabrés:
Leur Armée s'étoit formée en quarré
long, à flanc couvert fans intervalle;

I 3   leur

1704. leur bagage étoit entre les deux Lignes, enforte que la feconde ne pouvant pas fecourir la première, la Bataille eût été gagnée, fi le Général ou les Officiers euffent replié fur la prémière Ligne percée en plufieurs endroits. Mais la brèche, pour ainfi dire, étant faite, on ne fongea qu'aux chariots qu'on vouloit piller. Cet inconvénient ne venoit pas moins des bas Officiers qui n'avoient ni idée de leurs devoir, ni expérience, ni autorité pour contenir les foldats dans leurs rangs, dont j'ai déja marqué la raifon. Cette prémière Bataille m'apprit que pas un de nous n'entendoit la Tactique: que les Troupes étoient de bonne volonté; mais outre qu'elles étoient très mal armées, les Officiers ne favoient pas les mener: enfin, qu'il faudroit bien prendre des précautions contre les Allemands Déferteurs.

Voilà comme finit en Hongrie la Compagne de 1704. Elle fut affez heureufe en Tranfilvanie, où j'avois envoyé le Comte Forgatz commander, après qu'il eut capitulé avec le Général Kleklesperg pour la reddition de Szakmar, par où toute la Haute
Hon-

Hongrie fut délivrée jusqu'en Transsilvanie. Ce Général Allemand étoit
un Officier de fortune, homme de
guerre, & connoissant le foible de la
Nation. Il amena à Pest environ
400 cavaliers, avec quelques centaines de fusiliers. Les Comtes Pékry,
& Téléky faisoient des manœuvres
pitoyables dans la susdite Principauté.
Le Général Bussi-Rabutin, qui commandoit pour l'Empereur, avoit partagé le reste de sa Cavalerie par Escadrons, profitant des Villes murées
Saxonnes, dont les habitans favorisoient beaucoup les Allemands au
commencement; mais comme il falloit sortir pour fourager, cela donna
occasion d'achever les quatre vieux
Régimens de Cavalerie, que l'Empereur avoit eu en Transsilvanie au
commencement de la guerre. Tout
le plat-pays s'étoit déclaré pour moi;
les Troupes couroient, pilloient. Les
Transsilvains n'étoient pas d'accord
entre eux, il falloit un Chef pour les
rallier. Forgatz n'étoit pas pour eux;
car outre son humeur impétueuse,
il étoit encore alors adonné au vin,
& il avoit le vin très mauvais; en-

sorte

1704. forte qu'il m'embarraſſoit de près & de loin. Il entendoit les parties de la guerre qui regardent le ſervice, il ne menoit pas mal un Corps de 4. à 5000 chevaux; mais il ne connoiſſoit pas l'Infanterie, non plus que les hommes, qu'il n'approfondiſſoit pas, les employant à vue, c'eſt à dire, ſelon leur preſtance. Je m'attendois à toutes les brouilleriés qu'il a eu avec les Transſilvains; mais la néceſſité m'obligea de l'y envoyer.

1705. Les Allemands avoient aſſemblé toutes leurs forces ſous le Général Heiſter, pour ſecourir Léopoldſtat, que j'ai rapporté avoir aſſiégé. J'avois peu de Troupes dans la Baſſe-Hongrie, depuis que Forgatz, Karoly, & Eſterhazy avoient repaſſé le Danube. Il étoit aiſé à connoitre par la contenance d'Heiſter qu'il nous reſpectoit malgré le gain de la Bataille; mais je ne voulois pas lui donner trop de tems pour ſe reconnoitre. Voilà pourquoi dans une Conférence tenue à Vérébély, je réſolus de profiter de la glace pour faire paſſer à Karoly le Danube à Karva, pour faire des courſes en Autriche, & pour

ra-

rabattre par-là, la joie du peuple de 1705.
Vienne, & de la Cour, qui croyoit
avoir entièrement difperfé mes Troupes. Karoly partit au mois de Fé-
vrier de l'année 1705. Il courut jufqu'aux fauxbourgs de Vienne. Je laiffai le Comte Berfény avec le Général
Efterhazy fur la Vaag; & aïant pris
avec moi les débris de l'Infanterie, je
paffai l'Hiver à Agria, au milieu du
pays, afin de faire des préparatifs pour
la Campagne fuivante. Les Troupes
de Karoly troublérent le repos d'Heifter, & après avoir logé fon Infanterie à Pefingue, Modor, & St. George, Villes murées, & fituées au pied
de la montagne Blanche, il prit fa
Cavalerie pour courir après Karoly.
Berfény profita fort bien de cette occafion; il détacha le Lieutenant-Général Daniel Efterhazy avec l'Infanterie qu'il put ramaffer des Garnifons,
pour bombarder ces Villes. Les Allemands fe rendirent par capitulation,
fans avoir été prefque attaqués; enforte que cette Armée victorieufe fut
fi bien défaite pendant l'Hiver, que
fans les Troupes auxiliaires de Danne-

I 5 marc,

marc, les Allemands n'auroient rien pu entreprendre cette Campagne.

Voilà pourquoi la Cour de Vienne eut recours à la négociation. J'ai déja rapporté, pourquoi je traitois les affaires de la Paix sans aucun ménagement du secret, donnant aux Emissaires de l'Empereur une entière liberté de parler à qui ils vouloient. Je donnai même connoissance à la Noblesse des Comtés, par des Lettres circulaires, de tout ce qui se passoit. Les monnoies de cuivre avoient un cours à souhait, elles me mettoient en état de réparer mes Armées; mais il étoit fort raisonnable de croire que cela ne dureroit pas. Les fameuses Mines d'or & d'argent étoient devenues fort casuelles. Les monnoies de cuivre avec lesquelles on payoit les frais courans, m'avoient mis en état de ménager l'or & l'argent qu'elles produisoient, pour l'employer à l'achat des armes & des draps pour habiller les Troupes de ma Maison. Elles consistoient alors en deux Régimens d'Infanterie de 1200 hommes chacun, & un de Cavalerie de 1000 chevaux. J'avois accordé la neutralité

tralité à la Siléfie; que ce pays avoit
recherché depuis le commencement
de la guerre pour cette fin, & fur-
tout pour avoir du plomb en quantité néceffaire pour la fonte des mé-
taux : car ni la Hongrie ni la Transfilvanie ne produifent que très peu
de ce métail. Les Siléfiens le faifoient
paffer par la Pologne; mais je ne pour-
vois pas avoir par ce moyen des armes, dont je manquois fort. Pendant tout le cours de la guerre, on
ne tira certainement pas 10000 fufils
de Dantzik, à caufe de la guerre de
Pologne. Les Polonois, les Suédois,
les Mofcovites, les Saxons tomboient
fur cette marchandife; il n'y avoit que
deux Négocians, qui s'en étoient chargés, & ils en manquoient fouvent.
Tous les Gentilshommes, tout le Clergé, toute la Milice, m'avoient prêté
hommage, dès qu'ils s'étoient déclarés
contre les Allemands; mais je ne m'at-
tribuois pas pour cela tout pouvoir
dans les affaires politiques: voilà pourquoi je ne voulus jamais faire des propofitions de paix de mon chef. Je n'a-
vois donné aucune autorité au Général Berfény, que fur les Troupes qu'il

com-

1705. commandoit : je ne pouvois cependant pas me dispenser de lui donner des Commissions, comme à mon intime ami, & capable de régler les affaires des Mines, puisqu'il en étoit à portée; & je lui adressai tous mes ordres. Forgatz son antagoniste croyoit que Bersény faisoit tout par lui-même avec indépendance ; il prétendoit un plein-pouvoir en Transsilvanie. Or pour garder des formalités conformes aux loix de ce pays, ne pouvant pas m'y trouver à cause de la guerre de Hongrie, j'avois établi un Conseil pour gouverner cette Principauté. Ce Conseil devoit agir de concert avec Forgatz, qui n'avoit de commandement que sur les Troupes. Mes Conseillers n'étoient pas tels que je les aurois souhaité, car il falloit faire flèche de tout bois; ils n'étoient pas toujours au fait sur ce que Forgatz leur communiquoit, ou leur demandoit. Il eût fallu des ménagemens dans la manière d'agir avec eux, car le Conseil prenoit de travers les Lettres que le Général lui ecrivoit; il ne disoit rien, mais il n'exécutoit pas ce que Forgatz lui proposoit, ce qui étoit suivi d'em-
- porte-

portement de celui-ci, de plaintes des autres; chacun d'eux avoit raison, & tort, selon les différens rapports. Les Transfilvains regardoient Forgatz comme étranger, ils croyoient qu'il vouloit dominer sur eux, & que je voulois le soutenir au préjudice de leurs loix. Si je réprouvois la conduite de Forgatz, je jettois de l'huile sur le feu; car il ne ménagoit pas ses paroles ni ses plaintes devant le public, ce qui produisoit de mauvais effets.

Le Marquis Desalleurs Lieutenant-Général des Armées du Roi de France, aiant traversé la Turquie pour me joindre, arriva au Camp du Comte Forgatz, & lui laissa Damoiseau Ingénieur-Brigadier pour conduire le Siège de Medgyes, Ville Saxonne, assez bien fortifiée, & défendue par une bonne Garnison Allemande; Siège que Forgatz avoit dessein de faire, & entreprit peu après. Il fut plus long & plus meurtrier qu'il n'eût dû être, si le Général n'eût pas fait changer les batteries contre l'avis de Damoiseau, qui demanda d'être rappellé. Cependant la Ville fut enfin prise par capitulation, après des assauts manqués.

Ra-

1705. Rabutin fut par-là étroitement fermé dans la Ville d'Hermenftat, & par la fuite Forgatz s'empara auffi par furprife du Fort appellé Tour-rouge, par où l'ennemi gardoit encore communication avec la Valachie. Pendant le blocus d'Hermenftat, Forgatz envoyoit fon Page, (le Sr. Tot Andreas, aujourd'hui Capitaine au fervice de France) faire des honnêtetés à Rabutin & à fa femme; ce qui eût été louable parmi des parties, où ces commerces entre les Généraux Commandans eft ufité: mais les Transfilvains & les Troupes penfoient bien différemment fur la conduite de Forgatz, qui par une femblable démarche avoit déjà perdu la confiance de fes Troupes dans la Baffe Hongrie. Ces circonftances ferviront pour faire connoître en quelle fituation j'ai trouvé l'efprit des Transfilvains, à la fin de cette Campagne.

Le Marquis Defalleurs aiant traverfé la Transfilvanie, me joignit à Agria. Je le reçus dans une Audience publique, comme Envoyé du Roi Très-Chrétien. Il me délivra la Lettre du Roi, & m'affura de fa protection. J'aurois cru qu'il m'apporteroit des armes, des Officiers, & de l'argent; mais

mais il n'étoit accompagné que de 1705.
deux Ingénieurs-Brigadiers, Le Maire, & Damoiseau. Dans l'entrevue
secrette, il me présenta un Mémoire
rempli de questions sur l'état de la
Guerre, des Places, des Arsenaux,
&c. J'y donnai ma réponse en deux
heures, ce qui le surprit. Ce Général étoit d'un âge fort avancé, mais
assez vigoureux; il entendoit la Guerre, il étoit sobre & patient, d'une
conversation agréable & fort spiri-
tuelle, mais caustique; il ne parloit
que sa Langue; il ne faisoit aucune
dépense, & il ne traitoit pas avec
moins de froideur les intérêts de son
Roi, que ceux de la Nation; il donnoit dans les préjugés les plus popu-
laires, & ne gardoit pour elle aucun
ménagement devant le peu d'Officiers
François qui lui faisoient la cour. Cela fit un très mauvais effet par la suite. Les avis & les projets de ce Général étoient bons, mais impratica-
bles, à cause de l'ignorance générale
de la Nation quant aux véritables
principes de la Guerre, & faute d'Officiers. J'ai rapporté la cause du prémier, il est aisé de rendre le second
senti-

1705. fenfible. On me dit, & je crus aifément, que par rapport aux grandes
Armées que la France tenoit fur pied,
le Roi lui-même avoit de la peine à
en trouver un nombre fuffifant. J'ai
déja dit que le Marquis Defalleurs n'a-
voit amené que deux Ingénieurs. Le
Marquis de Bonac m'avoit envoyé le
Chevalier de Fierville d'Heriffy, fort
honnête-homme, & aimé de toute la
Nation, à caufe de fa douceur & de
fes bonnes manières; mais ce Gentilhomme n'avoit jamais fervi que de
Grand-Moufquetaire. Le Colonel La
Mothe n'avoit été qu'Aide de Camp
du Maréchal de Vauban, où il acquit
quelque pratique dans le Génie. C'é-
toit un homme plein de feu, impa-
tient, impétueux; mais il faifoit bien
fon devoir. De Rivière étoit Pro-
teftant François, honnête-homme, &
affez bon Ingénieur. Barfonville, &
St. Ju, fe mêloient auffi de Génie;
ils avoient été Capitaines au fervice
du Roi Augufte. Je ne fai s'ils ont
jamais fervi d'Officiers en France. Le
prémier partit fans congé, au bout
d'environ deux ans; le fecond demanda le fien avant l'année finie. D'Ab-
fac

fac avoit fervi en France de Lieuté-
nant, fi je ne me trompe. Bonàfoux
étoit François Réfugié. Chaffan a-
voit auffi fervi chez le Roi Augufte.
L'un & l'autre étoient bons Officiers;
mais fi même ils euffent été les plus
valeureux & les plus accomplis, ils
n'euffent pas été moins embaraffés,
puisque chacun d'eux manquoit de
Capitaines & de Lieutenans dans leurs
Régimens. Ceux qui venoient de
Conftantinople ou de Pologne avec
des recommandations hazardées des
Marquis de Fériol & de Bonac, é-
toient des étourdis, qui empruntoient
des noms pour profiter des brevets
volés à leurs Maitres, Officiers en
France. Ils deshonoroient leur Nation par leur conduite, & caufoient
de l'éloignement pour elle aux Hongrois. Dès qu'ils voyoient qu'ils ne
pouvoient pas vivre à leur fantaifie,
ils demandoient leur congé pour
retourner en Pologne, ou ils s'atta-
choient à différens partis, pour faire
ce qu'ils vouloient. Quant aux Allemands déferteurs, il y avoit bien des
mefures à prendre. Hors le Colonel
Rot bon Officier d'Infanterie, marié
en

en Hongrie avant la guerre, hors trois ou quatre qui avoient été Lieutenans dans les Garnisons, les autres étoient des bas Officiers en défertant, qu'on avoit été obligés d'avancer faute d'autres, & on les mettoit hors leur propre portée. On fait affez l'esprit qui fait déferter le Soldat. On ne peut jamais compter fur un tel Corps, que lorfqu'on à la fupériorité fur l'ennemi : dès qu'on eft obligé de fe mettre fur la défenfive, & que l'on eft tant foit peu mal-mené, le nombre de ceux qui aiment mieux mourir les armes à la main que d'être pendus, eft infiniment moindre, que de ceux qui cherchent à vivre fans être pendus. Dans de pareilles circonftances, ceux qui ont été élevés fongent à s'y maintenir, & méditent des trahifons éclatantes pour obtenir pardon & récompenfe. Tel étoit Charody à la bataille de Tirnau, & le Colonel Brener condamné par le Confeil de guerre & exécuté à la fin de cette année.

Ainfi, pour former des Officiers, depuis le commencement de la guerre je tins une groffe Cour pour attirer la Nobleffe de tout âge. Le nombre

bre des Pages de l'Ecurie, des Pages
de la Chambre, des Gentilhommes
de la Bouche, des Gentilshommes
ordinaires, n'étoit pas limité. Pour
leur donner du goût, je campois auffi-tôt que les neiges étoient paffées;
je faifois faire l'exercice à ma Compagnie de Grenadiers François. Par
bonheur il s'étoit trouvé un Sergent
qui le favoit. Comme j'aimois la
Chaffe, je fis lever 60 Chaffeurs par
un Gentilhomme, qui de lui-même
leur fit apprendre l'exercice à mon
infu, par un Sergent qui avoit fervi
parmi les Allemands, & me les produifit avec beaucoup d'agrément de
ma part. Le Régiment de ma Maifon, appellé *Palotas*, ou du Palais,
& tous mes Sujets du Duché de Munkacz, ne demandoient pas mieux que
d'apprendre. Je leur avois donné pour
Lieutenant-Colonel le Baron Limprecht, Allemand de Nation. Cet
Officier, Lieutenant dans les Troupes
de l'Empereur, avoit été Commandant du Château de Muran bâti fur
une montagne fort élévée, efcarpée
de tout côté, & qui n'étoit acceffi-
ble que par un chemin étroit pratiqué
dans

1705. dans le roc. Il étoit bloqué; mais if
faifoit des courfes avec fa petite Garnifon, en vrai Partifan. Enfin contraint à fe rendre, il prit fervice; il
apprit la Langue du pays, & fe com-
porta jufqu'à la fin de la guerre avec
une fidélité & un attachement exem-
plaire. Dès que j'appercevois dans
quelqu'un de ma Cour quelque inclination pour le fervice réglé, je l'appliquois dans les Régimens de ma
Maifon. Mais en tout ceci, je n'a-
vançois pas aufli vîte que j'aurois
fouhaité. Dans les autres Régimens,
les Généraux ne travailloient pas dans
cet efprit. Dans les Armées réglées
depuis longtems, les jeunes Officiers
qui entrent, fe conforment fur l'exemple de leurs camarades & de leurs fu-
périeurs; en deux ou trois Campagnes
ils font au fait: mais cela ne réuf-
fiffoit pas dans mes Troupes, où ces
fortes d'exemples les gâtoient, plus
qu'ils ne les inftruifoient.

Je paffai l'Hiver, & le prémier mois
du Printems, à Agria, occupé des
négociations de la Paix, de la Police
du Royaume, & du réglement des
Troupes, dont j'avois fixé la paye. Je
trou-

trouvai foixante & quinze mille hom- me à ma folde, tant Infanterie que Cavalerie. Comme la Campagne approchoit, je fis mes difpofitions pour l'exécution du deffein de paffer le Danube avec un Corps dont je pouvois être affuré qu'il me fuivroit. Mon pont, & les Forts qui le couvroient, étoient en état. Le Lieutenant-Général Daniel Efterhazy commandoit un Corps d'Infanterie & quelque Cavalerie, d'un côté; & le Major-Général Botian le borgne commandoit de l'autre côté du Danube. Cet homme, d'Ecolier & de Portier, d'une Maifon de Jéfuites, devenu foldat, fit des actions fi hardies contre les Turcs, qu'il devint Colonel au fervice de l'Empereur. N'aiant ni naiffance ni éducation, il étoit fort ruftique; mais fobre, vigilant, laborieux; il aimoit le peuple, & en étoit extrêmement aimé : car il contenoit fon foldat dans une difcipline exacte, mais il lui rendoit juftice en tout où il avoit raifon. Les Rafciens le redoutoient d'une manière très particulière: mais les Allemands le connoiffoient pour ce qu'il étoit. Il s'enten-

1705 tendoit à la construction des bateaux
tels qu'on s'en sert sur le Danube; il
manioit lui-même la hache; il se mê-
loit de la Fortification, & malheureusement il croyoit l'entendre, ensorte
qu'il n'écoutoit nullement l'Ingénieur
Lieutenant que je lui avois envoyé
pour construire un Fort à la tête du
pont. Il le fit donc construire à sa
fantaisie, & s'engagea à le défendre.
Après avoir mis les chevaux au verd
dans les belles prairies d'Agria, je
marchai vers le Danube, un peu plus
tard que je n'avois de coutume d'ouvrir la Campagne.

J'étois à la hauteur de Bude, lorsque je reçus presque en même tems
deux Couriers, l'un du Lieutenant-
Général Esterhazy, & l'autre du Général Bersény. Le prémier me mandoit que le Général Klecklesperg, qui
demeuroit à Bude depuis la reddition
de Szakmar, étoit venu pour attaquer
Botian avec 400 chevaux & de l'Infanterie de la Garnison de Bude, quelques pièces de campagne, & des Rasciens sur des bateaux armés; que Botian sortit à la tête de son Régiment
de Cavalerie pour le reconnoître; qu'il
escar-

efcarmoucha, & que dans cette occa- 1705.
sion aiant reçu deux confusions vio-
lentes sur le nez & sur une cuisse,
dont je l'ai vu fort longtems boiteux,
il s'étoit retiré dans son Fort. (Je dis
contusion, car l'opinion commune é-
toit, que la bale ne passoit jamais sa
peau.) Que l'ennemi étant approché,
la première bale des pièces de campagne avoit percé les remparts du
Fort, & les bales des fusils en avoient
criblé les parapets, derrière lesquels
l'Infanterie ne pouvoit se tenir; &
qu'ainsi Botian s'étoit retiré, aiant mis
le feu à son Château : qu'après avoir
passé le pont, l'ennemi l'avoit détruit,
brulé les bateaux, & s'étoit retiré à
Bude. Le Comte Bersény me mandoit, que le commandement de l'Armée ennemie renforcée de 6000 Danois d'Infanterie, avoit été donné au
Général Herbeville; que cette Armée
étoit campée dans l'Ile de Schut, à
Comore; & qu'il avoit su de bonne
part que son dessein étoit de ravitailler Léopoldstat; ensorte qu'il croyoit
que je ne pourrois mieux employer
mon Armée, qu'en prévenant l'ennemi sur le Vaag, puisqu'en empêchant
le

1705. le ravitaillement, la Forterefle tomberoit en peu de tems. Il ne m'eût certainement pas perfuadé cette démarche, non plus que la Campagne paffée, fi je ne me fuffe trouvé fans efpérance de rétablir mon pont, & de pourfuivre mon deffein. Je fis donc venir le Lieutenant-Général Daniel Efterhazy avec le Corps qu'il commandoit, & je réfolus de marcher vers le Vaag; mais d'éviter autant que je pourrois une Action générale. Je paffai par trois différens paffages la chaine des montagnes appellée Matra, qui font parallèles aux montagnes des fameufes Mines des Comtés de Hont, de Neifol, & Geumeur. Les prémières aboutiffent au Danube près de Maroch vis à vis du vieux & défert Château de Vichegrad; & les fecondes à St. Benoit & à Ste. Croix, tournant leur épaiffeur vers le mont Karpat. Entre ces deux chaines de montagnes eft le beau vallon peuplé, partagé en Comtés de Nograd, Hont, & Barch. La montagne de Matra commence à Agria; fon épaiffeur, où fa face qui regarde la plaine d'Harangod, s'appelle Bique; elle s'abaiffe en collines fertiles

les en bon vin de la Comté de Bor-
chaud. Les pieds des côteaux font ar-
rofés de la rivière Chajo, qui fort
des montagnes de la Comté de Gueumeur pour fe jetter dans le Tibisque
à Tarian. Plufieurs petites rivières qui
fortent de la Matra, coupent la grande plaine qui eft entre Hatvan. & Bude; la Zagiva en eft une, & Tarna
l'autre : la prémière coule près d'Hatvan, & fe jette dans le Tibisque auprès de Szolnok, affez petit Fort de
terre, où je tenois Garnifon pour pro-
téger les habitations des Jaffes, qui
me fourniffoient 5 à 6000 hommes
d'affez bonnes Troupes.

J'allai camper à Vatz, Ville Epif-
copale au-deffus de Bude; parce que
je méditois encore la conftruction d'un
pont de communication à la faveur de
l'Île de St. André, habitée par des
Rafciens. De là je marchai avec l'Infanterie par les étroitures du Daiube,
pendant que ma Cavalerie paffoit par
des collines couvertes de bois clair, &
fertiles en pâturage. Le bagage faifoit
une troifième colonne, pour déboucher à Tompa. Kleklesperg, après
la deftruction de mon pont, aiant ap-

1705 paremment eû ordre de, m'obferver, marchoit vis à vis de moi; Il s'y campa de telle manière entre deux montagnes, que fi j'euffe pu trouver des bateaux, j'euffe fait paffer de l'Infanterie pour l'attaquer la nuit. Je paffai, fi je m'en fouviens bien, la montagne en deux marches. Toutes mes Colonnes fe rendirent à St. Benoit, différent de celui dont j'ai parlé. Je trouvai dans ce lieu un vieux Retranchement des Romains, dans lequel je campai à caufe de la belle peloufe. N'étant qu'à trois marches, qui pouvoient fe réduire à deux, de la Vaag, je voulus féjourner jufqu'aux certitudes du deffein de l'ennemi, pour ne pas confommer les vivres & les fourrages fur la Vaag. Je fis venir le Comte Berfény, pour lui communiquer mon deffein. Je connoiffois fi bien perfonellement, & par réputation, le vieux bon-homme Herbeville, Lorrain de naiffance & Dragon de profeffion, que je méditai de lui tendre une embuche, dans laquelle un autre que lui n'auroit guères donné. Sur le rapport que je fis au Marquis Defalleurs de la fituation de Léopoldftat, il approuva

prouva fort mon deſſein ; mais il ne
pouvoit pas s'imaginer qu'Herbeville
s'y prêteroit auſſi bonnement qu'il fit.
Après avoir pris des informations du
Général Berſény de l'état de ſon Corps,
& des vivres, je joignis à lui Le Maire Ingénieur-Brigadier , avec qui j'a-
vois déja reconnu le Château de Gran,
peu éloigné de mon Camp. J'avois
dès-lors réſolu de faire des préparatifs
pour l'aſſiéger. J'ordonnai à cet Ingénieur de viſiter les environs de Léopoldſtat, d'arrêter le petit ruiſſeau du
Dudvaag par des batardeaux, d'élever
un bon retranchement entre le ruiſſeau & la rivière, de viſiter les gués
du ruiſſeau ; & ſans compter tout à
fait ſur le gonflement des eaux, le
garnir de Redoutes : ce qui fut fait à
tems, & bien exécuté L'ennemi é-
toit dans l'Ile de Schut, appellée Cha-
lokeus, c'eſt à dire , *l'Ile trompeuſe*,
parce que, toute fertile qu'elle eſt, il
arrive très rarement qu'elle ne ſoit, a-
vant la moiſſon, couverte d'un brouillard épais , qui faiſant l'effet de la
nièle , conſomme entièrement ou le
ſeigle ou le froment : c'eſt pourquoi
l'on ſème toujours ces deux grains
K 2 mêlés.

mêlés. Au reste, on sait que l'Ile est formée par la Vaag & le Danube, dont un bras, le plus souvent pratiquable, se détache pour la séparer de la plaine de Tirnau. Aussi-tôt que le retranchement dont j'ai parlé fut en état de défense, je me mis en marche; car j'eus aussi avis qu'Herbeville s'ébranloit.

Le Général Bersény, selon son génie, qui ne le conduisoit pourtant jamais jusqu'à l'exécution, s'offrit à marcher avec la Cavalerie, pour tâcher de donner à l'ennemi un échec au passage du bras du Danube, & l'attirer sur le chemin que nous aurions souhaité qu'il prît. Je n'avois jamais de grandes idées de ces sortes d'entreprises avec de gros Corps, car elles pouvoient produire beaucoup de mal, puisqu'il falloit fort peu de chose pour déranger l'esprit de mes Troupes, au lieu que l'avantage qu'on en pouvoit raisonnablement espérer étoit très médiocre. Mais connoissant à fond mon Général, qui ne manquoit jamais que par trop de précaution, & qui ne faisoit de semblables projets, que pour briller devant la Nation, j'y consentis.

En

En arrivant au pont de Seret fur 1705. la Vaag , je campai précifément fur fon bord couvert de mon côté, mais très ras de l'autre. Je jettai toute mon Infanterie dans le retranchement, hors ce qu'il falloit pour garder deux gués garnis de chevaux de frife enfoncés dans l'eau, & le pont de Seret que je fis rompre. J'attendois ce qui en arriveroit. La tête de ma Cavalerie, commandée par le Général Berfény, commença d'arriver vers midi. L'ennemi parut environ à quatre heures : il étoit fans bagage ; mais il conduifoit quantité de chariots de Vivandiers chargés de vivres. Il fe campa tranquillement vis à vis de moi, fur une peloufe la plus rafe & la plus unie qu'on puiffe voir. Charmé de fa manœuvre, je commençai à le faire canonner. Il répondit ; mais les arbres, les brouffailles , & le haut & bas du terrein nous étoient avantageux : aulieu que nous pouvions remarquer l'effet de notre canon. Il s'étoit enfouré entre la Vaag & la Dudvaag. J'avois toute efpérance, que le lendemain pouffant en avant, il fe cafferoit le nez contre mon retranchement :

K 3 mais

mais je ne pouvois pas m'assurer qu'il n'envoieroit pas la nuit quelques petits Partis pour reconnoitre ce qui se passeroit entre lui & la Forteresse, qui n'étoit éloignée que de deux heures de chemin. Pour ne pas laisser échaper une occasion qui me paroissoit sure, appuyant sur celle qui étoit douteuse, je communiquai mon dessein au Général Bersény de détacher 4000 chevaux choisis, pour les faire passer par le pont de Vece, distant de trois heures de chemin à ma gauche, & en faire passer 4000 par les retranchemens, pour donner une heure avant le jour dans les deux flancs de l'Armée ennemie, qui n'étoit appuyée de rien, pendant que nous ferions bien du bruit au front. L'entreprise nous parut si immanquable, que par malheur Bersény demanda à en être chargé, & proposa Gabriel Guéfi, frère du Brigadier Commandant du Régiment dudit Général, pour l'exécuter sur la gauche. Malheureusement, je ne pouvois refuser ce commandement au prémier; & ne connoissant pas le second, je le crus aussi actif & brave que son frère. Je me promettois de
voir

voir une manœuvre que je souhaitois
de tout tems: car si Herbeville avoit
au moins couvert ses deux flancs de
ses chariots, j'aurois pu douter de la
réussite; mais ils étoient tous rangés
entre les deux Lignes, ce qui auroit
dû rendre mon coup immanquable.
Les Détachemens partirent environ
deux heures avant le coucher du soleil. Celui de la droite avoit des défilés à passer, mais l'autre pouvoit
marcher sans embarras. On étoit con-
venu qu'on attaqueroit à l'aube. Je
passai la nuit au bivac sur la hauteur
vis à vis du Château de Seret que j'a-
vois fait abandonner, & dont l'ennemi
s'empara. Mes Grenadiers qui gardoient le pont, dont ils avoient levé
les planches, étoient à 200 pas de
moi. Vers la minuit, l'ennemi qui
étoit dans le Château, renforcé de
deux Compagnies de Grenadiers, comme je le sus le lendemain, commença
à attaquer le pont, & le feu fut très
vif de part & d'autre pendant environ une heure. J'avois d'abord pensé
que ce n'étoit qu'une diversion. J'envoyai le long de ma Ligne pour savoir ce qui se passoit ailleurs; mais

tout

tout y étoit tranquille, & le feu cessa tout à coup. Je n'ai jamais pu savoir le sujet de cette boutade, qui ne pouvoit conduire à rien. J'attendois donc à mon tour le moment des attaques que mes Troupes devoient faire : mais rien ne se remuoit à l'aube du jour ; & une heure après, l'ennemi aiant fait battre la Générale dans son Camp, je fis de même dans le mien. J'étois mal satisfait d'avoir manqué mon coup ; mais je me consolai peu après, parce que l'ennemi, après avoir retiré sa Garnison du Château de Seret, marchoit en bon ordre pour s'enfoncer dans le piège que je lui avois tendu. Je comptois que mon Détachement de la gauche le suivroit de près, & que Bercsény reviendroit à tems avec le sien pour attaquer l'ennemi par derrière, lorsqu'il arriveroit devant mon retranchement, où à cause de ma batterie qui l'eût battu à revers s'il nous eût présenté la face, il ne pouvoit se mettre en bataille qu'en nous présentant le flanc. L'ennemi avoit déja passé la hauteur de mon Camp, & je n'avois aucune nouvelle de ma Cavalerie détachée. Pour ra-

masser

maſſer ces traineurs, j'envoyai à ſes trouſſes le ſeul Régiment de Cavalerie que j'avois retenu auprès de moi; c'étoit celui du Général-Major Buday, qui le conduiſit lui-même. Peu de tems après qu'il eut paſſé, il m'envoya un Capitaine Danois, qui s'étant amuſé à la chaſſe, fut pris. Buday marchant toujours au débouché d'un bois clair, ſe mit en bataille à une portée de canon des ennemis, leſquels le prenant pour la tête de mon Armée, ſe mirent auſſi en bataille. Le Maréchal Palfy, qui commandoit ſous Herbeville, m'a dit pluſieurs années après, qu'il ne s'attendoit plus qu'à l'arrivée d'un Trompette, qui leur propoſeroit de mettre bas les armes. Je côtoyai la rivière pour aller dans ma batterie, lorſque dans le défilé des vignobles je rencontrai le Général Berſény ſans Troupes. Il ſe plaignit du retardement que les défilés avoient cauſés dans ſa marche, par où il n'avoit pu arriver qu'à la pointe du jour aux retranchemens, que l'Ingénieur Le Maire n'avoit pas trouvé convenable de faire ouvrir pour donner paſſage à la Cavalerie, qu'il avoit laiſſé

K 5 dans

dans les retranchemens. Je ne favois que penfer de cette manœuvre; mais il étoit trop tard pour y porter du remède. L'ennemi après s'être tenu affez longtems en bataille, fa gauche appuyée à un coude de ruiffeau de la Dudvaag couvert de brouffailles qui le cachoient à mon retranchement, fa droite en aire, & fon front battu par un feu continuel de ma batterie, commença à s'ébranler par fa droite, & marcha en une colonne, par où il étoit venu, pour gagner la hauteur par les défilés de Parkasfalva, dont j'ai parlé à l'occafion de la bataille de Tirnau. J'étois bien mortifié d'avoir manqué de fuite deux coups de partie; mais j'avois encore une reffource, car la Place n'étoit pas fecourue, & l'ennemi étoit bien déconcerté. Il ne lui reftoit plus que de tenter le paffage par le ruiffeau du Dudvaag, dont l'inondation, couverte de rofeaux & de brouffailles, faifoit une flaque d'eau affez large, défendue par trois Redoutes qui n'étoient pas entièrement perfectionnées, mais elles étoient en état de défenfe. Le Colonel La Mothe les avoit fait conftruire, & il avoir le com-

commandement du peu d'Infanterie
qui les gardoit.

Dès que je vis l'ennemi replié de
ce côté-là au débouché du défilé, j'ordonnai au Général Antoine Efterhazy,
qui commandoit dans le retranchement, d'envoyer toute son Infanterie
au Colonel La Mothe, pour qu'il la
poftât à mefure qu'elle arriveroit, &
de paffer par la fuite lui-même pour
la commander. Berfény, à son ordinaire, s'offrit à réparer ce qu'il n'a-
voit pu exécuter, & à marcher avec
la Cavalerie aux trouffes de l'ennemi,
pour l'attaquer lorfqu'il voudroit tenter le paffage. Je me tenois fur une
hauteur à portée de tout, d'où je découvris toute la manœuvre. L'ennemi marchoit par la plaine; il rencon-
troit plufieurs ravines étroites, mais
fort profondes; il les paffoit fur un
feul pont, & ma Cavalerie le laiffoit
faire. J'envoyai ordres fur ordres à
Berfény, & en cet intervalle la tête
de l'ennemi approchoit des Redoutes,
où Antoine Efterhazy étant arrivé, &
n'y trouvant qu'autant d'Infanterie qu'il
falloit pour les garder, la tête lui tourna, & fans parler au Colonel La Mo-

the

the qui avoit pofté les Troupes, m'envoya un Ajudant pour m'avifer,
que n'aiant pas d'Infanterie fuffifante
pour garnir la Dudvaag, il alloit fe
retirer, comme il fit en effet fans attendre mes ordres. Les Troupes é-
tant forties du buiffon & des rofeaux
où elles avoient été partagées par La
Mothe, furprirent Efterhazy par leur
nombre. Il m'envoya dire qu'il ne
favoit pas avoir tant de Troupes, &
qu'il retourneroit inceffamment: mais
à fon retour il trouva la tête de l'ennemi paffée, ou pour le moins on le
lui fit croire; & fans faire le moindre
effort, il rameha toute mon Infanterie,
pendant que ma Cavalerie retournoit
auffi fans avoir rien fait: enforte que
ces deux Généraux n'avoient rien pu
faire de mieux que ce qu'ils firent,
pour tirer Herbeville du mauvais pas
où il s'étoit engagé. Tout autre que
moi les auroit foupçonné de trahifon,
où il n'y avoit qu'une ignorance craf-
fe, têtes tournées & flotantes parmi
des irréfolutions. Telle étoit celle de
Berfény, qui ne favoit jamais fe déter-
miner pour prendre fon parti. Celle
d'Efterhazy ne flottoit pas parmi fes

propres

propres penfées, mais parmi le ca-
quet des jeunes Officiers & Ajudans
étourdis qu'il écoutoit toujours, & ne
favoit que faire, parce qu'il fe livroit
toujours au dernier parlant. Cependant chacun de ces Généraux avoit
toujours raifon, au dire de leurs complaifans. L'ennemi étant entré dans
la Place, je n'avois plus rien à faire,
que d'affembler toutes mes Troupes
dans le Camp que l'ennemi avoit occupé le jour précédent, en appuyant
ma droite fur la Vaag, & la gauche
fur la Dudvaag.

Le même jour Sirmay, un des Députés de la Cour de Vienne, arriva
de Presbourg au Camp, avec des
propofitions, auxquelles je n'avois
fait guères d'attention. Nous favions
qu'Herbeville ne pouvoit demeurer
longtems dans la Fortereffe qu'il venoit de ravitailler. Sirmay nous affuroit dès-lors que la Cour avoit pris
la réfolution d'envoyer cette Armée
en Transfilvanie, puisque Hermenftat, Brachau, & le Château de Foga-
ras, trois Places où les Allemands a-
voient encore Garnifon, étoient aux
abois; qu'ainfi Herbeville avoit ordre

K 7   de

1709. de ne rien hazarder. Je favois que
mes Troupes avoient été formalifées
de la conduite que mes Généraux a-
voient tenu le jour précédent ; elles
comptoient fur leur fupériorité en
nombre, & ne refpiroient que le combat. Je convoquai un Confeil de guerre, où tous opinérent de chercher
l'occafion de le donner, & pour cet
effet de marcher à l'ennemi, & le harceler dès qu'il fe mettroit en marche.
La plaine de Tirnau, dont j'avois acquis quelque connoiffance, eft entre-
coupée de ravines fort creufes, qu'on
ne découvre qu'en y aboutiffant. L'Armée réglée des ennemis pouvoit fe retirer à leur faveur devant nos Troupes, dont la marche n'étoit pas bien
régulière. Une bonne arrière-garde
des ennemis eût pu m'affronter au
paffage de ces ravines. Je n'avois nulle envie de m'y expôfer, quoique
j'euffe ordonné à toute la Cavalerie
defaite & de porter des fafcines pour
les remplir. Mon deffein étoit de
couper l'ennemi de l'Ile de Schut, où
il avoit fes bagages, & de choifir une
belle plaine bien connue, pour le
champ de bataille. Ainfi dès que je

fus

fus que l'ennemi s'étoit mis en mouvement & qu'il marchoit vers Tirnau,
je fis jetter les fafcines, je fis faire un
demi-tour à droite à mon Armée, je
la mis en marche pour la faire fortir
des étroitures le plus tôt que nous
pourrions. Nous marchions cependant par deux colonnes. Au débouché, je fis une halte à une de mes
colonnes, pour remettre les ailes,
puisque par le mouvement que je fis
en décampant, ma droite étoit devenue ma gauche. La marche fut un
peu forcée jufqu'au Village de Ciffer;
mais je réuffis parfaitement bien à
couper l'ennemi. Le lendemain matin je vifitai le terrein; je le trouvai
tel qu'il nous convenoit. Le Village
étoit au centre, & devant lui paffoit
un petit ruiffeau creux, qui coupoit
la plaine parallèlement à ma Ligne.
Dans le Village il y avoit à droite &
à gauche deux groffes Maifons Sei-
gneuriales bien maçonnées, & environnées de murs, l'une & l'autre à
portée du fufil du ruiffeau. Je les garnis chacune d'un Bataillon, & de deux
pièces de campagne. Ma Ligne commençoit à une diftance raifonnable du
Villa-

1705. Village fur une pente fort douce, qui
n'étoit embarraffée de rien. Je mis
mes Troupes en bataille de grand matin, & environ à fept heures nous
découvrimes la marche de l'ennemi,
qui venoit à nous par le grand chemin. Etant arrivé fur une hauteur qui
étoit encore éloignée du Village, dès
qu'il nous découvrit, il marcha droit
vers les montagnes. Son avantage é-
toit d'éviter la plaine, & de m'attirer
dans les lieux étroits. Je ne m'embar-
raffai pas de fa marche; il me fuffifoit de le tenir éloigné de fon bagage,
pour le faire manquer de vivres: le
peuple de la montagne Blanche, loin
de lui en fournir, l'eût harcelé autant
qu'il auroit pû. J'envoyai donc pour
reconnoitre fa marche : j'attendois
tranquillement de voir plus clair dans
fon deffein. Je ne favois pas que le
Brigadier Oskay, affez bon Partifan,
qui connoiffoit le pays, & qui étoit
fort accrédité parmi les Troupes, eût
été trouver le Général Antoine Efterhazy qui commandoit ma gauche a-
vec le Brigadier Ebefqui, & plufieurs
autres Officiers, pour perfuader à ce
Général d'aller enfemble pour difpofer

fer le Général Berfény de me propofer
un mouvement vers l'ennemi. La feule propofition. fuffit au prémier pour
le faire confentir ; & le fecond étant
toujours flottant dans ces fortes d'occafions, s'y prêta. Ils vinrent me trouver tous , & ils mirent dans leur parti
le Maître de ma Maifon Otlik, qui
avoit été un Officier renommé , &
Colonel des carabiniers de Tököly :
il m'a aufli fervi en cette qualité les
deux prémières Campagnes. Berfény
me propofa que les Officiers qui l'ac-
compagnoient , & qui connoiffoient
le pays, feroient d'avis de marcher en
avant ; car voyant que l'ennemi nous
évitoit, ce feroit le moyen de l'obliger à fe jetter dans les montagnes. Ce
difcours m'impatientoit , je l'avoue ;
mais tout jeune que j'étois, je me pof-
fédai affez pour leur dire de fang-
froid, que leur impatience & leur in-
quiétude nous pourroient devenir très
préjudiciables ; que le pays étoit plein
de ravines ; qu'il nous falloit beaucoup
de tems pour nous mettre en bataille ;
que tout pays coupé étoit defavanta-
geux à une Armée fupérieure en nombre , & fur-tout en Cavalerie ; que
nous

nous, ne pouvions vaincre les Allemands qu'en les envelopant; & qu'enfin nous savions où nous étions, mais que je ne savois pas quel pays nous rencontrerions en avançant; qu'ils n'avoient qu'à reconnoitre le terrein par où ils vouloient avancer, qu'ils changeroient bientôt d'avis. Je les crus partis satisfaits de ma réponse; mais ils ne furent pas longtems à revenir. Ils ne pensérent plus d'avancer, parce qu'ils trouvérent ce que je leur avois dit; mais ils proposérent de marcher à gauche, en remontant la pente sur laquelle nous étions en bataille. Ils appuyoient leur raisonnement par l'ennui & le murmure du soldat, de ce que l'on le laissoit languir sans le conduire à la poursuite de l'ennemi qui fuyoit; qu'on négligeoit ainsi les occasions, pour observer de certaines règles Françoises, auxquelles la Nation n'étoit pas faite; que son génie le portoit à l'action, que les longues attentes étoient contraires à son ardeur; enforte qu'il étoit absolument nécessaire de faire quelque mouvement. Je ne compte que la moindre partie des mauvais raisonnemens qu'on m'apporta.

Je

Je ne fai fi ce fut pour avoir été outré,   1705.
que je confentis à leurs impertinentes
propofitions, ou parce que j'étois trop
jeune, & deftitué d'expérience, pour
avoir affez de fermeté de prendre fur
moi : foit donc par l'une ou par l'autre raifon, je me laiffài entrainer.
Nous marchames à gauche comme
nous étions. J'avois de la répugnan-
ce pour ce mouvement ; j'agiffois contre mon fentiment intérieur, & par
un fot dépit : je ne fai fi je ne fou-
haitois pas d'être battu, pour dire que
j'avois raifon. Je côtoyai la Ligne,
pour remarquer le terrein qui étoit
devant nous ; & après avoir toujours
monté fur la crête du dos environ u-
ne demi-lieue, on me vint dire que
les têtes des deux Lignes étoient arri-
vées au fommet, dont la defcente é-
toit trop roide, & impratiquable pour
la Cavalerie. Je fus auffi-tôt voir la
fituation dans laquelle nous nous trouvions. La tête de la montagne où
nous aboutimes en la montant infen-
fiblement, étoit affez haute, couverte
d'un bois fort clair. La defcente étoit
abfolument impratiquable : au pied il
y avoit un vallon fort large, couvert
d'un

.1705. d'un bois fort épais, enforte que nôtre gauche étoit bien affûrée. La
defcente, devant la Ligne étoit moins
roide, & au pied de la montagne il
y avoit un Village appellé Pourdme-
riz; de ce côté le vallon étoit barré
d'un petit étang arrêté par une digue
fort étroite, bordée d'arbres & de
haies tout autour; fa décharge four-
niffoit un ruiffeau qui couloit fur une
prairie marécageufe tout le long de la
Ligne : vis à vis, le terrain étoit de
même, mais plus haut; & d'une crête
à l'autre, il n'y avoit qu'une portée
d'une pièce de campagne. Vis à vis
mon centre, il fe trouvoit un moulin, duquel on pouvoit aifément monter, la hauteur, qui étoit vis à vis de
nous, par un chemin entre deux côteaux. Fatigué de la chaleur du jour,
& encore plus des impertinens rai-
fonnemens, j'avois mis pied à terre
à l'ombre des arbres qui fe trouvérent
à la cime, d'où je pouvois découvrir
toute ma Ligne. Je n'y fus pas longtems : nous apperçumes paroître précifément vis à vis de nous la tête d'u-
ne colonne de la Cavalerie ennemie;
ils étoient dans la route qui conduifoit

soit au Village, & au vallon couvert
de bois. Les raisonneurs vinrent me
trouver aussi-tôt, ils me proposèrent
d'envoyer une Brigade d'Infanterie,
pour la mettre dans ce bois qu'ils
connoissoient, & de faire passer une
Brigade de Cavalerie aux trousses de
l'ennemi. L'avis, quant à l'Infanterie, m'eût paru bon, si j'eusse eu des
Officiers capables de prendre leur parti, & si j'eusse pu voir plus clair dans le
dessein de l'ennemi, qui s'étoit arrêté. Je les commandai cependant ; mais
à peine cette Brigade commença à
marcher, nous vimes que l'ennemi
se replioit, & commençoit à s'étendre vis à vis de nous derrière la crête.
J'arrêtai donc la susdite Brigade, &
prévoyant que l'ennemi pourroit me
canonner, je fis descendre toute mon
Infanterie, pour la mettre à couvert
derrière les haies de l'étang, & du
Village. Et comme derrière nous il
y avoit un creux entre deux côteaux,
fait tout exprès pour garantir la Cavalerie du canon, je fis replier mon Aile gauche pour la loger, en attendant
que je pusse former quelque idée du
dessein de l'ennemi, que je ne pou-

vois

vois, ni ne voulois attaquer dans la situation où il se trouvoit.

Bersény m'étoit venu trouver, pour me rapporter qu'il avoit fait passer le Général Chaqui avec la Brigade Retay, ensuite du projet ci-dessus rapporté; que la Cavalerie avoit eu beaucoup de peine de passer la prairie, dont le fond étoit mauvais. Je lui fis part de ma disposition, & lui ordonnai de s'emparer du moulin, qui étoit protégé par une batterie, que le Colonel La Mothe avoit formé vis à vis du chemin creux qui y conduisoit. Ce Général me répondit tout naïvement, qu'il ne s'entendoit pas au maniment de l'Infanterie. Comme ce n'étoit pas le tems de lui reprocher ses avis importuns & mal digérés, je lui ordonnai de rebrousser chemin avec l'Aile droite de la Cavalerie, de tâcher toujours de déborder l'Aile gauche de l'ennemi, pour que si elle passoit, il pût replier sur son flanc; & en même tems j'envoyai un Ajudant-général prendre la Brigade de l'Infanterie la plus voisine, pour la faire filer le long du ruisseau, afin de favoriser la retraite de la Ca-

valerie,

valerie, à laquelle je m'étois bien at-
tendu, comme il arriva peu de tems
après. Soit que cet ordre eût été mal
entendu du Brigadier, soit qu'il eût
été mal expliqué par l'Ajudant, il
fut si mal exécuté, que l'Infanterie
passa outre, si avant qu'elle ne servoit
de rien. Il n'y avoit sur la crête d'ennemi visible, que le gros de Cavalerie qui parut d'abord. Je crus sa Ligne
étendue derrière ; je pensois même
qu'il y camperoit, pour dérober & forcer sa marche, à dessein de regagner
l'Ile de Schut, en traversant la plaine, que nous avions abandonnée. Le
Général Chaqui revint avec sa Brigade, un peu plus vîte que ceux qui a-
voient été d'avis de le détacher n'a-
voient pensé. Les Escadrons qui le
suivoient furent arrêtes, & obligés
par notre canon de se replier. L'Aile
gauche de ma Cavalerie étoit déja à
couvert, comme j'ai marqué : il n'y
avoit que le Corps de la Cavalerie sur
la crête qui devoit être partagé en
Troupes pour la garde du Camp ; lorfque l'ennemi amena son canon vis à
vis de ma batterie. J'étois toujours
sous mes arbres, lorsqu'aiant remarqué

qué à la prémière décharge du canon
des ennemis quelque ébranlement
dans ce Corps, j'y fus au galop pour
y remédier, & en chemin faisant
j'appris qu'un Bataillon des ennemis
marchoit pour s'emparer du moulin,
& qu'il n'y avoit point d'Infanterie
pour s'y oppofer, parce que la Brigade dont j'ai parlé avoit paffé ce pofte.
Cependant le Général George Andrachi, qui commandoit l'Aile droite
de l'Infanterie, aiant remarqué cette
faute, la fit revenir, & s'étant mis à
la tête, fit reculer l'ennemi le fabre
à la main. Mais fa Troupe en fran-
chiffant le ruiffeau, & marchant avec
trop d'ardeur, ne fe trouvant pas fer-
rée, fut bientôt repouffée. Les Officiers de la Cavalerie qui commandoient le Corps deftiné à la garde,
voyant cette manœuvre de l'Infanterie, s'ébranlérent fort mal à propos
avec impétuofité, & ne pouvant def
cendre la pente fi vîte qu'ils auroient
voulu, s'y arrêtérent tout court. Tout
cela fe paffoit du côté de la batterie,
où j'arrivai en ce même inftant, parmi ces Troupes réduites à un gros
peloton, par l'impétuofité avec la
quelle

quelle elle partit & s'arrêta. Tous
ces mouvemens firent élever un tour-
billon de poussière, qu'un vent impétueux portoit sur l'Aile de la Cavalerie, qui étoit derrière. Mon bonnet
tomba dans ce moment, & j'étois
arrêté en attendant qu'on le ramas-
sât; & m'aiant été rendu, un de mes
Pages me fit remarquer que la queue
de ce peloton commençoit à se plier.
Je me débarrassai pour la devancer,
& je trouvai avec un grand étonnement, ma Cavalerie filer à droite en
très mauvais ordre. Je la fis remettre; mais elle étoit si clair-semée que
les fuyards passèrent outre, & tout
commença à les suivre. Je me suis
toujours imaginé que la poussière qui
nous-déroboit le Soleil, fut cause d'u-
ne débandade générale. Je m'imagi-
nai, dis-je, que ma droite où étoit
Bersény, voyant la poussière s'étendre
vers lui, crut que c'étoit l'ennemi,
qui après avoir rompu la gauche, se
replioit sur lui, & s'en alla aussi.
En vérité je ne puis pas dire d'avoir
vu plus d'ennemi que le gros sur la
montagne, & le Bataillon près du
moulin. Mon Infanterie se retira ai-

1705. sément; il n'y avoit pas de poussière
dans le fond, & le pays lui étoit favorable. L'ennemi, agréablement surpris d'un événement auquel Herbeville même ne s'attendoit pas, ne pensa
pas à la poursuivre. Mon Guide me
fit faire un terrible détour la nuit.
Nous passames le bras du Danube,
qui sépare l'Ile de Schut de la plaine,
& nous le repassames ailleurs pour
gagner le pont de Votché, où j'arrivai
à la pointe du jour. Cette malheureuse journée me donna connoissance
de ce que peut le vent, & la poussière, dans une action. Je ne suis pas
surpris si ceux qui ne se sont pas trouvé dans une pareille conjoncture, ne
peuvent pas se l'imaginer; c'est en effet de voir qu'on ne voit rien. J'a-
voue sincèrement, que j'aurois pu é-
viter ce malheur, si je me fusso obsti-
né contre les avis importuns & impertinens : mais il falloit pour cela
cette assurance de Capitaine, que l'expérience soutient. Tout ce que je di-
sois, tout ce que je faisois dans de
pareilles occasions, étoit opposé au
génie, à la pratique, & aux idées que
la Nation avoit de la Guerre. On
jugeoit

jugeoit de moi par les événemens, pros.
dont l'ignorance étoit la cause. Il falloit avaler le raisonnement de ceux
qui disoient que j'étois un batailleur
inconsidéré; que je suivois les maximes & les conseils des François, contraires aux coutumes & au génie de
la Nation. D'autres me plaignoient
d'être né sous une étoile fatale pour
la Guerre; c'est ce que je trouvois de
mieux dit: car en effet, c'étoit une
fatalité pour moi de mener une telle
Guerre. Depuis celle de César contre
les Gaulois, je ne crois pas qu'il y
en ait eu une pareille. En lisant les
Commentaires de ce grand Capitaine, j'ai retrouvé le génie des Gaulois
dans les Hongrois; ce génie raison-
noit dans ceux-ci, comme dans ceux-
là. Mais en vérité, je ne trouvois pas
des Césars dans les Généraux de l'Empereur. Herbeville ravitailla Léopoldftat, força les Redoutes, gagna une
bataille, tout de la manière dont je
viens de le rapporter. Je l'ai vu traverfer des déserts, forcer des retranchemens, & conquérir la Transilvanie
sur moi, quoique je n'aye remarqué
en lui aucune des qualités de César.

L 2   La

La déroute de Poudmeriz n'avoit été nullement préjudiciable à mes affaires. L'ennemi entra dans l'Ile de Schut, pour se préparer au voyage de Transsilvanie. Je me rendis dans le Château de Nitria, à une demi-journée de la Vaag, pour assembler l'Infanterie. Aussi-tôt que la Cavalerie fut assemblée, le Général Bersény demanda d'aller avec elle sur les frontières de la Moravie. Il força quelques Châteaux, m'envoya environ 500 prisonniers de la Milice d'Autriche, & de la Moravie; & la Cour de Vienne vit par-là, que ses Généraux dispersoient mes Troupes, mais qu'ils ne les défaisoient pas.

Mes Convocatoires étoient déja dépêchés à toutes les Comtés. Leurs Députés devoient s'assembler pour le prémier de Septembre, auprès de la Ville de Seczin. Il y avoit deux raisons principales, pour lesquelles j'avois fait cette Convocation. La prémière étoit, que les Députés de l'Empereur faisoient courir le bruit que la Paix se pourroit faire, puisque l'Empereur Joseph y étoit fort disposé; mais que mes intérêts particuliers, &

ceux

ceux du Comte Berfény, la traver-
foient. Or ces batailles malheureuses
la faifant de plus en plus fouhaiter,
cette opinion s'infinuoit dans l'efprit
de la Nobleffe. Je voulois donc que
l'Archevêque, & les autres Députés
de l'Empereur, fuffent à portée, pour
qu'ils puffent rendre compte à l'Affemblée de leur commiffion. La fe-.
conde raifon fut, le ferment que je
fis à Gyöngyös l'année précédente aux
Députés des Proteftans, à favoir, que
je convoquerois les Etats, & que j'exécuterois ce qui y feroit délibéré au fujet de leurs prétentions. L'Archevêque de Collofa étoit avec moi à Nitria. Le Général Berfény étoit revenu auffi des frontières de Moravie.
- Nous partimes tous pour Seczin. Jamais je n'ai tant remarqué que la droiture étoit la plus grande de toutes les
fineffes, que je le fis devant cette Affemblée. Pendant le chemin, Berfény étoit dans ma chaife; il avoit
grande envie de connoître les vues que
j'avois, quant à cette Affemblée, &
quelle forme je voulois lui donner.
Je lui répondis, que je n'en avois aucune, que celle de m'y rendre com-
L 3 me

me un citoyen, de donner ma voix,
& d'exécuter ce qui y seroit délibéré.
Mais plus je parlois comme je pensois;
en effet, moins il croyoit ce que j'a-
vançois; mon langage ne lui paroissoit
pas naturel, selon sa façon de penser.
Tantôt il se plaignoit de mon changement à son égard, du peu de confiance que j'avois en lui; il tournoit,
il redisoit ses questions, il formoit &
prédisoit de mauvaises conséquences,
si je suivois ce plan. Mais il avoit
beau dire, il n'obtenoit pas d'autres
réponses; car en effet, je n'en avois
aucune à lui donner.

Les Députés de toutes les Comtés,
& de toutes les Villes Royales & Libres, excepté peut-être quatre ou cinq
qui avoient des Garnisons Allemman-
des, se rendirent dans cette Assemblée.
J'avois fais dresser une grande Tente
entre les deux Lignes, hors le Parc
de mon Quartier, pour la tenue de
l'Assemblée. L'ouverture s'en fit par
une Messe du St. Esprit, célébrée par
l'Evêque d'Agria. Dans le prémier
Congrès, je remerciai les Etats de ce
qu'ils avoient bien voulu se joindre
à moi, & seconder les efforts que j'a-
vois

vois fait depuis près de trois ans pour
délivrer la Nation du joug étranger;
que je m'estimois heureux d'avoir conduit les affaires jusqu'au point de les
voir en état, & en pleine liberté de
régler leurs intérêts; qu'en faisant la
Guerre je n'avois rien oublié pour pro-
curer une bonne Paix, convenable
à nos Libertés, pour lesquelles nous
avions déja repandu tant de sang; que
les Députés de l'Empereur étoient pré-
sens pour rendre compte aux Etats des
propositions qu'ils avoient ordre de
nous faire, sur lesquelles ce seroit à
l'Assemblée de délibérer, puisque dorénavant je ne m'y rendrois qu'en qualité d'un des Magnates du Royaume,
& encore plus comme un citoyen
zélé pour le bien des Etats, & qu'ainsi je déposois tout le pouvoir & toute
l'autorité que m'avoit donné jusqu'a-
lors le serment de fidélité, qu'un chacun en particulier m'avoit prêté; que
je ne voulois ni prescrire, ni même
projetter aucune forme quant à la tenue de l'Assemblée, mais que je sui-
vrois tout ce qui seroit sur cela décidé
& réglé par le consentement unanime
des Etats.

Cette

Cette déclaration finie, je me retirai dans ma Tente. J'avois fait venir de Transfilvanie le Général Forgatz, pour qu'il n'eût rien à redire. Tous les Généraux & Magnates y étoient; & comme ils favoient que l'affaire de la reftitution des Temples feroit une des prémières propofitions des Proteftans, ils avoient formé le deflein de la rejetter. Le Clergé infiftoit auprès de ces Seigneurs, tous Catholiques zélés, à faire pour cette fin des démarches éclatantes. De l'autre côté Sirmay & Okoliczany, Députés de l'Empereur, animoient les Luthériens, qui fouhaitoient & vifoient au retour de Tököly, de féparer du Corps des Magnates le Corps de la Nobleffe, & les Députés des Comtes, en deux Chambres différentes, comme cela fe faifoit dans les Diètes réglées du Royaume. Cette faction avoit deffein d'établir un Orateur, Chef ou Maréchal de la Nobleffe & des Députés, Dignité, qui s'appelle dans le pays *Perfonalis*, ou repréfentant la Perfonne Royale. Ce choix devoit tomber fur Radvansky, que j'ai rapporté avoir envoyé en Transfilvanie avec Pékry.

Tous

Tous ceux de cette faction se rendirent de grand matin dans la Tente, &
après un affez court pour-parler entre eux, ils me demandérent audience , & me préfentérent Radvansky ,
en qualité de *Perfonalis* élu par les
Députés. Je leur répondis, qu'ils a-
voient appris par ma déclaration du
jour précédent, que je ne voulois me
trouver dans les Affemblées que comme citoyen, & qu'ainfi ce n'étoit pas
à moi de réprouver ce que l'Affemblée des Etats avoit conclu, ou con-
clurroit pour le bien commun. Les
Magnates , informés de l'Affemblée
qui fe tenoit dans la Tente, fe rendirent avec tout le Clergé & les Catholiques chez le Comte Berfény, &
furent furpris & alarmés, lorfqu'ils ap-
prirent que j'avois confirmé l'élection
de Radvansky. Ils vinrent tous me
repréfenter en Corps, qu'ils ne pourroient jamais confentir à un préjudice
fi manifefte à leur dignité, & à un
choix fait fans leur participation. Je
calmai tant que je pus leur émotion,
& je leur dis qu'ils verroient en peu
dans l'Affemblée ce qui en étoit. Lorfque je fus que les Députés étoient af-

L 5 fem-

1705. semblés dans la Tente, je m'y rendis
accompagné des Prélats & des Magnates, & chacun d'eux aiant pris sa
séance autour d'une table, je leur représentai, que je venois dans les sentimens & dispositions que j'avois déclaré aux Etats le jour précédent, ce
que je venois confirmer; car ce matin m'aiant été représenté que le Sr.
Radvansky avoit été élu *Personalis* par
la Chambre des Députés, sur quoi on
demandoit mon agrément pour son
élection, j'avois répondu que ce n'é-
toit pas à moi à réprouver ce que les
Etats avoient fait pour le bien commun; & qu'ainsi je serois bien aise
d'apprendre comment on régleroit dé-
ormais la tenue des Assembleés. A
peine eus-je fini mon discours, qu'il
s'éleva un murmure général contre
ceux qui oseroient s'attribuer la qualité & les prérogatives des Etats dans
l'absence du Clergé, des Magnates,
& de la plus grande partie des Députés, qui ne savoient rien de l'élection
de Radvansky; qu'ils ne reconnois-
soient nullement en lui la qualité dont
il avoit été revêtu par un Conventi-
cule, & qu'il falloit délibérer contre

CEUX

ceux qui avoient commis un tel attentat. Radvansky & tous ses adhé-
rens furent bien intimidés par cette
déclaration, prononcée avec émotion.
Pour ne pas laisser aller les choses plus
loin, je repris la parole, témoignant
combien étoit grand mon étonnement, d'apprendre de quelle manière
s'étoit faite l'élection de Radvansky;
& voyant que les États n'y avoient
pas eu de part, quant à mon particulier, je la réprouvois avec ceux qui é-
toient absens : Que cet incident devoit nous faire connoître la nécessité
de délibérer en pleine Assemblée, sur
la manière de les tenir, de faire des
propositions, de délibérer, & d'expédier les résultats; que ne voulant en
tout cela gêner personne, je croyois
convenable de me retirer, pour qu'on
ne pût pas dire que j'eusse d'autres
vues, que celles de l'utilité publique;
& je sortis en effet de l'Assemblée.

Après mon départ, on ne parla plus en
faveur de Radvansky; mais les Luthériens eux-mêmes commencèrent à haranguer sur la nécessité d'un Chef,
& que ce Chef ne pourroit être que
moi. Le Comte Berséuy fit une lon-
L 6 gue

1705. gue Harangue pour appuyer cette proposition; mais il démontra que ceux
mêmes qui vouloient élire un Chef,
devoient en prémier lieu se qualifier:
Qu'il étoit indubitable que l'Assemblée
jouïssoit de toute l'autorité du Royaume, mais que ceux qui étoient revêtus des prémières Dignités & Charges
du Royaume; étant absens, il faudroit
les remplacer, si on vouloit tenir une
Diète, ce qui causeroit une aliénation
totale de ceux qui en étoient actuellement revêtus, & dont plusieurs é-
toient retenus contre leur gré à Vienne : Que l'Empereur faisant des propositions, & déclarant vouloir satisfaire aux griefs de la Nation, on n'a-
voit pas lieu non plus de procéder à
l'élection d'un Roi; qu'ainsi on ne
pouvoit mieux faire que de suivre
l'exemple des coutumes des Polonois
dans de semblables cas, puisque cette
Nation étoit libre & très jalouse de sa
liberté; qu'il n'étoit rien de plus ordinaire chez eux, que de se confédérer
par un serment mutuel, de s'élire un
Chef, & d'agir sous sa conduite pour
le rétablissement de leurs Libertés lé-
zées : Qu'il croyoit que cette qualité
d'E-

d'Etats Confédérés pourroit bien qua-
drer à notre deſſein; mais que le
titre de Maréchal, que les Polonois.
donnoient communément à leur Chef,
ne pourroit pas convenir, ni à ma
naiſſance, ni à la qualité de Prince
de Tranſfilvanie. Toute l'Aſſemblée
applaudit au diſcours du Comte Berfény; elle fit une députation de tous
les quatre Etats, pour travailler &
projetter avec lui, quelle qualité convenable on pourroit donner au Chef
qu'on étoit réſolu de nommer; &
qu'on devoit là-deſſus préalablement
demander mon ſentiment, & me faire rapport de ce qui s'étoit paſſé. Les
Députés m'aiant demandé audience,
expoſérent le réſultat des délibérations
des Etats; auxquels je répartis, que la
qualité d'Etats Confédérés me paroiſſoit fort convenable à la ſituation
en laquelle nous nous trouvions, par
rapport aux conjonctures internes &
externes; que je croyois que le Chef
qu'on éliroit devoit porter un titre,
qui exprimât une qualité miniſtériel-
le, & nullement celle de Maitre des
Etats; qu'il étoit néceſſaire d'y ajoin-
dre un nombre de Conſeillers, en

qua-

qualité de Sénateurs. On fut trois jours à débattre ces matières; on rapportoit chaque jour à l'Assemblée les sentimens de la Députation. En dernier lieu, on convint que la qualité de Chef devoit exprimer, selon la force de la Langue du pays, celle d'un Prince qui conduit, ou pour mieux dire, Prince conducteur des Confédérés, que les Latins comprennent sous la signification de *Dux* : projet que j'approuvai. On convint aussi du nombre de 24 Sénateurs ; mais, on voulut absolument que je les nommasse. J'avois résisté trois jours à cette proposition, parce que je savois qu'il y en avoit beaucoup qui aspiroient à cette qualité; & ne pouvant en contenter que 24, je rendois les autres mécontens. Mais voyant que les Etats ne s'accorderoient jamais dans ce choix, je pris le parti de déclarer, que je voudrois bien les nommer du nombre de ceux qu'ils me présenteroient comme dignes de cet emploi; dont ils dressèrent enfin un Catalogue. Ensuite de quoi, ayant été proclamé Duc & Chef des Confédérés, l'Evêque d'Agria chanta la Messe, je
prêtai

prêtai le serment entre ses mains, selon la formule dressée; & à l'imitation & selon l'ancienne coutume de la Nation, d'élever leur Chef sur un bouclier, je fus élevé par les mains des principaux Seigneurs. Tous les Prélats, tous les Sénateurs, tous les Magnates, tous les Députés des Comtés & des Villes Royales, me jurérent obéissance, fidélité, & observance des Statuts de la Confédération. On dressa trois Exemplaires de cet Acte, signé & scellé de tous, pour en déposer un entre mes mains, l'autre dans les Archives du Primat de Pologne, & le troisième à l'instance des Protestans devoit être envoyé à l'Electeur d'Hanover, devenu depuis Roi d'Angleterre sous le nom de George I. Après le retour des Députés dans leurs Comtés, on y dressa dans chacune des Livres, où l'Acte de la Confédération étant écrit, chaque Gentilhomme signoit son nom, & apposoit le sceau de ses armes. Ces Livres me furent envoyés de toutes les Comtés, & de toutes les Villes Royales & Libres; ils sont actuellement conservés dans mes Archives.

J'é-

J'étois bien fensible à l'amour & à la confiance que la Nation me donnoit dans cette occafion, par le pouvoir fans bornes qu'elle m'accordoit dans toutes les affaires politiques, militaires, & des finances. Le concours du Sénat dans les politiques ne fut qu'à ma requifition, aiant repréfenté que j'étois mortel, & qu'un pouvoir trop étendu pourroit par la fuite devenir préjudiciable aux Etats. Rien ne me fut plus pénible, que d'accommoder les prétentions des Proteftans. Ils prétendoient l'exécution des Loix établies en leur faveur, & la reftitution de 90 Temples fpécifiés dans le Traité de Paix de Tirnau, conclu entre l'Empereur Ferdinand & George I. mon bifaieul, confirmé par le Royaume, & inféré même dans le Corps de fes Loix. Les Fondations & Bénéfices annexés à plufieurs de ces Temples étoient des objets defirés de tous les partis. Dépuis la fusdite Pacification, plufieurs Bourgs & Villages étoient rentrés dans le giron de notre Eglife; il eût été inutile & abfurde de rendre ces Temples aux Proteftans: & dans d'autres lieux il y avoit des Curés

rés intrus, fans auditoire & fans peuple de notre Communion ; mais ces
Curés. jouïſſoient des dixmes de tous,
ce qui produiſoit bien des difficultés
pour la ceſſion des Cures. Le partage ne ſuffiſoit pas pour deux de diffé-
rente Religion. Le Seigneur du lieu
étoit encore un obſtacle ; car chacun
eût ſouhaité un Curé de ſa Religion.
Les violences que notre Clergé avoit
exercées ſous les Allemands, le rendoient odieux aux autres. En effet,
ils y étoient accoutumés, & vouloient
y dominer. Il me falloit ménager ce
prémier Etat du Royaume, par devoir de Religion, par juſtice, & par
politique ; mais il falloit auſſi rendre
juſtice aux autres, en vertu des Loix,
& du ſerment que je venois de prê-
ter. Enfin il y avoit de l'aigreur entre les deux partis, ce qui rendoit l'accommodement beaucoup plus difficile. Il eſt vrai que la confiance qu'ils
avoient tous en ma perſonne, m'aidoit beaucoup ; mais auſſi étoit-elle
cauſe de grandes fatigues, car ils vouloient que je fiſſe tout par moi-même.
Mon ſyſtême étoit de faire déſiſter les
Proteſtans du droit de leurs prétentions,

tions, pour venir à un accord amiable, fondé uniquement sur la liberté
des consciences, & sur l'exercice du
culte convenable à chaque Religion.
Je réussis dans ce dessein par la voie
de longs raisonnemens, & de la per-
suasion. Ce principe établi, les Députés d'une seule Comté venoient les
uns après les autres, avec la Noblesse
qui s'y trouvoit. Chacun disoit ses
raisons, & après bien des verbiages,
je les mettois d'accord. Il est vrai
que souvent ma bouche ne se fermoit
point pendant quatre heures de suite.
Mais cette affaire délicate, & la plus
dangéreuse pour notre Conféderation,
fut terminée en trois jours, avec une
satisfaction & un acquiescement intérieur des parties. Il est vrai que notre Clergé ne l'approuva pas en public; mais en particulier, chacun convint que tout cela s'étoit passé sans
préjudice de notre sainte Religion.
Quant aux affaires de la Paix avec
l'Empereur, je fis voir clairement à
l'Assemblée qu'elles n'avoient pas été
différées par des vues particulières:
mais outre que je ne voyois pas de so-
lidité dans les propositions qu'on me
fai-

1705.

faisoit, je n'avois pas voulu m'attribuer l'autorité de la faire au nom des
Etats; & que dorénavant mon intention n'étoit pas non plus de me charger de la traiter indépendamment du
Sénat. Je fis nommer des Commissaires pour la traiter.

Pendant que ces principaux points
se discutoient, le dessein que la Cour
de Vienne avoit formé d'envoyer Her-
boville avec toute son Armée en Transsilvanie, se confirmoit de plus en plus;
& quelque chimérique qu'il me parût en le considérant selon les principes de la Guerre, je ne pouvois plus
douter de son entreprise, parce que
l'Armée commençoit à descendre le
Danube en le côtoyant pour le passer
à Bude. Ainsi je renvoyai le Général
Forgatz en Transsilvanie, pour presser le Conseil d'exécuter mes ordres;
& s'il tardoit selon sa lenteur ordinaire, de faire amasser des vivres sur
les frontières, & quelques milliers
de pionniers; agissant en tout par sa
propre autorité. Selon le rapport que
ce Général m'avoit fait, il y avoit deux
passages propres pour une Armée; l'un
appellé Carica, que le Colonel La
Mothe

1705. Mothe devoit retrancher ; & l'autre
Gibou , dont j'avois chargé Damoifeau. Je devois m'y rendre avec des
Troupes de Hongrie pour les défendre, afin que les Transfilvains puffent
continuer le blocus d'Hermenftat. Karoly partit pour raffembler fon Corps
de Cavalerie au-delà du Tibisque, &
recevoir les Allemands à leur paffage,
bruler tout devant eux, & les harceler jufqu'en Transfilvanie. Botian devoit faire la même chofe depuis Bude
jufqu'à Seguedin, où il devoit paffer
le Tibisque. Jufque-là, leur Armée
devoit paffer par des plaines fablonneu-
fes, féches, & arides, où il n'y avoit
que les fonds qui produififfent du
fourrage & où l'on pût creufer des
puits, puisque les petits lacs que l'on
trouve, font aufli falés & amers que
les eaux de la mer ; aufli les beftiaux
n'en boivent jamais. Les fonds font
bordés de collines, ou pour mieux dire, de buttes détachées les unes des
autres, d'un fable fort léger, que le
vent détruit, tranfporte, & forme ailleurs. Il falloit pour le moins fept
ou huit marches pour traverfer ce Défert. Les trois groffes Bourgades Kech-
ke-

kemet, Keüreuche, & Seged, qui se
trouvent au milieu entre Bude & Seguedin, eurent ordre de se tenir prêtes à déménager si l'ennemi approchoit. Botian connoissoit ces plaines,
il les avoit pratiquées en Partisan. Ces
buttes dont la plaine est semée, sont
favorables pour les embuscades. Les
campemens sont nécessairement fixés
par les fonds, où on trouve du fourage, & de l'eau en creusant, comme
je l'ai déja dit ; ainsi rien n'étoit plus
aisé que de devancer l'ennemi, de
prendre des mesures pour lui donner
tant de camisades qu'on auroit voulu :
mais rien ne se fit. Botian me mandoit des projets qu'il formoit pour un
tel & tel campement; mais il surve-
noit toujours des incidens, qui l'empêchoient de l'exécuter. Le Général
Bersény devoit commander sur la
Vaag, où, faute d'artillerie & d'attirail, ne pouvant entreprendre aucun
Siège, il ne pouvoit qu'infester l'Autriche & la Moravie. Le Général Es-
ternazy devoit commander sous moi,
& conduire le gros de l'Armée en
Transsilvanie, en attendant que j'a-
chéverois de régler les affaires à Seczin ;

zin, où l'Assemblée ne se sépara qu'au mois d'Octobre. Il est certain que cette Confédération unit l'esprit de la Nation, & rallluma le desir de la Liberté, dont elle avoit commencé de goûter les prémices. Mais Bersény se ressentit vivement, de ce qu'on n'avoit rien fait pour lui dans l'Assemblée. Il m'attribua à tort ce silence; mais je le faisois réfléchir sur ce que je lui avois dit, que mon dessein étoit de ne rien proposer aux Etats, mais simplement d'exécuter ce qu'on détermineroit; qu'étant déclaré prémier Sénateur Séculier, & que les Etats Confédérés m'aiant donné un pouvoir indépendant dans le Militaire, comme aîné de tous les Géneraux il commandoit en Chef par-tout où il se trouvoit; outre qu'aiant été choisi pour être pareillement Chef des Commissaires Députés, pour traiter la Paix, c'étoit une marque de confiance que la Nation avoit en lui. Il me parut appaisé, mais intérieurement il n'étoit pas content. Quant aux Députés de l'Empereur, ils furent témoins de tout ce qui s'étoit passé. On les chargea de rapporter que les Etats Confédérés m'aiant don-

né

né tout pouvoir de traiter la Paix
conjointement avec le Sénat, j'avois
donné des inftructions au Comte Berfény d'avancer les affaires de la Négociation pendant mon abfence. Tout
cela ainfi réglé, je partis de Seczin,
& je devançai l'ennemi de plus de quinze jours, autant que je m'en fouviens.

J'ai rapporté ce que Botian faifoit
en efcortant l'Armée ennemie jufqu'à
Seguedin, où il paffa le Tibisque. Karoly la reçut de l'autre côté de cette
rivière: il avoit fur elle tout l'avantage de la plaine, fituée entre la rivière
de Keureuche, & le Tibisque ; elle
n'eft pas fablonneufe, mais également
fertile par-tout, partagée par de longues hauteurs, comme d'autant de fil-
lons; les fonds font remplis d'herbes
de pâturage extraordinairement hautes, & de rofeaux, car les eaux des
pluyes & des neiges s'y ramaffent &
forment des efpèces de marais qui font
fecs en Eté, & fervent de retraite aux
bêtes fauves & aux fangliers: toute efpèce de gibier eft abondant en cette
plaine. Cependant Karoly ne faifoit
guères mieux que Botian : fes partis
prenoient quelques traineurs & mala-
                                    des

des qui ne pouvoient pas suivre, car l'Armée ennemie ne mangeoit que du pain cuit de blé plutôt écrasé, que moulu, dans des petits moulins de fer. Les prisonniers rapportoient que le blé mal écrasé se germoit dans l'estomac, & causoit parmi eux des maladies qui gonfloient & tuoient les malades. Les Allemands comptoient de se rafraîchir à Debreczin, grosse Ville fort peuplée; mais ils la trouvérent déserte, & les meules emportées.

Si les assurances que Forgatz m'avoit donné à Seczin eussent été réelles, j'eusse trouvé à mon arrivée à Egreig, Village situé sur le sommet du passage du Karika, des vivres & des pionniers: mais mon Armée que j'avois trouvée, manquoit très souvent de pain; & on ne put non plus pourvoir à la sûreté d'un de mes retranchemens. Le Général en rejettoit la faute sur le Conseil, & celui-ci en accusoit le Général: je n'avois ni le tems, ni l'envie d'en faire des recherches; il falloit réparer les fautes, & pourvoir au journalier. Les Transfilvains vouloient me rendre suspecte la
fidé-

fidélité de Forgatz; il y avoit de l'ai- 1705. greur entre les partis, & je tâchois d'éloigner l'éclat.

Les montagnes, qui féparent la Tranffilvanie de la Hongrie, depuis le Château de Chauliomcu, par où la rivière de Keureuche fort, juf- qu'à l'angle ou le coude, que for- ment les montagnes de Maramaroch, s'appellent Mefech, & Emberfü. El- les font couvertes de hautes futaies en dedans du côté de Tranffilvanie : on diroit que ce font trois retranchemens l'un derrière l'autre, tant la tête des montagnes eft contiguë. Les côtes de la plus haute enceinte font roides, décharnées, & pierreufes; elles ne font coupées que par les forties des rivières. Les Ingénieurs me repréfentérent les inconvéniens que l'on trouvoit du cô- té de Karika à défendre ces hautes montagnes, en forte qu'ils furent obli- gés de retrancher ce paffage à fon dé- bouché du côté de Tranffilvanie. Mais aiant vifité le pays d'alentour, je trou- vai bien des endroits, où l'on pouvoit paffer mon retranchement. Mais les Allemands étant peu curieux, & le peuple leur étant mal affectionné, je

me

1705. me flattois que l'opinion commune, qu'il n'y avoit que les deux paſſages de Karika & de Gibou, m'aideroit beaucoup. Il eſt certain que le prémier étoit bien étroit : le retranchement étoit appuyé aux deux montagnes extraordinairement roides, avec un abbattis d'arbres & de branchages devant. Karoly ne manquoit pas de me donner chaque jour des nouvelles de la marche de l'ennemi. L'apparence étoit qu'il tenteroit ce paſſage; mais la ſortie du Bourg de Chomlio devoit décider lequel des deux il enfileroit. J'avois dans ce lieu un Poſte de Cavalerie, qui devoit ſe retirer à l'approche de l'ennemi, comme il fit ; en ſorte que le lendemain nous l'attendions, puiſqu'il marchoit par les étroitures qui le conduiſoient à nous. Mais bientôt après j'appris, à mon grand regret, que ſur le rapport de deux, ſoit Déſerteurs, ſoit Maraudeurs, de mes Troupes, l'ennemi avoit rebrouſſé, pour ſe replier du côté de Gibou. Il lui falloit deux ou trois marches pour faire le circuit des montagnes en dehors, au lieu que mon Camp n'étoit éloigné que de deux heures du
ſuſdit

susdit paffage. C'étoit au mois de 1705.
Novembre : il avoit plû douze heures
de fuite, & fi ce tems avoit continué
deux ou trois jours, il eût défait l'ennemi, fans que je m'en mêlaffe. Le
terroir eft limoneux, les prémières
pluyes le rendent extrêmement glif-
fant ; & lorfqu'il eft bien détrempé, il
s'attache aux rouages, & il faut que
les chevaux employent bien des forces
pour retirer leurs pieds. Karoly, qui
talonnoit l'Armée, avoit déja trouvé
bien des chariots chargés des tentes des
Régimens, du bagage abandonné, des
malades couchés à côté du chemin,
des chevaux & des bœufs abbattus.
Mais depuis le commencement de leur
marche jufqu'à ce jour, le tems leur
avoit été favorable, & il s'éclaircit. Le
vallon qui le conduifoit depuis Chomlio jufqu'à Gibou, étoit en dedans de la
prémière & de la plus haute enceinte des
montagnes. Auffi-tôt que je fus la marche de l'ennemi, n'aiant laiffé que deux
Bataillons dans le retranchement de Karika, je marchai à ceux de Gibou, aiant
fait filer le bagage vers la vallée de la
rivière de Samofch. La fituation de
mes retranchemens m'étoit connue,

depuis la prémière fois que je les vifitai. Je trouvai de grandes difficultés
à défendre ma gauche. J'ai déja rapporté que les Allemands quittant le
paffage de Karika pour venir à celui
de Gibou, n'avoient pas paffé la plus
haute enceinte des montagnes; ils marchoient entre celles-ci, & une autre
enceinte couverte de bois de haute futaie & fort claire. Ces deux encein-
tes de montagnes font coupées à Gibou par la rivière de Samofch, &
la feconde forme une pente douce &
cultivée en demi-cercle. Cette pente communiquoit par le fommet à la
montagne où ma gauche étoit appuyée;
la pente étoit retranchée, auffi-bien
que fon vallon jufqu'à mi-côte, d'une
tête rafe & impraticable, où j'avois
mes batteries qui battoient le demi-cercle dont j'ai parlé. La pente droite de
cette tête étoit auffi retranchée jufqu'à
la rivière, laquelle étoit guéable : il
y avoit encore vis-à-vis un retranchement fur une croupe. Ma gauche,
affez mal appuyée, avoit été affurée
par des abbattis, autant qu'on put;
mais faute de travailleurs, on ne les
avoit pu achever. Auffi-tôt que Karoly

roy m'informa de la marche de l'en- 1705.
nemy vers Gibou, je lui ordon-
nai de m'envoyer la Brigade de
Jénnei par Karika, & de rester avec
son Corps, à portée du Camp de
l'ennemi, pour qu'il pût l'attaquer &
le bruler lorsqu'il marcheroit à moi;
parce qu'en effet il ne falloit que cela
pour l'achever. La veille de St. Martin son Armée vint camper à notre
vue, dans le vallon où il marchoit;
il appuya sa gauche à la rivière de Samosch, le reste nous étoit caché par
une hauteur. Il étoit campé à la distance d'une heure de mes retranchemens, ce qui favorisoit l'attaque de
Karoly. Le soir, faisant mes dispositions, & la répartition des Troupes
avec mes Généraux, je connoissois assez l'humeur pointilleuse & vetilleuse
de Forgatz, pour croire qu'il préten-
droit le commandement de la droite;
puisque le Marquis Desalleurs n'étoit
que Lieutenant-Général. Pour les prévenir, je leur dis de convenir entre
eux. Sur quoi Forgatz, piqué, le céda par une espèce de civilité au Marquis Desalleurs, sous prétexte que l'Aile droite étant composée de Grenadiers.

M 3 Fran-

François, & d'autres Régimens étrangers, il auroit beaucoup plus de facilité à les commander, que les Troupes Hongroifes.

Le jour de St. Martin, tout étant pofté, je recus une lettre de Karoly par laquelle il m'affuroit qu'il feroit très attentif à exécuter mes ordres, & qu'il fe trouvoit actuellement fur la montagne, que l'Officier porteur de fa lettre pourroit me faire remarquer. Il ne me reftoit plus qu'à reconnoitre les Poftes qui étoient au-delà de la rivière. Je crus que je pourrois le faire après avoir pris mon repas, que je fis avancer. Il étoit apprêté dans le Village à une lieue de là, où j'avois envoyé les bagages de mon Armée. J'avois déja dîné, lorfqu'on m'apporta la nouvelle qu'il paroiffoit quelque mouvement dans l'Aile gauche de l'ennemi; & comme il marchoit à couvert de la hauteur, bien-tôt après j'appris qu'il marchoit aux retranchemens, & qu'il avoit monté la hauteur qui étoit à moitié chemin. Sur quoi je montai à cheval pour y aller, & peu de tems après nous entendimes la décharge; mais

le

le feu ne dura pas, & avançant toujours, nous rencontrames les fuyards,
& bientôt après le Marquis Desalleurs
vint lui-même pour me dire que tout
avoit été débandé à la gauche, & que
voyant qu'il n'y avoit rien à faire avec
la droite, il s'étoit retiré. Forgatz
arriva peu après, rapportant que les
Rasciens avec quelques Escadrons Allemands aiant pénétré par le bois
clair qui étoit à la gauche, se présen-
térent sur la hauteur: que la Cavalerie qu'il avoit commandé de ce côté-
là, ne fit pas son devoir; & qu'ainsi
l'Infanterie étant en même tems attaquée en flanc & de front, s'étoit
retirée comme elle avoit pu. Il me
fut difficile de croire que sa perte eût
été grande, entre ces bois & montagnes qui favorisoient sa fuite; mais
comme elle étoit composée de Troupes
de Hongrie, il y en eut peu qui se
rendirent au Camp. Rien n'étoit plus
difficile que de savoir le nombre des
morts dans ces sortes d'occasions: les
blessés mêmes, s'ils pouvoient se trai-
ner, aimoient mieux se retirer chez
eux pour être traités par quelques vieil-

les

les femmes, que par des Chirurgiens
de l'Armée; ce qui caufoit quantité de
bleffures mal guéries, & des Soldats
eftropiés. Il y avoit pour eux des ré-
compenfes réglées, lorfqu'ils reve-
noient; & les veuves en recevoient
auffi, lorfqu'elles apportoient des atteftations de la mort de leurs maris.

Aiant appris cette fâcheufe nouvelle, je donnai d'abord ordre pour faire
marcher les bagages vers la petite Place de Samofch-Vivar, où j'avois Garnifon. Il falloit encore paffer une enceinte de montagnes, qui n'étoit ni
trop haute, ni difficile, pour defcendre dans la vallée de Samofch, bien
ouverte, & fort agréable. Etant parvenu fur la hauteur, nous vimes de
loin de la Cavalerie marcher en bon
ordre à nous, du côté que l'ennemi
auroit pu venir pour nous couper. Je
remarquai dans cette occafion combien le Courage d'efprit, où confifte
la Valeur, eft différent du Courage
du coeur. Un de mes Généraux, qui
n'a même jamais été foupçonné de
manquer de celui-ci, fe perdit fi fort
à la vue de cette Cavalerie, qu'il vint
à moi tout troublé, criant, qu'il falloit

loit preſſer la marche, & abandonner même les chariots. Je fus ſurpris de ſa mauvaiſe contenance, & je ne pus m'empêcher de laiſſer échaper quelques paroles d'indignation, en lui ordonnant d'envoyer reconnoître ce que c'étoit, puiſqu'il étoit plus raiſonnable de croire que c'étoit la Brigade de Jennei que j'attendois, que ce ne fût l'ennemi, dont la Cavalerie ne pouvoit pas être en état de faire un tel tour en ſi peu de tems, ou qu'elle ne marcheroit pas ſi lentement, ſi elle vouloit nous couper. Cependant, peu s'en fallut que la pitoyable contenance de ce Général n'eût été cauſe d'un nouveau deſordre; car même en me quittant il ne laiſſoit pas de crier, & de parler fort inconſidérément. L'affaire ſe trouva comme je l'avois penſé; c'étoit le Brigadier Jennei, qui avoit été détaché par Karoly, le ſoir d'auparavant, ſelon l'ordre que je lui avois donné, dont l'eſſentiel fut mal exécuté, puiſqu'au-lieu d'agir, il convoqua un Conſeil pour conſulter les Officiers qu'il eſtimoit, & auxquels il déféroit plus qu'il ne devoit. Ceux-ci lui repréſentérent que j'avois donné

M 5   cet

1705. cet ordre, faute de connoiſſance de la ſituation de l'ennemi, à qui on ne pouvoit marcher que par une trouée qu'il ne laiſſeroit pas ſans Troupes; que par conſéquent il falloit murement examiner les ſuites que cette entrepriſe pourroit avoir; s'il ne vaudroit pas mieux conſerver ce Corps entier, que de le hazarder : car ſi l'ennemi forçoit les retranchemens, il ſeroit de très bonne reſſource pour le harceler; au-lieu que s'il arrivoit du malheur des deux côtés, on donneroit trop de tems à l'ennemi pour ſe repoſer tranquillement dans les quartiers d'Hiver. Je n'ai jamais pu croire ce qu'on m'a dit depuis, que Karoly avoit été dèslors infidèle, & corrompu par le Général Palfy; mais j'ai été très perſuadé qu'il s'étoit laiſſé entrainer par le mauvais raiſonnement de ceux qu'il croyoit beaucoup plus entendus que je n'étois dans le métier. Il eſt certain que ce Général ſavoit mon deſſein, avant que je fuſſe entré en Transſilvanie; telle entrepriſe étoit aſſez de ſon génie: ſi elle m'eût paru ne l'être pas, j'euſſe pris d'autres meſures, parce que j'avois trop d'expérience que
Karoly

Karoly étoit fertile en raifons, le plus
fouvent fort plaufibles, de ne pas faire ce qu'il ne vouloit pas. C'eft ainfi
que tous mes Généraux, qui commandoient en Chef, contribuérent
cette Campagne à faire triompher le
bon-homme Herbeville. Il eft certain
que Karoly eût pu attaquer le Camp
de l'ennemi par le grand chemin qui
étoit derrière fa gauche; & rien ne
l'empêchoit de faire de même par fon
flanc droit, par le vallon par où fon
Armée avoit marché. Il y avoit été à
portée, il regardoit dans fon Camp,
il avoit vû qu'il n'avoit laiffé que la
Garde ordinaire de Cavalerie, lorfqu'il
marcha aux retranchemens éloignés
d'une heure. Plufieurs jeunes Officiers
grondoient contre les avis de ces Ex-
perts imaginaires, qui prévalurent; &
ils crurent même d'avoir bien confeillé, par ce qu'il s'en étoit fuivi.

J'arrivai le foir avec le débris de mon
Armée à Samofch-Vivar. Cette Place
eft fort renommée dans le pays, fans
quoi je l'euffe fait fauter, tant je la
trouvai inutile & mauvaife. Elle confiftoit dans un vieux Palais extrêmement maffif, entouré d'un pentagone
M 6   ou

1705. ou hexagone, car je ne m'en souviens
plus, affez régulièrement bâti de maçon-
nerie; mais les baftions étoient petits,
en guife de Tours tronquées; de petits flancs, à une embrafure; un foffé
d'eau revêtu, mais aifé à faigner; enfin tout fi, preffé & ferré, qu'on y
étouffoit. Elle étoit gardée par de
fimples Payfans Valaques, qu'un jeune Seigneur de grande extraction &
affez nigaud, avoit levés; & il en étoit
Gouverneur par la favorable recommandation de Forgatz. J'y logeai tout
exprès, contre le ridicule avis de mes
Généraux, qui avoient peur que le
Commandant ne m'arrêtât pour me
livrer à l'ennemi; peur qui me parut
encore plus pitoyable que la Fortereffe, fa Garnifon, & fon Commandant.
Il eût été affez inutile de le changer,
puifque les munitions de toute efpèce
y manquoient: je n'avois aucun magazin à portée pour la pourvoir. J'euffe fouhaité que la nuit que j'y demeurai le feu y eût pris, fans qu'on eût
pu foupçonner qu'il y eût été mis par
mon ordre. Mais cela n'étant pas arrivé, je fortis de grand matin, après
avoir exhorté le Commandant & la
Gar-

Garnison à faire une bonne défense, si l'ennemi venoit l'attaquer, ce dont je ne le croyois pas capable. Je marchai de là au Château de Betlehem, dont cette illustre Famille tire le nom; Château grand & massif, sans aucune fortification. Par cette marche, je m'assurai du passage appellé Emberfü, ou *tête d'homme*, montagne beaucoup plus difficile que n'est le Mesech dont j'ai parlé. Ce passage est gardé du côté de la Hongrie par le Château fortifié de Queuvar, où j'avois Garnison. J'avois laissé mon Régiment de carabiniers sur Samosch-Vivar, pour être à portée d'envoyer de petits Partis pour reconnoître la marche de l'ennemi, qui malgré sa victoire se traînoit avec bien des difficultés vers Clausembourg, où peut-être il ne seroit jamais arrivé, si la saison eût tenu son cours réglé, quant aux pluyes froides, & à la neige. Je voyois bien que je ne pouvois pas demeurer en Transsilvanie; car les Troupes que le Général-Major Oros commandoit au blocus d'Hermenstat, étoient du pays; & par conséquent elles devoient naturellement se débander à

M 7   l'ap-

1705. l'approche de l'ennemi, pour mettre leurs familles en sûreté. Je n'avois pas espérance de pouvoir faire venir si-tôt des Troupes de Hongrie; je n'a-vois aucune Place, à l'abri de laquel-le je puffe me maintenir; il ne me restoit que le Corps de Karoly, que j'employai avec succès pendant l'Hiver, en le tenant sur les frontières, d'où ces Troupes faisoient des courses con-tre le quartier de l'ennemi, qui les sur-prenoient, & les tenoient fort ferrés, par où elles crurent avoir fait merveil-le, de ce qu'elles ne s'étoient pas mê-lées de la journée de Gibou.

Malgré tout cela, je fis un affez long féjour à Betlehem, pour marquer une bonne contenance aux Tranffilvains, & pour donner du tems à la Nobleffe de pourvoir à leurs familles. Mais les neiges ne m'étoient pas moins à crain-dre qu'aux ennemis. Le paffage sur le-quel j'étois, est un des plus diffi-ciles du pays; c'est précifément dans l'angle de la jonction de Befqued ou mont Carpat, avec la chaine de montagnes qui fépare la Tranffilvanie de la Hongrie. Je ne me retirai qu'a-vec bien des peines. Je vifitai en paffant

fant la Place fufdite de Queuvar, fituée fur le paffage même, fur un roc efcarpé & fort haut. Sans une efpèce de dehors muré, & affez mal flanqué, elle ne ferviroit de rien pour la défenfe du paffage. Cette enceinte étant affez grande, elle peut contenir une bonne Garnifon. Il en dépend un Diftrict qui porte le nom du Château, ce qui rend ce Gouvernement affez profitable, pour être recherché par les Grands du pays. La Famille de Teléky fe l'étoit rendu comme héréditaire; le Comte Michel, qui me l'avoit remis, en étoit Gouverneur. Il me reçut à la tête de fa Garnifon, compofée des habitans du Diftrict, qui font chargés de le pourvoir de tout. Ce font des montagnards affez courageux, & affectionnés à leur Fortereffe; enforte que je les laiffai fans rien changer aux Coutumes, outre que toutes les circonftances me faifoient juger que l'ennemi le laifferoit auffi comme un hors-d'œuvre, ce qu'il fit en effet jufqu'à la fin de la guerre. Après ma retraite, je fus bien furpris du nombre de Seigneurs & Gentilshommes de Tranffilvanie, qui me fuivirent

virent avec leurs familles, outre ceux qui s'étoient retirés en Moldavie & Valachie. Il falloit les loger, & les nourrir. J'en fis faire le dénombrement, qui montoit à douze mille ames. Leur attachement me touchoit ; mais ils étoient la plupart des bouches inutiles. quant à la guerre: ils étoient cependant à la charge du peuple. Je possédois toujours les Comtés situées en Hongrie, appartenantes à ma Principauté, où je les mis en quartier.

Je pris le mien dans l'Écsed, Forteresse héréditaire de ma Maison, que les Allemands avoient fait démolir avant la guerre, & dont je pensai à relever la fortification. Elle est singulière, & peut-être unique en Europe quant à sa situation, qui paroît la rendre imprenable. La petite rivière de Crasna, qui sort des montagnes de Mesech, forme au pied des collines qui sont devant elle, un marais assez étendu., au milieu duquel étoit autrefois le Fort de Sequelhid, ou Pont de Sicle ; de là elle prend son cours parallèlement, & à peu de distance de la rivière de Samosch : mais, au-dessous d'Apaty où elle paroît vouloir

loir fe joindre à cette rivière, elle fe
détourne pour former un autre marais
qui a trois lieues de tour, dont le fond
eft de fable mouvant, & la fuperficie
couverte de tourbes & de rofeaux, hors
les endroits où la riviere ferpente ;
mais à peine peut-on s'appercevoir
qu'elle coule, parce qu'en effet il faut
qu'elle fe décharge fous terre, foit
dans le Tibifque, foit qu'elle forme encore par une communication fouter-
raine les petits Lacs, qu'on voit dans
la Comté voifine de Szabolcs. A
juger felon la fituation des hautes
montagnes de Befqued, qui féparent
la Hongrie de la Pologne, & de la
Moldavie, & qui font parallèles au
cours du Tibifque, & par les fufdi-
tes montagnes de Mefech qui font
auffi parallèles à cette rivière, & enfin
par les coudes que font les montagnes de Befqued pour fe joindre à
celles-ci appellées les montagnes de
Maramaroch, d'où le Tibifque fort,
après avoir reçu plufieurs rivières de fa
grandeur: à juger, dis-je, de cette fituation, on pourroit dire que les eaux
du Déluge ont charrié & dépofé un
amas de fables dans un grand fond,
fur

1705. fur lequel la rivière de Crafna s'eft étendue. La grande forêt, appellée Liguet, qui remplit prefque tout le terrein entre le Mefech & le Tibifque, confirme cette idée. Ce ne font que des hauteurs de fable, parallèles les unes aux autres, dont les dos font contigus, que l'écoulement des eaux paroît avoir formé ; mais ces fables font limoneux & fertiles : les hauteurs font couvertes de bois de chêne rabougris, fort clairs, & d'herbes de pâturages : les fonds étant étroits, confervent affez longtems les eaux des neiges & des pluyes, & produifent des buiffons & des bois aquatiques de toute efpèce. Ecfed eft fitué au bout de ces bois. En entrant dans la Ville, il faut paffer un bras de la rivière, large de 50 pieds, extrêmement profond. La Ville eft entourée d'un canal naturel d'environ 30 à 40 pieds; le refte eft couvert de rofeaux crus fur la tourbe. Cette Ville n'étoit fortifiée que de deux baftions de terre, à la tête. Les maifons font bâties fur un fond de terre, qui fe détrempe aifément, & fe rendurcit de même. De cette Ville, qui n'étoit pas

pas bien grande, on paſſoit dans la 1705.
Forterefſe, qui conſiſtoit en deux Ouvrages à cornes ſéparés de la Ville, &
entre eux par des canaux d'eaux vives
de la rivière, ſi profonds, qu'à l'occaſion de la démolition, les décombres des
baſtions, qui étoient revêtus de bonnes briques bien cimentées, ne pouvoient les combler : les habitans m'aſ-
ſuroient qu'ils paroiſſoient d'abord remplis, & que pendant la nuit ils furent
tous engloutis ; d'où il paroît que c'é-
toient trois Iles, formées par le ſer-
pentement de la rivière ; car ces Ouvrages à cornes étoient bâis ſur des pilotis avec des ſouterrains plus enfoncés
que la ſuperficie des eaux. J'eus la cu-
rioſité d'en examiner la fondation, &
la qualité des pilotis : ils étoient de
bois de frêne endurci en pierre, & les
morceaux qu'on avoit enlevé étoient
durs & légers. Sur ces pilotis il y avoit
une maſſe fort épaiſſe de charbon bien
battu, & c'eſt ce qui garantiſſoit les
ſouterrains de l'humidité. Dans le ſe-
cond Ouvrage étoit le Palais, bien
maſſif ; & derrière le tout, encore un
canal de la rivière, qui ſéparoit la fortification, d'une très grande prairie
abon-

1705. abondante en pâturages, & suffisante pour nourrir des milliers de bestiaux. Cette étendue de trois grandes lieues de circuit paroît en dehors être une forêt de roseaux; mais en dedans elle contient un très beau Lac, fort clair, & sans fond selon la croyance, peut-être fausse, des habitans. Il y en a eu qui ont sondé avec plus de 100 brasses, sans l'avoir pu trouver. Ce Lac est extrêmement poissonneux; le poisson de toute espèce y est fort dur, & d'une grandeur monstrueuse. Une branche de la célèbre Maison de Bathory se nommoit d'*Ecsed:* cette Forteresse nous est dévolue par l'extinction de cette Famille, dans la personne de mon Aieul paternel. Elle portoit dans ses Armes trois dents de Dragon, entourées de cet animal passé en vir. La tradition de tout tems est, que les Scythes étant venus s'établir dans le pays, un de la race d'Opus tua un Dragon dans le lieu où il fit bâtir ce Château, c'est-à-dire, la Maison, parce que la fortification y fut ajoutée quelques siècles après; & il eut le surnom de *Battor*, c'est-à-dire *Valeureux*. Je me souviens d'avoir vu parmi les

curiofités confervées dans notre Tré- 1705.
for, un marteau d'armes, dont il s'é-
toit fervi pour tuer ce monftre; mais
la petiteffe de cette arme rendoit la
tradition fort douteufe. Comme les
fondations des fortifications étoient toutes entières, j'avois deffein d'élever ces
ouvrages, & faire couper des canaux
dans la tourbe, par le moyen defquels
on auroit pu entretenir la communication avec tout le pays d'alentour.
Ce marais ne gèle point en Hiver;
l'eau fe condenfe dans les gelées extraordinaires, mais elle ne s'endurcit pas en
glace. Je n'étois éloigné que de deux
petites journées de la Tranffilvanie, où
les Troupes de Karoly travaillérent
toujours bien cet Hiver. Les Allemands ne jouïffoient guères du repos,
après leur fatigue.

L'Empereur n'avoit aucune Armée
dans la Baffe Hongrie. Un Corps de
mes Troupes commandé par le Brigadier Bézérédy, faifoit des entreprifes
continuelles contre la Stirie & contre
l'Autriche, avec beaucoup de conduite & de bonheur. Comme le Général Botian étoit fort aimé du peuple,
& du foldat, je lui avois fait paffer le
Da-

1705. Danube pour commander avec le Major-Général Comte Chaqui. Il entreprit d'escalader la Ville d'Edembourg; mais il échoua, pour n'avoir pas suivi l'avis de l'Ingénieur.

. Depuis l'Assemblée de Seezin, les Députés pour la négociation de la Paix se rendirent à Tirnau. On ne pouvoit pas convenir de la Trève, pendant que les Impériaux étoient en marche vers la Transilvanie : nous la rejettames après leur entrée, pour ne pas leur donner du repos pendant l'Hiver. Ainsi les Députés passèrent le tems en chicaneries de Négociateurs. Aiant acquis toute autorité d'agir, j'envoyai le Général Forgatz à Cassovie, pour rétablir le Corps d'Infanterie & de Cavalerie qui étoit sur le pied étranger, & pour l'augmenter de Régimens nouveaux. Il savoit assez la manière d'agir avec les Allemands, mais il ignoroit celle de se conduire avec les François. Je faisois préparer l'artillerie qui devoit me servir pour le Siège de Gran, que je fixai à cette Campagne, sans communiquer mon dessein à qui que ce soit. Après avoir passé quelques semaines à Ecsed, comme

j'étois

j'étois dans le voisinage de mon Châ- 1705.
teau de Munkacs, que je n'avois point
encore visité depuis sa reddition, j'y
passai à dessein de visiter le terrein pour
établir une communication par des canaux entre ces deux lieux, dont les
situations sont très extraordinaires &
opposées. Car Munkacs est bâti sur
une montagne de roc vif, couvert de
très peu de terre, planté au milieu
d'une prairie, éloigné d'une bonne
lieue de toute espèce de hauteur, qui
ne commencent qu'à cette distance, & montent toujours jusqu'à la
haute montagne de Besqued. Du côté du Tibisque, éloigné de quatre
heures, ce ne sont que des forêts extrêmement fourrées, mêlées de chênes
d'une grosseur, hauteur, & droiture
surprenante, où les grandes inonda-
tions, qui descendent des montagnes
de la Comté de Maramaroch, avec laquelle ce Duché confine, ont fait des
canaux, qui étant remplis d'arbres
renversés, empêchent l'écoulement des
eaux : ils ont si fort imbibé le terrein,
que les chemins ne sont guères prati-
quables qu'en Hiver. La rivière La-
torça, sortant de Besqued, passe à
une

1705. une portée de fufil de la montagne du Château; & moyennant une éclufe, on peut mettre fous l'eau toute la prairie, laquelle eft naturellement affez marécageufe pour rendre les approches prefque impratiquables. Outre ces avantages, la montagne eft entourée d'un foffé d'eau vive qu'on ne peut faigner, le fond étant plus bas que celui de la rivière, qui coule fur un lit de cailloux peu profond. Pendant mon féjour je formai le deffein d'entourer la montagne d'un heptagone régulier, que l'Ingénieur-Brigadier Damoifeau avoit fort bien tracé, & exécuté par la fuite du tems.

1706. Aiant fini l'année en ce lieu, je commencai celle de 1706 par l'ouverture d'un Confeil du Senat, que j'avois indiqué pour le mois de Janvier à Miskols, gros Bourg au milieu du pays, n'étant qu'à une journée d'Agria. Le Général Berfény, & tous les Sénateurs, s'y rendirent; & Sirmay, un des Députés de l'Empereur, y vint auffi avec des lettres des Miniftres médiateurs, qui me preffoient fort pour que je leur envoyafle les articles de la Paix, & les griefs de

la

la Nation. Le point le plus effentiel
que l'on traita dans cette Affemblée,
fut l'affaire de la monnoie de cuivre.
J'ai déja rapporté, que la prémière année de la guerre j'avois fait connoitre à toutes-les Comtés, par des Lettres circulaires, la néceffité de l'introduire: je demandai leur confentement
pour en faire battre la valeur de deux
millions de florins. Depuis, voyant
que la fomme ne fuffifoit pas, j'avois
demandé de l'augmenter d'autant. Les
faux Monnoyeurs s'y étant mêlés, ces
efpèces devinrent extrêmement communes; d'où il arriva que les Marchands
commencérent à hauffer le prix de leurs
marchandifes, & l'acheteur ne faifoit
aucune difficulté de les furpayer. La
Nobleffe appauvrie vouloit l'employer
à s'acquitter de fes dettes, ou à dégager fon héritage hypothéqué par néceffité; mais ne pouvant pas s'en fervir à cette fin, elle commençoit à la
méprifer: ce qui caufa qu'un chacun
content de ce qu'il avoit en cuivre,
& penfant à l'avenir, fongea d'acquérir
des efpèces d'or & d'argent; d'où s'in-
troduifit le change du cuivre contre
l'argent, dont on hauffoit le prix fui-

1706. vant la mesure que l'on abondoit en
cuivre. Plusieurs Sénateurs furent d'a-
vis de fermer les maisons où on frap-
poit cette monnoie, & d'établir une
contribution, pour la rendre plus es-
timable en la faisant circuler. Cette
opinion alloit devenir celle de tout le
Sénat, lorsqu'aiant pris la parole, je
représentai, qu'on devoit se souvenir
que la cause principale de la guerre
étoit les impôts & les contributions
que les Allemands avoient établis, qui
furent suivis d'exactions, de concus-
sions & de vexations, qui en sont les
suites inévitables: que depuis le commencement de la guerre, les peuples
fournissoient les vivres gratuitement
& volontairement, parce que la nour-
riture des bestiaux ne lui coutoit rien,
ou peu de travail, la terre lui produit
le blé en abondance; sa grande difficulté est d'acquérir des espèces, faute
de trafic & de denrées, puisque chacun vit de son cru: qu'il faudroit en
venir aux duretés pour lui arracher le
peu d'espèces qui passe, pour ainsi dire, par leurs mains, & qu'à la plupart on demanderoit ce qu'ils n'ont
pas en effet: que parmi le peuple,

ceux

ceux qui ont des enfans ou des parens à la guerre, aidés par leur folde ou butin, pourroient payer plutôt que les autres; mais qu'on rebuteroit bientôt la Milice, fi on commençoit à maltraiter & à vexer leurs familles. J'ajoutai enfin, que fi l'abondance cauſoit le mépris de la monnoie de cuivre, il étoit certain que cette abondance ne fe trouvoit pas parmi le peuple, mais parmi la Nobleſſe, parmi les Officiers de guerre, & encore plus parmi les Seigneurs; & comme la contribution ne pourroit pas s'étendre fur ceux-ci, il étoit difficile de s'imaginer qu'elle pût introduire la circulation: que tandis que cette monnoie ne pourroit leur être de la même utilité que l'or & l'argent, il ne feroit pas l'objet de leur eſtime ni de leurs defirs; car en effet, à quel uſage pourroit-on defirer d'acquérir ou de conferver des efpèces, avec lefquelles on ne pourroit ni payer fes dettes, ni dégager fon héritage, ni acheter des terres, ni les placer en rente? Que je ne defavouois pas les inconvéniens que pourroit attirer notre démarche, fi nous déclarions cette monnoie bon-

ne

1706. ne pour cela; car outre que fa matière n'étoit pas bien rare, étant aifé
de la contrefaire, il feroit bien difficile d'empêcher que les faux Monnoyeurs ne la multipliaffent, & que les
Marchands mêmes ne nous en appor-
taffent de leurs pays, à moins qu'on
n'ajoutât au coin dont on s'étoit fervi
jufqu'alors, quelque marque fingu'iè-
re, qui fût hors la portée du commun de l'imiter. Enfin je conclus,
que quelque méprifée que la monnoie de cuivre parût, & pût même
être, elle pourroit nous fervir encore
trois ans; que fi la guerre duroit plus
longtems, on pourroit alors avoir recours aux impôts: qu'au moins nous
aurions l'avantage de ne pas révolter
dès à préfent l'efprit du peuple par
des exactions & des exécutions inévi-
vitables, puifqu'il eft naturel au peuple de s'expofer à toute extrémité, a-
vant de donner de l'argent. Mes re-
montrances eurent leur effet, & on
procéda aux délibérations fuivantes:
Qu'on diminueroit la valeur des anciennes efpèces; qu'on en frapperoit
d'autres, auxquelles on ajouteroit une
petite effigie de la Vierge, que les
faux

faux Monnoyeurs ne pourroient pas imiter : Et que dans le payement des dettes, dans le dégagement des terres hypothéquées, & en toute forte d'achats, la monnoie de cuivre auroit lieu, fi les efpèces n'étoient fpécifiées dans les contracts.

J'ai déja rapporté prefque au commencement de cet Ouvrage, l'état du Royaume, où je le trouvai quand je commençai la guerre. Ce n'étoit pas la feule Nobleffe, qui avoit été contrainte d'engager fes Terres pendant l'oppreffion des Autrichiens; les Seigneurs n'étoient pas moins endettés. A peine étoit-on forti du Confeil, que Forgatz menaça Sirmai de retirer de fes mains une de fes Terres à lui hypothéquée. Cela caufa le bruit, que cette délibération avoit été prife par les intrigues de Berfény, qui étoit auffi endetté que l'autre. Nous convinmes auffi qu'on viendroit à une Négociation férieufe de la Paix; mais qu'on ne concluroit la Trève qu'au Printems, & que je me rendrois à portée du lieu où l'on la traiteroit. C'étoit un prétexte pour que je pûffe conduire avec moi les Troupes que

For-

Forgatz avoit formées, & que je voulois employer au Siège de Gran, en cas que la négociation ne réuſſît pas. J'eſpérois d'emporter ce Château avant que Rabutin ſortît de Transſilvanie, & arrivât au Tibisque. Je formai dans cette Aſſemblée la Chancellerie du Sénat, aiant revêtu de la Dignité de Chancelier le Baron Jennei, devenu par la goute entièrement inhabile à exercer les Charges militaires. Après avoir terminé pluſieurs affaires, & après avoir fait publier pluſieurs Règlemens à Miſcols, je paſſai à Agria.

Pendant ce tems, Karoly avoit par ſes courſes fait quelques progrès en Transſilvanie ; mais j'avois lieu de faire grande attention ſur l'Armée ennemie, avec laquelle je ne voulois pas hazarder un combat. Il eſt vrai qu'elle étoit diminuée ; mais tant de fâcheuſes expériences m'avoient fait connoitre que je ne pourrois jamais manœuvrer comme je voudrois, parce qu'à la guerre la confiance au Chef eſt une ſource d'heureux événemens. Je puiſ même dire en ſon ſens, que cette confiance eſt le principe de l'o-
béiſ-

béiſſance dans une Action; parce que 1706
ſi les Soldats croyent être menés à la
boucherie, ils n'obéiſſent qu'à contre-
cœur , & regardent ſouvent derrière
eux. Le ſentiment de tous les Généraux étoit , qu'il n'y avoit pas de
meilleur moyen de ruïner l'Armée
de Rabutin , que de bruler tous les
blés, fourrages & moulins devant lui.
Je ne conſentis cependant qu'à contre-
cœur à ce deſſein, dont nous n'avions
guères profité contre Herbeville. Le
peuple en Hongrie conſerve ſon blé
dans des caches creuſées dans la terre, que les Allemands ſavoient parfaitement bien découvrir , & qu'on
ne pouvoit pas gâter. Leurs moulins
à bras leur ſervoient toujours. Le
pays qu'ils devoient traverſer n'étoit
pas de ſi grande étendue; & il étoit
bien ſûr qu'en ruïnant le cœur du
Royaume, nous nous faiſions tort à
nous-mêmes.

Depuis la perte de la bataille d'Hoch-
tet, & par conſéquent de l'eſpérance
du ſecours des Troupes étrangères,
j'étois fort porté à la Paix; mais à u-
ne Paix convenable au bien de la Nation, que je n'avois lieu d'eſpérer que

par

1706. par la concurrence des Anglois & des Hollandois , qui auroient pu , s'ils l'euffent voulu férieufement , contraindre l'Empereur à nous l'accorder. Je voulois donc convaincre les Médiateurs de la juftice de notre Caufe. C'eft ce qui me détermina à venir à une Négociation formelle. Je donnai part de ma réfolution au Marquis Defalleurs ; je le priai d'écrire à fa Cour, que fi le Roi vouloit que les Etats continuaffent la guerre, il faudroit néceffairement venir à un Traité avec les fusdits Etats & avec moi , comme Prince de Transfilvanie ; que je fouhaiterois pour les intérêts de fon Maitre, qu'il lui envoyât au-plutôt plein-pouvoir & inftruction fur le plan que je lui avois remis. Je partis d'Agria au commencement du Printems, pour recevoir à Nitria Mylord Stepney , Miniftre d'Angleterre. Nous y convinmes des Articles de la Trève. Comme le Comte Berfény, qui la traitoit avec les autres Députés, donnoit aifément dans ce qu'on appelle vetille ; lorfque le Médiateur me les rapportoit, je les applaniffois, de manière que j'acquis entièrement

fon

son estime. Il me proposa, que l'Em- 1706.
pereur Joseph aiant conservé pour moi
les anciens sentimens favorables, il é-
toit disposé de permettre à la Princesse ma Femme de me venir voir; qu'en
son particulier, il s'offroit avec plaisir
à seconder mon intention, pourvu
que je témoignasse par une lettre que
cela ne me seroit pas desagréable. Je
répondis, qu'il ne convenoit pas à la
situation des affaires que j'écrivisse à
l'Empereur pour ce sujet, ni que je
fisse aucune instance; mais que j'écri-
rois à la Princesse, en lui témoignant
le plaisir que j'aurois de la voir pendant la Trève, si elle pouvoit obtenir
de l'Empereur la permission de se rendre auprès de moi, en engageant ma
parole, que je la laisserois retourner
en cas de rupture, si Sa Majesté Impériale le souhaitoit. Il ne fallut pas
beaucoup solliciter pour y réussir. La
Cour de Vienne avoit envie de me
l'envoyer, & la proposition ne me
fut faite que pour trouver des prétextes. Je ne pouvois pas la refuser, &
dès que la Princesse reçut ma lettre,
la permission lui fut accordée. Je la
reçus avec éclat à Nitria; mais à cau-

se

1706. fe de la commodité du logement, je la menai bientôt après au petit Topolchane, & de là à Neiheifel, où le Comte de Wratiflaw Chancelier de Bohême, Favori de l'Empereur & fecond Commiffaire pour traiter la Paix, fe rendit, fous prétexte de rendre vifite à la Princeffe. Je fis femblant d'ignorer fon arrivée. Il vint fans aucune cérémonie, & lorfqu'il étoit dans la chambre de la Princeffe, je le vis fort familièrement chez elle. Comme je l'avois connu autrefois, il me parla avec beaucoup de fincérité, me faifant des offres d'une Principauté Souveraine en Empire, avec voix & feffion dans les Diètes, outre plufieurs autres chofes, plus avantageufes pour ma Maifon que n'étoit la poffeffion d'une Principauté élective comme la Transfilvanie; me déclarant décifivement, que l'Empereur ne confentiroit jamais que je la poffédaffe. Il me conta, qu'il avoit été chargé d'une pareille commiffion auprès de l'Electeur de Bavière; qu'il fe repentiroit un jour de n'avoir pas accepté les propofitions qu'il lui avoit fait. Je lui répondis, que je convenois

nois que ce qu'il venoit de me propofer de la part de l'Empereur, pourroit
entièrement convenir aux intérêts de
ma Maifon; mais que je n'avois jamais eu en vue les avantages qui la
regardoient, aiant uniquement commencé la guerre pour la Liberté de
ma Patrie, à laquelle ma naiffance
m'avoit attaché; que ce lien avoit encore été plus refferré du depuis, par
la reconnoiffance que je devois à toute
la Nation, pour la confiance qu'elle
m'avoit marqué en me confiant les
rênes de fon Gouvernement : que je
ne demandois pas non plus la Principauté de Transfilvanie de Sa Majefté
Impériale ; que pour me contenter
fur cet artiele, il ne falloit que fatis-
faire au Traité que l'Empereur Léopold avoit fait avec le Prince Michel
Apaffy mon prédéceffeur; que fi ma
perfonne y étoit un obftacle, je m'en-
gagerois volofitiers à remettre le Diplome de mon élection aux Etats de
cette Principauté, pour qu'ils puffent
élire un Prince plus agréable aux parties, fût-il le moindre de mes Valets.
Enfin, que je lui parlois avec une
entière effufion de cœur; que je le

priois

priois de le rapporter à l'Empereur;
duquel aiant l'honneur d'être connu
perſonellement, & Sa .Majeſte aiant
pour moi les ſentimens dont il m'aſſuroit, je ne pouvois. m'imaginer
qu'elle pût deſapprouver ma candeur.
Je remarquai que Wratiſlaw. fut frap-
pé de ma réponſe; comme en effet
j'ai ſu qu'à ſon retour il parla ſi avan-
tageuſement de moi, qu'il fut ſoup-
çonné: mais alors il me répondit ces.
paroles formelles, que j'ai retenu,
parce que j'ai eu quelque occaſion de
m'en reſſouvenir. „ Hé bien! Prince,
„ me diſoit-il, vous vous fiez aux
„ promeſſes de la France, qui eſt
„ l'Hôpital des Princes qu'elle a ren-
„ du malheureux par le manquement
„ à ſa parole & à ſes engagemens;
„ vous en ferez du nombre, & vous
„ y mourrez ”. Je répartis, que je
n'examinois pas la conduite de la
France en cela, mais mon devoir,
ſur lequel je lui avois déja parlé.

Nous nous ſéparames ainſi, & bientôt après la Princeſſe partit pour les
Bains de Carlsbad en Bohême. Elle
les crut ſi néceſſaires pour le rétabliſſement de ſa ſanté, qu'après lui avoir
repré-

représenté & prédit tout ce qui lui eſt arrivé, je jugeai ne pouvoir pas la retenir par violence. L'Empereur lui avoit accordé des paſſeports dans les formes; je la fis eſcorter par le Général Forgatz juſques ſur les frontières de Moravie. La Cour de Vienne ne fut pas contente de mes réponſes; bientôt après, l'Empereur m'envoya ma Sœur la Comteſſe d'Apremont, que ce Prince eſtimoit: il ſavoit que je l'aimois beaucoup. Comme l'Empereur Joſeph m'avoit marqué des ſentimens fort favorables avant & pendant ma priſon, (même ma Sœur m'aſſura qu'il n'en avoit point changé, ſur-tout depuis qu'il avoit découvert qu'on avoit tenu à mon égard un procédé bien injuſte;) elle me diſoit ce que le Comte Wratiſlaw m'avoit répréſenté, & de plus elle m'aſſuroit qu'elle me portoit comme une Carte-blanche pour la remplir de tout ce que je ſouhaiterois, hors la Transſilvanie. J'avois convoqué tout le Sénat à Neihciſel. Nos Commiſſaires étoient à Tirnau: ceux de l'Empereur, dont le frère du Duc de Loraine,

N 7

raine, Evêque d'Osnabruk devenu
depuis Électeur de Trèves, étoit le
prémier, se tenoient à Presbourg. Les
Articles de la Paix furent dreſſés en
plein Sénat à Neiheiſel.

Pendant cette Négociation, je n'o-
mis rien quant aux préparatifs du Siège de Gran. Les pièces de batterie,
& les mortiers étoient rangés ſur leurs
chariots au milieu de la Place. J'a-
vois fait camper ſous la Fortereſſe
12000 hommes, Cavalerie & Infanterie, qui étoient ſur le pied étranger, que Forgatz commandoit. On
travailloit aux retranchemens à Karva,
lieu diſtant d'une heure au-deſſus de
Gran, où le Danube eſt aſſez étroit.
Ce retranchement devoit garder la tête du pont, & en même tems aſſurer
un Corps d'Armée. Il y avoit en ce
lieu deux hauteurs fort roides en pain
de ſucre, où j'ordonnai de bonnes
Redoutes paliſſadées; & la troiſième
hauteur étoit le long du Danube, où
je fis faire un bon Fort de campagne.
En le creuſant, on trouva beaucoup
de Monumens & d'Inſcriptions, qui
indiquoient qu'au tems de Marc-Au-
rèle il y avoit eu en ce lieu une Lé-
gion

gion retranchée. Comme ces pièces
de fortifications étoient en triangle,
le fond étoit affez fpacieux pour y faire camper une Armée. Les radeaux
étoient tous prêts, pour les faire flotter en fon tems pour la conftruction
du pont. La Princeffe & les Miniftres Médiateurs étoient encore à Neiheifel, lorfque je fortis à cheval pour
faire la revue du Corps qui campoit.
Forgatz l'avoit rangé en bataille ; il
me reçut à la tête, & felon l'ufage,
il marchoit devant moi à côté, le fabre à la main, à la tête de la Ligne,
auffi-bien qu'à mon retour entre les
deux Lignes : mais voulant paffer derrière la feconde, je lui fis par honnêteté remettre fon fabre. Berfény vint
quelque tems après avec les Miniftres Médiateurs, & Forgatz lui rendit les mêmes honneurs : il fit le même tour des Lignes, mais paffant derrière la feconde, il n'eut pas l'attention de lui faire l'honnêteté que je
lui fis, de lui faire remettre le fabre ;
il le tint donc nud jufqu'à fon départ :
mais il fut piqué au vif, croyant que
Berfény en avoit ainfi agi par orgueil,
& par mépris de fa perfonne. Il fup-
prima

1706. prima cependant son reſſentiment juſqu'au ſoir, que tous les Généraux ſe
rendirent auprès de moi pour recevoir le Mot. Je le donnai à mon ordinaire à Berſény, & à mon Grand-
Maréchal pour les Troupes de ma
maiſon. Berſény alla pour le donner
à Forgatz; mais celui-ci recula, di-
ſant qu'il ne le recevroit pas de lui,
puisqu'il n'étoit pas Grand-Général
des Etats Confédérés, & qu'il avoit
agi fort incivilement à ſon égard. Il
ſortit de la chambre. Berſény partit
auſſi peu de tems après, & m'aiant
fait repréſenter ſes plaintes, je répondis, que je deſapprouvois fort la conduite du Général Forgatz, & qu'en
effet je ne pouvois pas lui ordonner
de reconnoître en lui cette qualité,
puisque les Etats ne la lui avoient pas
confié: mais qu'il falloit que Forgatz
me rendît compte, pourquoi il refu-
ſoit de continuer ce qu'il avoit toujours fait. Ce Général ſe rendit, ſur
ce que je lui fis dénoncer; mais Berſény ne pouvoit pas digérer ma réponſe. Il devint malade; il fut ſaiſi d'un
tremblement de tous ſes membres;
on le tranſporta aux Eaux peu éloignées

gnées de Léopoldſtat : il ſe remit, mais **1706;**
ſon reſſentiment dura bien longtems.
J'ai eu bien de la peine à lui perſuader
que je n'avois fait cette déclaration
que par pur amour pour la vérité, &
nullement par complaiſance pour Forgatz. Pendant ſa maladie, il y eut
beaucoup de Sénateurs qui me repréſentérent le préjudice que ſa maladie
& ſon mécontentement pourroit ap-
porter aux Négociations. Ils me priè-
rent de le conſoler, & de lui donner
quelque ſatisfaction. Mais je leur répondis, que quelque amitié que j'euſſe pour le Comte Berſény, je ne pourrois jamais avec juſtice changer ce que
j'avois avancé ; que Forgatz ſeroit toujours en droit de s'inſcrire en faux,
ſi je voulois ſoutenir que le Comte
Berſény fût Grand-Général nommé
par la Confédération ; qu'ils ſavoient
eux-mêmes qu'il n'en avoit pas été
queſtion à Seczin ; & que ſi je faiſois
une telle démarche au nom des Etats,
le devoir du Sénat ſeroit de s'y oppoſer. Enfin je conclus, que ſi cet incident pouvoit faire quelque tort à
la Négociation à cauſe que Berſény
étoit offenſé contre moi, j'aimerois
mieux

1706. mieux m'en aller pour prendre des mesures contre l'Armée ennemie, qui étoit dans ma Principauté. Mais Bersény de retour des Eaux, voyant qu'il ne pouvoit rien arracher, se rendit à la raison, & continua la Négociation à Tirnau, avec la dignité convenable aux Etats Confédérés d'un Royaume reconnu pour tel par Acte solennel de l'Empereur. Le Comte Wratislaw se rendit à Tirnau, où les visites entre lui & le Comte Bersény se passèrent avec une exacte egalité. Les Pleins-pouvoirs furent échangés avec les formalités requises. Les Médiateurs, Mylord Sepney du côté de l'Angleterre, & le Comte de Rechteren pour les Etats-Généraux, reconnurent la justice de nos griefs; mais la Cour de Vienne demeura toujours obstinée à refuser, ou à éluder nos propositions, comme on peut le voir dans un Imprimé * sous le nom de *Constantius Veracius.* Car cette Cour ne voulant pas prolonger la Trève, on

* Cette Pièce est inférée dans le Tome IV. à la fin de l'*Histoire des Révolutions de Hongrie.*

on ne put repliquer fur les réponfes 1706.
qu'elle donna fur nos propofitions ;
enforte qu'on le fit par cet Imprimé,
pour en inftruire le Public.

Quelques jours après la Trève ex-
pirée, je marchai pour inveftir Gran.
Je campai à l'embouchure de la rivière de ce nom, qui couloit derrière ma Ligne, pour la commodité du
Camp. Mon quartier étoit au milieu
fur une butte, d'où je voyois mes batteries. A l'autre côté de la rivière
campoit un Corps d'Infanterie, deftiné à l'attaque de la Ville; & le Corps
de Cavalerie étrangère fous le commandement du Général-Major Geur,
qui avoit autrefois fervi contre les
Turcs. La communication du pont
dont j'ai parlé étoit achevée ; mais
comme ce pont n'étoit que de radeaux, il eût été trop hazardeux d'y
faire paffer mes pièces de batterie,
parce que le projet d'attaque, que
l'Ingénieur-Brigadier Le Maire m'a-
voit préfenté, étoit de faire les batteries là rivière entre deux. Jamais ce
Château ne fut attaqué de ce côté-là,
& quoique la montagne fur laquelle

il

1706. il eſt placé ſoit moins rude du côté
de la rivière qu'elle n'eſt par-tout ailleurs, l'aſſaut n'eût jamais pu réuſſir,
comme nous en fimes faire l'expérience 'après la priſe. Cependant, je ne
me repentis pas d'avoir pris ce parti ;
car au côté de la montagne qui nous
étoit oppoſé, il y avoit un rang de
paliſſades à mi-côte, & derrière ce
parapet un bon foſſé large & creux ;
enſorte que le Château eſt plus fort
qu'on ne penſe d'abord. Il eſt joint
à la Ville par une muraille flanquée
de Tours, & de deux petits baſtions
aux angles. Au bord du Danube, il
y a une leſſe entre la rivière & le mur,
bâti de bonnes pierres de taille de ſept
à huit pieds d'épaiſſeur. Le Château
eſt fort étroit & reſſerré, & ſi on n'eſt
pas maitre de la Ville, elle eſt d'un
grand avantage pour la Garniſon. Je
m'en rendis maitre preſque ſans difficulté, les brèches furent faites en
48 heures, & les Troupes marchérent
à l'aſſaut par la leſſe ; & l'ennemi ſans
faire aucun effort à la brèche, ſe retira dans le Château. Mes Troupes é-
tant logées dans la Ville, je fis prendre poſte dans une caverne qui eſt environ

viron à fix toifes du pied du mur du 1706.
Château, fur lequel on commença
à tirer en brèche. La muraille étoit
vue du pied; mais la diftance étant
trop grande, il falloit forcer le canon.
On y réuffit cependant, quoiqu'il y
eût beaucoup de coups perdus. La
brèche fut faite; l'Ingénieur la jugea
pratiquable, & quoique je ne fuffe pas
de fon fentiment, je fis donner l'affaut la nuit. L'ennemi fit rouler une
prodigieufe quantité de grenades &
de bombes, qui faifoient l'effet d'autant de ruiffeaux de feu. Ce fpecta-
cle paroiffoit nouveau à mes Troupes; elles ne fe preffèrent pas trop de
monter, enforte que tout fe paffa a-
vec beaucoup de bruit, mais peu d'effet. Cet affaut manqué donna à l'ennemi le tems de retrancher la brèche.
Il étoit fort aifé de la rendre un cou-
pe-gorge, car la hauteur de la montagne empêchoit d'endommager le retranchement, dont on ne pouvoit
qu'effleurer le parapet. Je propofai
donc à l'Ingénieur, & à La Mothe
Commandant d'Artillerie, de profiter
de ce grand creux ou caverne dont
j'ai parlé, en y attachant le Mineur.

J'a-

1706. J'avois bien prévu les difficultés de pratiquer une Mine dans un creux naturel, fort sujet à souffler : mais le Commandant-Colonel Kuklender, au rapport de ceux qui le connoiſſoient, étoit un vieux bon-homme, qui avoit acheté cet emploi ſans avoir beaucoup pratiqué le métier. Le Mineur attaché travailloit fort au large, & à l'aiſe. On attaqua d'abord une fente ou veine, qui conduiſoit en avant ; & l'ouverture étant faite, on découvrit encore un autre creux étroit qui détournoit à droite, mais il n'avoit plus d'apparence de veine : c'étoit un bloc de marbre rouge fort ſain, ſur lequel le ciſeau ne mordoit guères. L'ouvrage devint lent, & de plus en plus douteux quant à la réuſſite. Rabutin étoit ſorti de Transſilvanie avec l'Armée, & marchoit bien fièrement vers le Tibiſque. Karoly, qui voltigeoit devant lui, bruloit tout autour de ſon Camp, ſans faire violence aux habitans des Villages, qui mettoient eux-mêmes le feu à leurs chaumières. Le Corps du Général Berſény étoit devenu preſque inutile ſur la Vaag. Guy Staremberg commandoit

doit l'Armée ennemie, qui n'étoit
compoſée en tout que de 6000 hommes de Cavalerie & d'Infantérie; mais
il campoit ſous le canon de Commore. J'avois trois Régimens devant
moi pour l'obſerver ſous Botian, à
qui les habitans de la Ville de Commore étoient fort dévoués: il tenoit
une Garde ſur le Danube vis à vis de
la Fortereſſe. Le Général Berſény me
propoſa, & j'y conſentis, qu'il marchât avec ſa Cavalerie pour joindre
Karoly. En paſſant il vint au Siège.
Je réſolus de le ſuivre, ſi Rabutin
paſſoit le Tibisque à Tokay. Je pref-
ſai donc les Mineurs; mais je n'avois
plus de poudre, que ce qu'il en falloit pour charger la Mine. Les lu-
mières des pièces étoient fort uſées;
je fis venir des Obits, & malgré la
diſtance, je remarquai que les bombes tirées de ces pièces faiſoient grand
effet dans les terres. Enfin on commença à charger la Mine. Il y avoit
déja une aſſez grande quantité de poudre : j'ordonnai de ſommer le Commandant, qui ne répondit pas, & la
nuit il fit une Sortie, s'empara de la
Mine, où mes Mineurs furent tués;

il

1706. il enleva une partie de mes poudres, & logea du monde dans la caverne. Cet accident étoit bien fâcheux ; mais ne voulant pas en démordre, je commandai l'élite de mes Troupes pour déloger l'ennemi. Cette entreprise é- toit affez difficile ; car il n'y avoit qu'un fentier fort étroit qui y condui- foit ; il falloit côtoyer la montagne à une demi-portée de fufil du Châ- teau. Mais la bonne contenance & la fierté avec laquelle mes Troupes marchoient, étourdit les Allemands; & à leur approche, ils abandonnérent leur pofte, & grimpérent comme ils purent la montagne. Il arriva fur ces entrefaites un Déferteur, qui rapporta que plufieurs Officiers aiant propofé au Commandant de capituler, puis- que Staremberg qui avoit déja fou- vent répondu aux fignaux par des coups de canon tirés à Commore, n'étoit pas en état de le fecourir, il leur ré- pondit qu'il avoit été fommé à une heure indue, que lorfqu'on lui parle- roit comme il faut, il favoit ce qu'il devoit répondre. Il eft vrai qu'on ne peut pas compter beaucoup fur le rapport d'un Déferteur ; mais pour
véri-

vérifier en quelque forte ce qu'il avan- 1706;
çoit, je fis faire une perquifition fur
cette fommation faite à une heure indue. En effet, j'appris que l'ordre
que j'avois donné étoit arrivé tard à
l'autre côté du Danube, & que l'Officier qui commandoit dans la Ville
ne fit battre la chamade qu'après le
foleil couché. J'étois prêt à lever le
Siège; car Staremberg commençoit à
faire travailler à un pont de mon côté, & outre les trois Régimens qui
l'obfervoient, je n'en avois que deux
de Cavalerie à mon Camp, le refte
étoit de l'autre côté. De plus, j'étois
embarraffé de mon artillerie; car fi
l'ennemi eût paffé, il eût coupé ma
communication avec Neiheifel. J'ordonnai donc de masquer la Mine, de
pofer le fauciffon, & de retirer le canon la nuit. Le lendemain de bon matin, je fis fommer le Commandant,
avec offre qu'il envoyât un Officier
pour voir que la Mine dont il connoiffoit la conftruction étoit prête à
jouer. Il fut intimidé, il donna des
Otages, & la Capitulation fut bientôt dreffée. Il fortit par la brèche;
on lui fournit des bateaux, & deux

Tome V.　　O　　jours

1706. jours après je fis chanter le *Te-Deum* dans la Chapelle que le Roi St. Etienne a fait bâtir. Les trois Forts firent leurs décharges en même tems.

Aiant fait defcendre mon pont, je preffai tout, parce que Rabutin avoit paffé le Tibisque à Tokay, & j'avois eu avis que Staremberg faifoit faire des préparatifs de Siège à Commore. Je mis dans Gran deux Bataillons de mes *Palotas*, fur lefquels je comptois le plus, & le Régiment de Bonafoux, que je fis Commandant. On y mit des vivres autant qu'on put en amaffer: pour de la poudre, il y en avoit encore dans le Château. Mais je comptois fur un projet bien plus folide, pour fauver ce Château pendant mon abfence. Rivière, Ingénieur & Lieutenant-Colonel dans le Corps d'Artillerie, avoit été prifonnier de guerre dans le Château de Presbourg, où il n'y avoit qu'une très méchante Garnifon, outre les 100 Heiduques qui font les Gardes ordinaires de la Couronne, qu'on y conferve ordinairement; mais alors elle n'y étoit pas, aiant été transférée à Vienne dès le commencement de la guerre. Cet

Offi-

Officier fut échangé, fuivant le Car-
tel qui avoit été fait deux ans auparavant par l'intervention des Médiateurs.
Il me rapporta avoir obfervé un gui-
chet qui donne fur le Danube, très
mal gardé, & prefque entièrement
négligé; que rien n'étoit plus facile
que de faire filer des Troupes entre
la Ville & la rivière, pour tenter cette furprife: que quand même elle ne
réufliroit pas, qu'il n'y auroit aucune
difficulté de bruler les magazins, dont
l'Armée de Staremberg tiroit fa fubfiftance; qu'ils étoient fans défenfe le
long du Danube. Je goûtai fort ce
projet, que Rivière s'étoit offert lui-
même de conduire. Je deftinai le
Général Forgatz, avec toutes les Troupes étrangères, pour l'exécuter, lui
aiant donné un ordre par écrit circonftancié, précis, & figné de ma
main. Il devoit d'abord marcher comme vers la Moravie, fe pofter à Pé-
fig Ville à portée de Presbourg, &
fe replier de là pour tenter fon entreprife. Je laiflai Efterhazy campé vis
à vis Gran avec deux Régimens de
Cavalerie, pour continuer à ravitailler la Fortereffe, & à preffer la répa-
ration

ration des brèches. Le Brigadier Bézérédi eut ordre de quitter les: environs d'Edembourg, de se rendre à
portée d'inquiéter l'Armée de Staremberg, & de lui couper-les vivres s'il
mettoit le Siège devant Gran. Tout
cela ainsi disposé, je partis avec mon
Régiment de carabiniers pour joindre Bersény, qui campoit à deux
marches de Caffovie, devant laquelle
Rabutin étoit arrivé pour l'assiéger.
J'étois à deux journées de Gran, lorsqu'Esterhazy m'avisa que Staremberg
s'étant présenté devant mes Forts de
Karva, où le Brigadier Chaffant commandoit, les Allemands déserteurs lui
rendirent d'abord une Redoute; qu'il
marcha au grand Fort, dont il s'empara sans résistance, & passa au fil de
l'épée la Garnison de 1300 hommes.
Quelques-uns qui se sauvérent à la nage, rapportérent que Chaffant voyant
l'infidélité des Allemands, se perdit
entièrement, qu'il se retira avec ses
Troupes à l'Hermitage situé sur le
bord du précipice; & que les Allemands avant d'y entrer, en firent affez longtems le tour, sans savoir comment s'y prendre, sans que personne
eût

eût tiré sur eux. Sur cette nouvelle,
aiant laiffé mon équipage fur les lieux,
j'y accourus avec peu de monde à la
hâte; pour raffürer mon Général, dont
je connoiffois la portée.

Staremberg marchoit pour former
le Siège, lorfque j'arrivai. Je vis fa
marche, & fon campement; & il ne
me parut pas avoir plus de 3000 hommes d'Infanterie, & 2000 de Cavalerie. Je voulois faire paffer le pont la
nuit au Régiment de Botian, & à un
autre, qui étant de ce même pays,
connoiffoit le terrein, pour faire une
fortie de la Ville; mais les Officiers
me paroiffoient ft étourdis, & me re-
préfentoient tant d'obftacles & de difficultés, que je vis bien qu'il ne ferviroit de rien d'y employer mon autorité. J'écrivis au Commandant fur
ce qu'il devoit faire, en lui marquant
des fignaux, dont j'avois également
inftruit le Général Efterhazy; & ne
pouvant rien faire de plus, je repar-
tis avec diligence. Staremberg établit
fon attaque vis à vis la mienne, fur
la montagne de St. Thomas, auffi
haute que celle du Château. Il avoit
plus de facilité de tirer en brèche;

mais

1706. mais plus de difficulté que je n'en a-
vois de monter à l'afláut, à cauſe de
la paliſſade & du foſſé dont la mi-côte de la montagne étoit entourée. La
Garniſon fit d'abord deux ſorties, a-
vec un ſuccès qui l'encouragea; mais
malgré ce beau commencement, la
Garniſon ſe rendit après huit ou dix
jours de tranchée ouverte: à cauſe que
Bonafoux commença à tenir de fréquens Conſeils avec les Officiers, la
méfiance s'étoit miſe entre les Hongrois & les Allemands. Enfin le Conſeil décida qu'il falloit capituler. Bézérédi ſur mes ordres ne bougea pas
d'Edembourg; ſoit, comme j'ai ſu
longtems après, qu'il ne voulût pas
quitter la femme de ſon frère, qui é-
toit ſa maitreſſe; ſoit qu'il eût été
dès-lors corrompu par Palfi; parce
que depuis la Négociation rompue,
il n'étoit pas le même. Sa trahiſon
n'éclata que deux ans après, comme
je le rapporterai dans ſon lieu. Je fis
arrêter Bonafoux, & s'il eût été Hongrois, je lui euſſe fait trancher la tête; car il avoit manqué de fermeté
contre des Officiers ignorans, qui
n'aiant jamais vu de Siège, auroient
pu

pu être ramenés, foit par autorité, 1706.
foit par la voie d'inftruction.

Avant que d'arriver au Camp du
Général Berfény, je fus que Rabutin
avoit formé le Siège de Caffovie, qu'il
avoit ouvert la tranchée, & établi fes
batteries de canon & de mortiers fur
le rideau qui commandoit cette Ville.
Je crus, je l'avoue, qu'elle feroit perdue avant mon arrivée; car les Officiers Allemands, qui m'avoient rendu
cette Place, étoient à fon Armée; ils
devoient favoir fon foible; & quoique
Rabutin n'eût que deux pièces de vingt-
quatre & vingt de campagne, elles
fuffifoient pour battre un méchant
mur non terraffé avec lequel on avoit
rapiécété une courtine pour la joindre à un baftion de terre, fur lequel
il tiroit. Le mur dont je parle n'a-
voit que trois pieds d'épaiffeur, & plus
de cinquante de longueur. Mais heureufement, l'habile Général de la Cavalerie aima mieux labourer la terre,
qu'abbattre le mur; & fans ruïner le
parapet, il fit donner l'affaut, qu'il
perdit. En arrivant à mon Armée,
campée à Torna à cinq lieues de la
Place affiégée, je me fis rendre comp-

O 4   te

te par Berfény & par Karoly, comme ils s'y prenoient pour agir contre l'ennemi. Ils me dirent qu'ils avoient jour & nuit de petits Partis proche de fon Camp; mais que lorfqu'on apprenoit que l'ennemi fourrageoit, les fourrageurs rentroient avant que les Troupes pûflent y arriver. Je trouvai par les manœuvres du Général ennemi, qu'il n'étoit pas plus habile que les miens. Le prémier avoit formé le Siège fans penfer à couper la communication avec la Place, fituée dans un vallon large, fermé d'un côté de rideaux hauts & contigus, & de l'autre de collines aflèz grandes, de vignobles couronnés d'une chaine de hautes montagnes qui communiquent au Besqued, & finiffent par la fameufe montagne de Tokay, en forme d'un cap avancé dans la plaine. La rivière d'Hernad fortant du mont Quiral, c'eft à dire mont-Roi, coupe ce vallon, & s'éloigne de Caflovie; mais moyennant une digue, on en a détourné un bras pour faire tourner un grand moulin, qui joint quafi un des baftions de la Ville, dont prefque la moitié étoit entourée de bons baftions de briques,

ques, & de courtines revêtues, fans
aucun foſſé ni paliſſade. Il y en avoit
un de terre fraiſé, & aſſez mal gazon-
né, que Rabutin avoit attaqué: par-
delà ce n'étoient que de ſimples murs,
& d'anciennes Tours, qui achevoient
l'enceinte, au pied desquels coule le
bras détourné du Hernad, arroſant
de très belles prairies, juſqu'à la rivière éloignée d'une lieue de la Ville.
Je demandai à mes Généraux pourquoi ils n'avoient pas fait camper un
bon Corps de Cavalerie ſur ces prairies; & dans le tems que je diſpoſois
Karoly pour y aller, on m'apporta la
nouvelle que Rabutin s'étoit mis en
marche par le chemin d'où il étoit venu. J'avois eu tout lieu d'appréhen-
der cette Armée, qui avoit pénétré
dans le cœur du pays; & quand même elle n'eût pas pris Caſſovie, ſi elle eût marché du côté de Sepuze pour
prendre des quartiers d'Hiver, en s'a-
doſſant du côté des frontières de Siléfie, elle m'eût beaucoup embaraſſé.
Mais peu de tems avant mon arrivée
à l'Armée, mes Partis interceptérent
du côté de Peſt une lettre de l'Empereur écrite à Rabutin, que je déchif-
frai

1706. frai moi-même, par laquelle il parut
que ce Prince lui ordonnoit pour la
feconde fois de hâter fa marche, pour
fe joindre au Général Staremberg, &
fecourir Gran. Ainfi par fon retour
de Caffovie, je conclus que Rabutin
évitoit cette jonction pour retenir le
Commandement. Son retour me fit
beaucoup de plaifir. La maladie étoit
dans fon Camp. Le Siège couta auffi
beaucoup à fa Cavalerie, puisqu'elle
étoit obligée de fourrager à quatre à
cinq lieues de fon Camp; par où l'on
voit combien il étoit aifé de la ruïner
entièrement, fi mes Généraux fe fuffent avifé de faire camper une partie
de l'Armée fous les murs de Caffovie
entre deux eaux, & la Ville entre eux
& l'ennemi, par où ils euffent encouragé la Garnifon, & euffent été à portée de couper les fourrages. Je devois
la confervation de cette Place au Brigadier Radics, qui en étoit Gouverneur. C'étoit un vieillard ferme &
réfolu, qui avoit commandé autrefois
à Munkacs fous la Princeffe ma mère
d'heureufe mémoire. Je fus dans la
Ville pour le remercier, & pour marquer mon contentement à la Garni-
nifon

mison & aux habitans, qui s'étoient 1706.
tous bien comportés; mais je fis auſſi
connoitre à l'Officier commandant
l'Artillerie, la faute groſſière qu'il a-
voit faite, de n'avoir pas mis en poudre dès le prémier jour les miſérables
batteries de Rabutin, en aſſemblant
ſur le front de l'attaque 30 ou 40
pièces de batterie, qu'il avoit diſpoſé
autour de la Ville. Tout ceci ſe paſſoit au mois d'Octobre, & je lui laiſſai vendanger les vignes de Tokay,
puiſque le vin nouveau, le raiſin
doux, les nuits froides, & les eaux
du Tibisque, faiſoient mieux la guerre à ſon Armée que mes Pattis n'euſſent fait. Après un long ſéjour à
Tokay, il paſſà cette rivière, & ſe
logea dans les maiſons abandonnées
de Debreczin, où il eût été aiſé à
bruler, ſi Karoly n'eût pas voulu é-
pargner cette Ville, dont les habitans
lui étoient fort attachés. Lorſque j'y
penſois le moins, Rabutin prit ſon
parti de faire des marches précipitées
pour paſſer le Tibisque à Szolnok,
& ſe rendre à Peſt avec 4 à 5000
hommes qui lui reſtoient de toute
l'Armée qu'Herbeville conduiſit en

O 6   Trans-

1706. Transfilvanie. J'étois à Leurinfi près d'Hatvan, lorfqu'on m'apporta la nouvelle de fon paffage : mais pour dire tout naïvement, j'étois trop rebuté, & je ne fis que des Détachemens pour les couper, lefquels à leur ordinaire ne firent rien. J'étois, dis-je, rebuté, parce que mes deffeins alloient en fumée, tant les malheureux préjugés fur les mauvais principes de la guerre avoient de force fur les efprits.

· Forgatz, loin d'exécuter les ordres que je lui avois donné en le détachant de Gran; en arrivant à Pefingue, reçut les Députés de la Ville de Presbourg, qui traitérent avec lui pour la liberté de faire leur vendange. Il rançonna aufli la Ville où il étoit, celles de Moderne, & de St. George. Il marcha enfuite en Autriche, pour prendre une petite Ville murée, dans laquelle il défit le Régiment de Bareith Dragons. Il m'envoya quelques étendarts; mais Gran étoit perdu, & il l'auroit fauvé, s'il eût au moins brulé les magazins d'où Staremberg tiroit fa fubfiftance. Je reçus les étendarts, & récompenfai l'Officier qu'il m'avoit envoyé. Je lui mandai de me venir trouver

trouver à Rozenau, Ville dans la Comté de Gueumeur, où j'avois réfolu
d'affembler un Confeil de Sénat a-
vant la fin de l'année.

Après avoir féparé mon Armée,
dont Berfény conduifit une partie vers
la Vaag., Forgatz me joignit dans un
Village, où je le fis arrêter par le Colonel de mes carabiniers, & conduire
dans une de mes chaifes dans le Château de Krasnahorka, à une lieue de
Rozenau, où, par le confentement
des deux Généraux Andrachi frères,
qui en étoient Seigneurs, je tins une
Compagnie de Troupes de ma Maifon pour le garder étroitement. Sa
prifon fut attribuée au Comte Berfény; mais il ne fut mon deflein qu'a-
près fon exécution, lui en aiant donné part par une lettre. Si je me fuffe
conduit à l'égard de Forgatz par reffentiment, il auroit mérité plufieurs
fois ce traitement; mais il eût été trop
dangéreux de n'agir qu'à demi avec un
tel génie, en faifant de pareilles démarches pour des caufes légères. Il
eft certain qu'en lui donnant l'ordre
par écrit; je m'étois dès-lors propofé
de faire un exemple en lui, s'il me

O 7   l'exé-

1706. l'exécutoit pas. Aussi-tôt que le Sénat fut assemblé, je lui communiquai les raisons de sa détention : je déclarai que mon intention n'étoit pas de procéder contre lui, parce que le Conseil de guerre pourroit le condamner, & sa sentence pourroit flétrir sa famille : qu'il étoit vrai qu'en différant son procès, le Public pourroit me blâmer ; qu'il y en auroit qui diroient que je l'aurois fait arrêter par pique, ou par complaisance pour le Comte Berseny , & enfin pour cent autres raisons : mais je pris le parti de plutôt mépriser ces discours impertinens, que de le faire condamner. Le Sénat étant entré dans mes raisons , je fis conduire Forgatz dans le Château de Sepuse, où le Comte Chaqui, à qui ce Château appartenoit, voulut bien que je tinsse Garnison. Forgatz, pendant sa détention, caballoit secrettement avec Lubominsky , qui possédoit en fief les treize Villes de la Comté de Sepuse, engagées par l'Empereur Sigismond à la République de Pologne pour une somme assez médiocre. Elles sont situées au voisinage du Château de ce même nom. Ce
Sei-

Seigneur, frère de la Caſtelane de 1706.
Cracovie qui m'avoit ſi généreuſement
protégé en Pologne, avoit des intrigues contre moi avec la Cour de Vienne: il promit à Forgatz de le proté-
ger. Celui-ci trouva le moyen de s'é-
vader en ſe laiſſant gliſſer par une corde, qui ſe rompit ; il ſe démit une
cuiſſe, dont il a été boiteux le reſte
de ſa vie. Les Gardes s'étant apper-
çues de ſon évaſion, le cherchérent
au pied des murs, où il fut pris, &
ramené. Je le fis pour plus de ſureté
conduire peu de tems après à mon
Château de Munkacs, où il demeura
dans une honnête détention juſqu'à
la fin de la guerre.

Le principal ſujet de la convocation
du Sénat étoit la réponſe du Roi de
France ſur le projet du Traité, qui a-
voit été remis à Agria au Marquis Deſ-
alleurs. Le Roi lui avoit donné ordre de me reconnoître pour Prince de
Transſilvanie, & de me déclarer qu'il
ne trouvoit aucune difficulté de traiter
avec moi en cette qualité, ſelon l'in-
ſtruction qu'il lui avoit donnée : mais
que ce n'étoit pas de même quant aux
Etats Confédérés, leſquels n'aiant pas

par la Confédération renoncé à la domination de la Maison d'Autriche, paroſſoient encore reconnoître un Maître; & qu'il ſeroit contraire à la dignité du Roi de traiter avec les Sujets d'un autre Prince. Toute la Nation avoit en la Négociation de Tirnau manifeſtement reconnu, que nous ne pouvions pas, compter ſur une Paix convenable à nos Loix & à nos Libertés; & que les Médiateurs, quoiqu'ils euſſent reconnu la juſtice de notre cauſe, ne ſe brouilleroient pas ſérieuſement avec l'Empereur en notre faveur, pendant la ſupériorité d'armes acquiſe ſur la France par tant d'avantages remportés. Ainſi il n'y eut perſonne dans le Sénat qui ne fût de ſentiment de faire cette renonciation, pour avoir l'avantage de conclure avec le Roi un Traité, qui lui auroit donné occaſion de nous maintenir comme ſes Alliés, lorſqu'il s'agiroit de la Paix générale. Cependant je leur repréſentai, ſi je ne me trompe, que nous devions auſſi prévoir le tort que nous pourrions faire à la Nation par cette renonciation. Car ſi par malheur l'Empereur ſoumettoit la Nation

par

par le droit des armes, il pourroit 1706,
prétendre fur nous droit de Conquê-
te, & abolir toutes nos Loix, comme
Ferdinand I. fit en Bohême, après la
bataille de Prague. : Cette difficulté,
que je puis avoir objectée pour mieux
connoitre le fentiment de quelqu'un,
ne fit impreſſion fur perſonne : il é-
toit en effet aiſé de connoitre, que fi
ce malheur nous arrivoit de quelque
manière que ce pût être, nous ne
profiterions en rien de ce ménagement ; au-lieu que nous perdrions
beaucoup, fi nous négligions de traiter avec le Roi de France. Cette réfolution fut caufe de la convocation
des Etats à Onod pour le Printems
prochain ; car il falloit leur confentement pour cette grande affaire. J'o-
bligeai fur cet article le Sénat au fecret, qui fut très bien gardé.

. Le Général Berfény produifit dans
ce Confeil un excellent projet, d'un
détail fort recherché. Car la monnoie
de cuivre étant devenue prefque de
nulle valeur, les affaires de la guerre
commencérent beaucoup à languir.
Les Officiers & les Troupes fur le pied
étranger , fouffroient quant à leur
mon-

1706. monture; il falloit les tirer de Turquie, de Pologne, ou de Siléfie; les marchands ne vouloient plus livrer pour cette monnoie, & nous n'en avions pas d'autre : car, qu'on dife ce qu'on voudra, j'ai examiné fouvent, & je favois que le revenu des Mines n'en égaloit pas la dépenfe. Berfény fit un dénombrement de tout ce qu'on trouvoit dans le pays, qui pourroit fervir à l'habillement des Troupes; des ouvriers qu'on pouvoit y employer; ce que chaque Comté pouvoit fournir de fon cru, en déduction de fon contingent; & qu'ainfi tous ceux qui pouvoient payer en beftiaux, nous pourroient refter pour échanger fur les frontières de Siléfie & de Moravie contre les denrées qui nous étoient néceffaires. La Cour de Vienne permit ce commerce. Le Baron Helembach Adminiftrateur des Mines, homme très entendu, d'un grand détail & crédit en Siléfie, fut propofé pour ce commerce : mais ces fortes d'arrangemens ne réuffiffent guères dans des pays libres, dès qu'il s'agit de contribuer. Nous fimes cependant la répartition de deux millions de florins

fur

fur la Haute Hongrie, & le contingent de chaque Comté fut évalué en
denrées, dont ſes habitans abondoient.
On établit des Commiſſaires par Diſ-
tricts de Généralat, qui devoient les
recevoir des Officiers des Comtés, les
faire mettre en œuvre, & délivrer la
monture aux Troupes. Cet établiſſe-
ment donna par la ſuite occaſion parmi les Troupes à un grand changement, auquel nous avions viſé depuis
l'érection des Généralats. J'ai rapporté quelle étoit la prémière ardeur du
peuple pour lever les armes; j'ai auſſi
marqué combien les Troupes étoient
ſujettes à ſe débander, & combien é-
toit grande la difficulté de les ramaſ-
ſer: car chaque Régiment étoit compoſé d'habitans de pluſieurs Comtés,
éloignées les unes des autres, ce qui
cauſoit un grand retardement, & fourniſſoit occaſion aux Officiers de s'ab-
ſenter. Les cinq Généralités dont j'ai
parlé, étoient fondées ſur les Loix du
pays, à ſavoir dans la Baſſe Hongrie,
celle de Javarin, ou Raab, celle de
Caniſa, que je compris ſous une, &
la conférai au Comte Antoine Eſterhazy; j'annexai celle de Neiheiſel à
la

1706. la charge du Grand-Général Comté Berſény ; je donnai au Comte For-gatz celle de Caſſovie, qui compre-noit les treize Comtés de la Haute Hongrie; celle de Szolnok, au Com-te Barquoſi, Soldat plein de valeur, qui avoit fait la guerre ſous mon a-ïeul, mais qui ne ſavoit pas comman-der; j'avois conféré au Comte Ka-roly le Généralat de Szakmar, qui comprenoit le pays au-delà du Tibis-que. Tous ces Généraux avoient ſous eux un Lieutenant-Général, un Com-miſſaire appellé Provincial, qui avoit le ſoin de faire amaſſer les vivres, & avoit ſous lui un Payeur, & un Com-miſſaire pour l'habillement des Trou-pes. Chaque Général avoit encore un Auditeur, Juge ou Prévôt, pour expédier les affaires des Soldats ou Of-ficiers arrêtés ou priſonniers. Cet é-tabliſſement exigeoit donc ce grand changement dans les Corps, puisqu'il falloit faire paſſer les Officiers & les Soldats d'un Régiment à l'autre, pour qu'ils fuſſent d'une même Comté. Tout cela fut décidé dans le Conſeil du Sénat. Les Généralats étoient éta-blis depuis Miskols, mais le reſte ne fut

fut exécuté qu'après l'Aſſemblée des
Etats à Onod.

Je reçus à peu près dans ce tems
l'agréable nouvelle, que les deux Brigadiers Bézérédi & Kisfaludy aiant attaqué un Corps de Milice d'Allemands,
de Raſciens, de Croates, & de Dal-
mates, commandé par le Général
Heiſter frère du Maréchal, l'avoient
défait. Ils m'envoyérent pluſieurs drapeaux & étendarts, avec le ſusdit Général fait priſonnier par un jeune Gentilhomme nommé Zibrik, qui faiſoit
ſa prémière Campagne en qualité de
Volontaire. Après avoir fini les affaires qui concernoient les Etats Confédérés, je fis part au Sénat du deſſein
que j'avois de prendre au Printems
prochain poſſeſſion de ma Principauté de Transſilvanie. Je reçus une lettre des Miniſtres Médiateurs, accompagnée d'une autre de la Princeſſe,
écrite de Carlsbad, par leſquelles j'appris ſa détention. Je détachai auſſi-
tôt un Gentilhomme qui obtint des
paſſeports pour aller à Vienne, prendre des meſures avec les Médiateurs,
pour lui faire tenir une ſomme d'argent, dont il étoit porteur ; mais à
ſon

1706. fon arrivée à Vienne, il apprit que la Princeſſe s'étoit évadée en Saxe, où le Roi de Suède ſe trouvoit alors, comme je dirai plus amplement ailleurs. Berſény retourna ſur la Vaag, où il eut encore quelques Conférences avec Mylord Sunderland, que la Reine d'Angleterre avoit nommé tout exprès pour prendre des informations ſur la rupture de la négociation. L'ennemi étoit dans l'Ile de Schut, ſous le commandement de Guy Staremberg. Mes Troupes firent quelques courſes en Autriche & en Moravie; mais l'ardeur du ſoldat étoit beaucoup ralentie, parce que les Payſans de ces Provinces s'étant retirés dans des lieux que les Partis n'oſoient inſulter, il n'avoit plus de butin à faire. De Rozenau je me rendis à Munkacz, pour faire les préparatifs de mon entrée en Tranſilvanie. Je paſſai à Caſſovie pour les fêtes de Noël, voulant arrêter le plan de fortifications auxquelles l'Ingénieur Le Maire avoit eu ordre de travailler. L'année ſuivante, la Ville fut entourée d'un large foſſé, avec un chemin-couvert, & un avant-foſſé, tous deux remplis d'eau.

En

En arrivant à Munkacz, le Gentilhomme que j'avois dépêché pour porter du secours à la Princesse, fut de
retour; & peu de tems après, arriva
mon Médecin, qui avoit accompagné
la Princesse à Carlsbad. Il me fit un
détail circonstancié de ce qui s'étoit
passé avec elle depuis son départ de
Neiheisel. Elle fut escortée par une
Compagnie de Cavalerie passant par
la Moravie, car le peuple paroissoit
beaucoup ému contre elle. Elle n'é-
toit pas encore arrivée à Prague, lorsqu'elle apprit la rupture de la Trève.
À son arrivée en cette Ville, on commença à lui faire des questions, sur
ce que contenoient les tonnelets qu'elle menoit avec elle. N'étant pas satisfait de sa réponse, on les visita, les
croyant remplis de ducats; mais on
me trouva que du vin de Tokay, comme elle avoit déclaré. On avoit commencé dès-là à répandre le bruit qu'elle portoit avec elle de grosses som-
mes, pour ménager le soulévement
du peuple de Bohême. Elle arriva
parmi des traitemens desagréables à
Carlsbad, où elle commença enfin à
prendre les Eaux; & avant de les avoir
ache-

1706. achevé, on lui dénonça arrêt de la part de l'Empereur. Une Garde bourgeoise saisit ses portes. Elle écrivit aux Médiateurs, & au Comte Wratiflaw qui étoit fort de ses amis. Pendant qu'on différoit à lui répondre, un Lieutenant de la Garnison d'Egre vint avec un Détachement pour relever la Garde bourgeoise, & la Princesse fut gardée à vue, malgré la maladie qui ne lui permettoit pas de quiter son lit. On fit de nouveau des visites chez elle, entêté qu'on étoit de ses grandes richesses dont j'ai parlé. Après avoir bien essuyé des avanies de la part du Magistrat de la Ville, voyant qu'elle n'avoit lieu d'espérer aucun changement quant à son traitement, elle trouva le moyen d'engager le Lieutenant appellé Radziecousky, de consentir à son évasion. Cet Officier se chargea des chevaux de monture, & la Princesse convalescente commença à se promener hors la Ville, accompagnée d'une partie de ses Gardes, & du Lieutenant. Un jour cet Officier étant sorti seul avec elle, la Princesse monta à cheval avec deux de ses domestiques, & sans mettre

pied

pied à terre elle fut fur les frontières **1706.**
de Saxe, où elle croyoit être favorablement reçue par le Roi de Suède,
qui s'excufa de la voir. Mais quelques
Généraux Suédois fe rendirent fouvent chez elle, & lui confeillérent de
paffer en Pruffe, d'où elle vint en
Pologne, où elle demeura jufqu'à la
fin de la guerre. Je lui avois prédit
ce traitement, qui ne fut certainement pas digne de la Cour de Vienne.

La Grande-Générale de Pologne é- **1707.**
toit venue de fa Terre de Skola, frontière de mon Duché de Munkacz,
pour m'y voir. Après fon départ,
j'entrepris mon voyage de Transfilvanie au mois de Mars. Les Allemands
étoient de nouveau renfermés dans
leurs trois Places, dont j'ai déja parlé.
Je n'avois avec moi que les Troupes
de ma Maifon. Les Députés des Etas
Gonfédérés de Hongrie, nommés à
Seczin pour inviter les Etats de Transfilvanie de fe confédérer avec eux, ne
pouvant pas exécuter leur Commiffion alors à caufe de la malheureufe
journée de Gibou, étoient avec moi.
J'entrai par Karica. Les Etats de Trans-

1707. filvanie étoient convoqués à Vachar-
heil fur la Maroch, au milieu du
pays. Je pourfuivis ma marche, &
j'arrivai dix jours avant le terme de
l'ouverture. Je fis quelque féjour à u-
ne lieue de cette Ville, pour convenir préalablement des conditions de
la Capitulation, que les Princes doivent jurer à l'occafion de leur Intronifation. J'avois à faire à Pekry, en
qui perfonne n'avoit confiance; mais
comme il étoit double, & puiffant en
paroles, il caufoit bien des brouille-
ries. Le Comte Mikoch, bon Catholique & accrédité parmi les Sicles,
dont il étoit Capitaine, étoit d'un
génie facile & crédule: Pekry le tournoit où il vouloit. Les deux vieux
Barchai frères, vieillis fous le gouvernement mou d'Apaffy, ne comptoient
que de vieilles hiftoires du tems paffé, fans y comprendre le préfent, auffi-
bien que Toroskny. C'étoient les
principaux que la Nobleffe écoutoit,
& fe rempliffoit de leurs préjugés. Je
n'envifageois dans cette Principauté
aucun plaifir, mais bien des peines;
car mes Ancêtres aiant autrefois été
foupçonnés d'avoir voulu rendre la
Prin-

Principauté héréditaire dans leur Maison, les Transsilvains vouloient prendre des précautions par les conditions
qu'ils devoient me préfenter. J'étois
réfolu de retourner plutôt fans entrer
dans la Ville, que d'accepter la Capitulation d'Apaffy, dont plufieurs
points étoient contraires à la dignité
d'un Prince. Enfin ils convinrent de
me propofer les Capitulations de mes
ancêtres, & tout fut applani en peu
de jours, hors que je ne pus jamais faire confentir les Etats à l'introduction
de l'Evêque Catholique. Il y en avoit
un de chaque Religion reçue; les Loix
prefcrivent une parfaite égalité entre
elles, en ce qui concerne leur exercice, par une Loi qu'on appelle d'u-
nion, qui porte des peines affez griè-
ves contre les prévaricateurs. On me
propofa des raifons contre cette introduction, que j'ai combattu jufqu'à réduire au filence Pékry, que j'avois
employé tout exprès dans cette affaire. Mais enfin il fallut abfolument fe
défifter de cet article. Enforte qu'il
ne reftoit plus que de régler le Cé-
rémonial de mon entrée, & de ma
réception. Les plus âgés ne favoient

.. P 2 rien

1707.

rien de leurs anciens ufages, dont peut-être depuis le règne des Bathoris, il n'y en avoit eu aucun de réglé. Je cite cette époque, parce que depuis ce tems les Seigneurs avoient ceffé de voyager; car la Maifon d'Autriche devenant de plus en plus puiffante en Hongrie, & aiant fait éclater en tant d'occafions fon deffein fur la Transfilvanie, ces Princes s'étoient vus contraints de ménager les Turcs. Boskay, Sigismond mon trifaieul, Gabriel Bathory qui ne règna que très peu de tems, Gabriel Betlehem, & les deux Georges mes aieux, gardoient quelques mefures dans ces ménagemens; mais après leur décès, les factions de Barcfay, de Jean Kémény, & de Rédéy, qui prétendoient tous en même tems à la Principauté, aiant partagé les Etats, Apaffy fe foumit à la Porte, avec plus de baffeffe que les Turcs n'euffent peut-être exigé, fi on ne leur eût pas déféré de bon gré. Il fe peut auffi que les cérémonies obfervées à l'occafion de l'Intronifation des Princes euffent été abolies, lorfque la Religion Proteftante devint dominante. Mais comme on ne me fut rien rendre là-deffus,

fus, je tâchai de me conformer aux coutumes observées en Hongrie au Couronnement des Rois.

On dreffa donc un Théatre élevé de plufieurs marches, en pleine campagne, devant la Ville, fur lequel mon prémier Aumônier mit un Autel avec un Crucifix. Les Etats à cheval vinrent au-devant de moi : ils vouloient mettre pied à terre, mais je leur fis repréfenter que cela ne convenoit pas avant mon Intronifation, à moins que je ne fiffe de même. Voilà pourquoi en Hongrie on dreffe des Tentes, dans les lieux où l'on doit recevoir le Roi élu, où il met pied à terre, & on le harangue dans la Tente. Je leur fis connoître que c'eft une des prérogatives des Etats, qui ne connoiffent la qualité de Maitre dans leurs Princes, qu'après qu'il a juré l'obfervance des Loix & des Conditions que les Etats lui propofent. J'eus plufieurs occafions pareilles de leur deffiller les yeux. Ils me donnérent le furnom de *Père de la Patrie :* je puis dire qu'il convenoit aux fentimens intérieurs que j'avois pour eux. Etant arrivés au Théatre, & aiant mis

pied

1707. pied à terre, les Seigneurs me condui-
firent ; les Evêques & le Clergé de
toutes les Religions étoient rangés,
excepté l'Evêque Catholique, qui é-
toit repréfenté par mon prémier Aumônier en furplis. Un Protonotaire,
Charge prefque équivalente à celle de
Prémier Préfident, me fit une harangue d'une heure. Il détailla, que c'é-
toit Dieu qui donnoit les bons & méchans Princes, pour bénir ou pour
châtier les peuples qu'il leur foumettoit : il pourfuivit en dépeignant le
caractère des uns & des autres; & il
conclut en ma faveur. Je commençai ma réponfe en demandant à Dieu
la fageffe, par les paroles de Salo-
mon : je finis par l'affurance de l'affection paternelle, que j'aurois pour
le peuple que Dieu me foumettoit en
ce jour par la voie des Etats. Enfuite
de quoi, approchant de l'Autel, l'Aumônier me préfenta l'Evangile avec
la formule prefcrite dans le Corps des
Loix; je la récitai à haute voix. On
cria le *Vive!* Les Troupes de ma Maifon, rangées en bataille à une bonne
portée de canon de là, firent leur décharge. On fe mit en marche ; je
descen-

descendis dans la petite Chapelle des 1707:
Catholiques dans la Ville, où le Curé entonna le *Te-Deum*. Le lendemain toutes les Troupes de ma Maison marchèrent au blocus d'Hermenstat; pour qu'on ne pût pas dire que j'euffe violenté la Diète qui devoit se tenir. A son ouverture, je nommai les Conseillers qui représentent les Etats lorsqu'ils ne sont pas assemblés, & aux avis desquels le Prince s'oblige de déférer quant aux affaires de la Principauté. Je n'en avois pas rempli le nombre de douze, pour ne pas exclure entièrement quelques Seigneurs enfermés avec les Allemands dans Hermenstat. Je nommai pareillement le *Perfonalis* qui étoit un des susdits Conseillers du Prince, Président dans la Chambre des Etats à une longue table entourée de ses Conseillers, que j'avois aussi nommé; on les appelle *Enfans de la Table*. Ils recueillent les voix des Députés, ils ajoutent les leurs, & le Président fait coucher par écrit les décisions par les deux Protonotaires. Il nomme ensuite des Députés pour les représenter au Prince, qui les reçoit en Conseil: il délibère,

P 4   &

1707. & son approbation donne vigueur aux
Loix, que le Prince fait publier sous
son nom, en forme de ratification.
Au commencement de la Diète, le
Prince envoie par des Conseillers députés ses propositions aux Etats, ils
les délivrent au *Personalis :* par la suite, les Etats envoyent leurs cahiers par
la main du *Personalis* au Prince.

Je n'avois aucune vue particulière
dans cette Assemblée; je ne proposai que
des arrangemens qui avoient rapport
à la guerre, pour laquelle je demandai des subsides. Le Trésor de la Principauté est sous la garde d'un Con-
seiller, qui a titre de Trésorier. Les
domaines & les rentes du Prince aiant
un Intendant particulier, n'ont rien
de commun avec ce Trésor. Tous
les impôts faits en pleine Diète y entrent; & pour marque de ma bienveillance & envie de soulager le peuple, j'y ajoutai les biens confisqués de
ceux qui n'étoient pas entrés dans ma
fidélité. Malgré tous mes efforts, je
ne pus empêcher une Loi, qui ruina
toutes mes Troupes de Transsilvanie;
savoir, que chaque Seigneur pût reprendre son Sujet, engagé dans les
Trou-

Troupes fans fon confentement. Quel- 1707;
que abfurde que fût cette Loi par rapport à une guerre de la nature de celle que nous faifions, elle eût abfolument révolté les efprits, fi je ne l'euffe pas approuvée; car on s'étoit entêté que mon refus ne provenoit que
du deffein que je pouvois avoir formé, de me fervir des armes de leurs
propres Sujets pour me rendre defpo-
tique. Les prétendus politiques difoient qu'ils étoient bien éloignés d'a-
voir une telle penfée de moi; mais
que fi les Seigneurs fe privoient une
fois des droits abfolus qu'ils ont fur
leurs Sujets, cet exemple pourroit fervir à un autre Prince mal-intentionné.
J'admirai que les plus raifonnables ne
compriffent pas qu'il s'agiffoit d'une
guerre, par laquelle on avoit deffein
de revendiquer les Libertés, dont on
vouloit déja jouïr. Je reffentis vivement, qu'après tout ce que j'avois fait
pour l'amour de leurs Libertés, ils
paruffent encore me foupçonner, parce qu'en effet il ne tenoit qu'à moi
d'abufer de la prémière ferveur du peuple, & de poffèder la Tranffilvanie
fans parler ni de convocation des E-
P 5 tats,

1707. tats, ni d'Election. Mais c'est-là le
fort des Princes électifs, d'être toujours soupçonnés ; & si leur propre
conscience ne les tranquillisoit pas, ils
feroient toujours malheureux. Cependant rien n'est plus spéculatif que
de croire les brider par des Sermens
& par des Loix, si leur conscience ne
règle leur conduite. Je consentis enfin à cette Loi, parce que je pensois
que la possession de la Transsilvanie
dépendoit de l'affranchissement de la
Hongrie, & qu'en réussissant en celleci, j'obtiendrois l'autre ; au-lieu que
je ne pourrois jamais me soutenir par
mes propres forces en Transsilvanie,
si les armes de l'Empereur soumet-
toient la Hongrie, parce que la Ville
prise, la Citadelle ne tient pas longtems. Il m'étoit bien difficile de
contenter les Transsilvains, même en
exécutant leurs Loix. Les Sicles devoient être la principale force de cette Nation ; ils dévoient tous jouir du
privilège de la Noblesse. En effet, é-
tant de leur propre naturel, droits,
sincères, courageux & obéissans, ils
sont très propres à la guerre. Mais
ils étoient assujettis par leurs propres

Offi-

Officiers, qui par un abus criant, & contraire aux Loix, les exemptoient du service de la guerre, à condition qu'ils cultiveroient leurs terres. Ceux qui servent à cheval, doivent être lanciers : mais j'ai trouvé que cette Nation, fort guerrière & florissante du tems de mes aïeux, étoit très appauvrie, non seulement par les exactions des Allemands, mais aussi par la malversation de leurs Officiers; ensorte qu'elle n'étoit nullement suffisante pour la défense du pays. Et si pour cet effet je détachois des Troupes de Hongrie, celles-ci paroissoient étrangères aux Transsilvains; ils se plaignoient, & disoient que je voulois les réduire en servitude. Après cette Loi dont je viens de parler, les Seigneurs traitérent leurs Sujets qui portoient les armes, d'une manière dont j'étois véritablement touché : aussi n'ai-je eu depuis que très peu de Troupes nationales.

Je pressai les affaires tant que je pus, pour finir la Diète, puisque j'avois convoqué à Onod les Etats Confédérés pour le mois de Mai. Pendant la tenue de celle de Transsilvanie, je

P 6   don-

1707. donnai au Marquis Defalleurs audience publique, en laquelle il me délivra la Lettre de félicitation du Roi son Maitre sur mon avénement au Trône de Transilvanie. Les Députés des E-tats Confédérés eurent aussi une audience publique, & les Etats de Transsilvanie consentirent à leurs propositions. Ils députérent pareillement des Conseillers à l'Assemblée d'Onod. Enfin la Diète finie, les Etats se rendirent en Corps à mon Trône; ils me représenterent leurs délibérations, que je signai, & se séparérent. Je partis peu de jours après pour Radnod, Château agréablement situé sur la Maroch, & ancien domaine de ma Maison. En chemin faisant, je fis la revue de trois mille Sicles d'Infanterie, la plupart armés de bâtons. Pour relever l'esprit de cette Nation, je donnai commission à un jeune Gentilhomme appellé Czerey, de me lever un Régiment de lanciers, que j'aggrégeai aux Troupes de ma Maison. Il s'en étoit acquitté fort bien, & me servit avec distinction. De là passant à Clausembourg, Ville murée, je fis la cérémonie de l'érection d'une Compagnie de cent Gen-

Gentilshommes fous le titre de la *So-*
ciété des Nobles, dont je fus le Colonel. Ceux qui y entroient, devoient
produire des atteftations valables de
leurs Comtés, qu'ils étoient nés de
parens d'ancienne Nobleffe. Ils étoient
armés de carabines, de fabres & de
piftolets ; & deux d'entre eux étoient
toujours de garde à la porte de ma
chambre. Ils étoient exercés à pied
& à cheval. J'avois en vue d'ériger
en fon tems un Ordre Militaire fous
le titre de la *Providence Divine*, dont
cette Compagnie devoit fervir de fondement. Leur Lieutenant - Colonel
Simon Kémény, petit-fils du Prince
de ce nom, à leur tête fe rendit à cheval devant mon logis, & aiant fait mettre pied à terre à la Compagnie, les
conduifit dans la falle d'audience, où les
Statuts aiant été lus, ils jurérent de ne
s'abandonner jamais dans les occafions
de guerre, & de ne commettre aucune action indigne de leur Nobleffe.
Après quoi j'embraffai chacun d'eux,
en figne de fociété. Cette Inftitution
produifit une noble émulation parmi
toute la Nobleffe de Hongrie & de
Tranffilvanie ; elle auroit un jour rem-

P 7   pli

1707. pli mon attente, si Dieu, à qui louange soit rendue de tout ce qu'il a fait, n'en eût autrement disposé.

Je n'observai pas moins le pays en sortant, qu'en entrant. La Principauté est environnée de montagnes, dont la plus grande partie peut être comparable aux Alpes. En dedans, ce qu'on appelle les Campagnes de Transilvanie, ce ne sont que montagnes plates, dont les vallons sont coupés par les digues des étangs. Les côtes sont couvertes de broussailles par bouquets, & par remises. Le terroir est également fertile par-tout en blé & pâturages ; il se détrempe aisément, & les chemins ne sont guères moins difficiles sur les côtes, & sur les plateaux, que dans les fonds traversés par les digues des étangs, parce que généralement tout y est un limon gras. Le vallon de la Maroch, qui coupe la Principauté en deux, est beaucoup plus agréable que celui de la Samoch, dont j'ai déjà parlé. Cette première rivière, dont les eaux sont très claires, reçoit celle d'Aragnos, ou rivière dorée, qui descend des montagnes appelées Kalora, ainsi nommée, parce que

que la dite rivière charrie des grains d'or, que des Compagnies de Vagabonds, qu'on appelle communément Egyptiens, établis & privilégiés pour cet emploi, ramassent, & apportent à la Chambre des Finances du Prince. Ces deux rivières coulent par des Vallons très larges, serpentant beaucoup sur des prairies contiguës, séparées par des rangs de saules, dont on fait des fagots à cause de l'éloignement du bois. Les Villages sont fréquens, & bien peuplés. Enfin tout est riant & agréable, à la vue de ce tableau de paysage fait à plaisir. En général, rien ne manque à la Transilvanie, qu'un bon Prince, Père du Peuple. Mais pour rendre à cette Principauté tout son éclat, il faudroit deux Princes consécutivement du même génie, & travaillans sur le même plan; puisque l'âge de l'un ne suffiroit pas pour réformer les mœurs & changer le génie de trois différentes Nations, dont elle est composée. On pourroit cependant tirer un excellent parti de toutes, en les employant comme il faudroit. Quant à la guerre, on pourroit rendre cette Principauté presque impé-

1707. impénétrable; & fi on étoit obligé de la faire en dedans, on pourroit regarder ces différens Cantons comme autant de pièces de fortification détachées. Le peu que j'ai dit de ces plateaux à côtes roides, & couvertes de brouffailles, de fonds, d'étangs, de vallons & de rivières ferpentantes, enfin de hautes montagnes, qui contiennent dans leurs détours des campagnes impénétrables, environnées de rochers en forme de cuves, fuffit à démontrer les avantages pour la guerre. Au fortir de Transfilvanie je paffai à Gibou, où je remarquai bien ce que Karoly pouvoit, & ce qu'il avoit négligé de faire à la malheureufe Journée dont j'ai parlé. Etant forti de Transfilvanie, je marchai droit à Onod, où j'arrivai peu de jours avant l'Affemblée.

Il me femble avoir rapporté que notre guerre, commencée avec beaucoup d'ardeur, fembloit languir depuis la Négociation rompue. Le remède même que nous employames pour la foutenir, produifit cet effet. La ferveur dans fon commencement caufoit les defordres que j'ai rapporté; & l'ordre néceff.

nécessaire, & unique remède du desordre, commençoit à éteindre la ferveur, & introduisoit nécessairement la tiédeur. Aux prémiers Officiers, brutes, ivrognes, & brutaux, mais accrédités dans leurs Troupes, il en succéda d'autres plus polis, plus capables d'introduire la discipline, de prendre l'autorité sur les Troupes, de tenir les comptes des Compagnies & des Régimens: mais ceux-ci n'étoient pas moins ignorans que les autres dans la guerre, & ils étoient beaucoup moins aimés & estimés du soldat. Chacun commençoit à se mettre en équipages, en bagages, en chariots, &c. Quoique tout fût au dessous du médiocre, il augmentoit pourtant toujours. La Noblesse devenoit de jour en jour plus maitresse de ses Sujets, & les dégoûtoit de la guerre, pour les appliquer à ses propres travaux. Insensiblement les Régimens devenoient plus foibles. Ceux qui avoient fait du butin, aimoient mieux en jouïr, que d'aller s'assujettir à une Discipline prescrite par des réglemens qui portoient des peines: ils retournoient donc à chaque occasion favorable chez eux;

il

il falloit user de contrainte, pour les
faire revenir. Au commencement,
le peuple soldat, dispersé dans des blocus de Châteaux & de Villes forti-
fiées, ne s'éloignoit pas beaucoup de
chez soi ; il enlevoit les bestiaux des
Gentilshommes enfermés avec les Allemands, sans risque & sans danger :
mais ces lieux bloqués s'étant rendus,
il leur falloit aller à l'Armée bien loin
de chez soi ; & à l'Armée il n'y avoit
rien à gagner. Le cheval étoit à lui,
aussi-bien que les armes : fatiguer sa
bête dans des marches, aux gardes,
aux fourrages, aux partis, ne lui plai-
soit pas. Voilà les moindres sujets
qui rebutoient les soldats de la guerre, & que la Nature même, pour ainsi
dire, introduisit nécessairement dans
notre entreprise. Or voici ce que ce
même ordre, que je m'appliquois tant
d'établir, occasionna parmi les Paysans qui cultivoient la terre. Depuis
les Forteresses prises, on tenoit des
Corps d'Armée, on établit des routes
pour les vivres, & des Magazins d'u-
ne journée à l'autre : les Comtés faisoient charier les blés dans leurs Magazins, où il y avoit nombre de chariots

riots pour les mener à l'Armée, ou
dans les Places voisines, d'un Magazin à l'autre, comme par des relais.
Mais tout cela avoit ses inconvéniens ;
car il falloit dans chaque Magazin des
Commissaires, dont une partie étoient
des fripons, les autres des ignorans,
ou peu soigneux, car tous étoient neufs
dans leur métier. Outre le blé qui
se gâtoit, qui se dissipoit, ou qu'on
détournoit, un bruit faux ou véritable de la marche de l'ennemi, faisoit qu'on abandonnoit les Magazins
au pillage du prémier-venu. Or leur
remplacement coûtoit au peuple : car
nonobstant que le Royaume soit fertile, il ne l'est pas également par-tout,
enforte que les vivres étoient tirés
des pays éloignés. La paye des Généraux, qui avoient toujours une assez grande suite, n'étoit pas encore
fixée, comme elle le fut par les Réglemens publiés après l'Assemblée d'O-
nod. Ainsi chacun d'eux, en servant
sa Patrie, vivoit d'elle. Les Comi-
tés fournissoient à leur requisition ce
qu'il falloit à l'entretien de leur table ;
par où il se commettoit une infinité
de dissipations, qui étoient à charge
au

au peuple. Tout cela n'étoit pas si fenfible au commencement, puisqu'il fe
paffoit en différens Cantons éloignés
les uns des autres: mais quand il y
avoit de gros Corps affemblés, plufieurs Généraux paffoient & repaffoient
par la même route; & que ne pour-
rois-je pas dire des marches de Troupes aux rendez-vous des Corps dé-
tachés? Car quoique tout cela foit
commun aux guerres de tout pays, fi
dans les Armées les mieux difcipli-
nées & réglées il fe commet des excès
dans ces occafions, que ne peut-on
pas s'imaginer d'une guerre telle que
celle que je faifois? Les vieillards parmi la Nobleffe, les aifés, & les politiques, raifonnoient favorablement
jufqu'à la Négociation de Tirnau, puisqu'ils voyoient que nonobftant des batailles perdues, les Médiateurs, les
Emiffaires de l'Empereur, alloient &
venoient; & ils étoient en efpérance
au moins de quelques foulagemens
par la paix. Mais tout traité & pour-
parler étant ceffé, ils ne voyoient plus
rien devant eux.

Les Députés, ou les Emiffaires de
l'Empereur reftérent en partie à Presbourg,

bourg, comme l'Archevêque, & Sirmay. Okoliczany & Viſa demandérent une eſpèce de neutralité: je l'accordai au dernier, comme à une perſonne de nul crédit & mépriſée. J'a-
vois cru l'autre trop bon citoyen, pour
vouloir nuire à la Cauſe commune;
mais je n'avois pas fait aſſez d'attention, qu'un homme du caractère d'O-
koliczany aiant deſeſpéré d'une heu-
reuſe fin de la guerre, pourroit former des deſſeins de me forcer à tel accommodement qu'on pourroit faire.
Il eut donc la liberté de demeurer ſur
ſes Terres dans la Comté de Turoez,
la plus petite du Royaume, dont peut-
être un tiers de la Nobleſſe portoit
ſon nom, & le reſte étoit apparenté
ou allié à ce grand nombre des Oko-
liczanis, qui s'étoient répandus dans
la Comté voiſine de Lipto. Cette
poignée de Nobleſſe de la Comté de
Turoez forma le projet d'écrire des
Lettres circulaires à pluſieurs Comtés,
où les Luthériens primoient le plus.
Dans ces Lettres, après leur avoir ex-
poſé tous les maux de la guerre, exagéré les excès des Généraux & des
Troupes, ils les exhortoient de con-
cou-

courir unanimement avec eux pour trouver un remède à des maux, qui paroissoient la plupart provenir des intérêts de quelques particuliers. Toutes les Comtés où ces Lettres arrivérent, me les envoyérent, les unes cachetées, les autres ouvertes, avec assurance qu'ils étoient incapables de songer à d'autres remèdes, qu'en concourant avec les Etats Confédérés. J'avois reçu toutes ces Lettres quelque tems avant l'Assemblée d'Onod. Je m'étois proposé de demander explication à la Comté de Turocz, puisque toute la Noblesse Confédérée devoit s'y rendre sous ses étendarts. Mais je puis dire devant cette Vérité Eternelle, à laquelle j'ai dédié mon Ouvrage, que ni moi, ni personne n'a pensé à ce qui y arriva; ce qui fut occasionné par la ferveur & par la véhémence de mon discours.

Le jour de l'ouverture de l'Assemblée de toute la Noblesse Confédérée, convoquée pour les fins secrettes déterminées à Rozenau, étant venu, & aiant fait mes saluts & voeux pour les prospérités des Etats; comme cette malheureuse Lettre de la Comté de

Tu-

Turoez infinuoit affez clairement, que
la plus grande partie des maux dont
elle fe plaignoit, tournoit à l'avantage
des particuliers, je commençai à expofer les faits , & je remerciai les
Comtés qui m'avoient envoyé celles
qui leur étoient adreffées, les louant
de la fermeté qu'ils avoient témoignée
dans les engagemens contractés par le
Serment de notre Confédération. A-
près quoi aiant adreffé la parole à la
Comté de Turoez, je l'exhortai à repréfenter librement fes griefs , & à
m'éclaircir fur le deffein pour lequel
elle avoit écrit les fusdites Lettres. Le
Vicomte Radkoski, & le Notaire O-
koliczany fils de l'Emiffaire de la Cour
de Vienne, fe levèrent & parlèrent ;
mais dans l'éloignement où ils étoient,
& dans le bruit fourd de tant de monde affemblé, ne pouvant pas diftinc-
tement entendre leurs difcours, je les
appellai auprès de moi, & ils s'y rendirent. Ils commencèrent d'abord à
expofer les incommodités des marches des Troupes, leurs excès, & ceux
des Officiers, la fourniture des vivres
& des impôts, enfin la confufion caufée par la monnoie de cuivre. Mais
le

1707. le tout étant affez détaillé & exagéré,
Berfény, fort impétueux de fon hu-
meur, vouloit fouvent les interrom-
pre. Je l'en empêchai tant que je pus;
& après leur difcours achevé, je leur
dis de fang-froid, que ce qu'ils venoient de repréfenter devoit être regardé en partie comme des fuites néceffaires de la guerre, à la continua-
tion de laquelle nous contraignoit la
dureté de la Cour de Vienne, & notre réfolution de la faire jufqu'au re-
couvrement de nos Libertés : Que je
ne pouvois pas bien démêler quel fujet pouvoit avoir la Comté de Turoez
de fe plaindre de ces maux communs,
préférablement aux autres Comtés,
puifque depuis le commencement de la
guerre elle n'avoit pas vu d'ennemi que
le Général Schlik fuyant, ni aucun
Corps confidérable de mes Troupes,
puifqu'étant fituée à l'écart, elle n'é-
toit nullement en route de marche :
Mais que parmi toutes ces plaintes,
elle donnoit affez clairement à connoitre qu'elle croyoit que les maux
dont elle fe paignoit, tournoient au
profit des particuliers; ce qui touchoit
directement ma perfonne, puifque

j'euffe

j'euffe été bien indigne de la confian- ce avec laquelle les Etats m'avoient choifi pour leur Chef, fi j'euffe connivé à un pareil defordre, fuppofé que j'en euffe. été informé par la repréfentation de la Comté: mais que je demandois, quand étoit-ce que les plaintes m'avoient été adreffées fur un pareil fujet, & contre qui en particulier? Que fi elle ne m'en avoit préfenté aucune, pourquoi s'en étoit-elle plainte aux autres Comtés, en vue de les faire entrer dans fon deffein? Que cette démarche prouvoit vifiblement, que la Comté de Turoez n'aiant pas voulu s'en rapporter à moi, elle me croyoit partie, ou partial; mais que je demandois d'eux-mêmes, fi on avoit jamais par mes ordres exigé d'eux plus que les impôts communs, acceptés & établis fur tous les Comitats, ne portoient? Le Vicomte & le Notaire, qui étoient toujours à côté de moi, fort embarraffés dans leurs réponfes, répétoient toujours la même chofe; enforte qu'élevant la voix, je commençai à dire, qu'un tel attentat étoit très dangereux, & contraire à notre Confédération; que la Comté de Turoez

1707. avoit affez fait connoître qu'elle fe mé-
fioit de ma perfonne, puisque fans fe
plaindre à moi, Chef de la Confédération, elle avoit cherché une autre
voie directement oppofée à l'union des
efprits, pour obtenir fatisfaction fur
des griefs fur lefquels elle ne vouloit
pas encore s'expliquer, puisque ceux
qu'elle avoit produits nous étant communs à tous, ne pouvoient être re-
gardés comme tels, vu que nous nous
étions engagés de continuer la guerre, jufqu'au rétabliffement de nos Libertés conformes à nos Loix: Qu'ainfi
je demandois aux Etats affemblés, juftice & fatisfaction d'un procédé inique
& calomnieux, entrepris par la Comté de Turoez, ou par fes Officiers,
contre leur Chef. J'avoue, que je
croyois bonnement que l'Affemblée
détermineroit que l'on procéderoit
contre eux par la voie d'Inquifition;
mais aiant fini mon difcours, toute
l'Affemblée fe tut. Je gardai moi-même longtems le filence; mais voyant
que perfonne n'avoit envie de parler,
je dis, qu'il étoit trifte pour moi, de
voir qu'on balançoit fur ma demande; qu'on ne pouvoit refufer la juftice
au

au moindre Membre de la Confédération. Mais malgré tout cela le'filence continuoit, & me fit enfin croire qu'on approuvoit tacitement ce que
le Vicomte & le Notaire de la Comté de Turoez avoient avancé. Ainfi
pénétré d'amertume, je fentis une indignation, dont mon cœur faifi ne
pouvoit contenir le reffentiment. Et
certes je ne faurois redire ce que je
dis, fur ce qu'on me refufoit la juftice, voyant que les Etats par leur filence me marquoient approuver ce
que les Officiers de la Comté de Turoez avoient avancé. Je voyois bien
que les fatigues, les veilles, & les
peines que j'endurois depuis le commencement de la guerre, étoient re-
gardées comme fi je ne les euffe em-
ployées que pour amaffer des tréfors
aux dépens de ma Patrie; qu'ainfi il
ne me reftoit qu'à remettre entre leurs
mains la qualité dont les Etats m'a-
voient revêtu à Seczin, pour me retirer dans ma Principauté de Transfilvanie. Ce furent mes dernières paroles, après lefquelles je me levai en
effet pour m'en aller: lorfque Berfény fe levant les larmes aux yeux, que

Q 2   j'avois

j'avois tiré de pluſieurs par mon long
& fervent diſcours, commença à s'é-
crier : „ Comment donc, Etats Con-
„ fédérés , commettrez-vous un tel
„ crime d'ingratitude envers votre Li-
„ bérateur, en le laiſſant plutôt par-
„ tir, que de lui rendre juſtice con-
„ tre ſes Calomniateurs? Non, non,
„ plutôt que cela n'arrive , il vaut
„ mieux que ces infames meurent. "
Sur quoi il tira ſon ſabre, & de ſon
revers il donna ſur l'épaule du Vicomte Radkoski. Karoly, qui étoit aſſis
proche de Berſény, lui donna un coup
ſur la tête , qui le fit tomber roide
mort. Le Notaire fut auſſi bleſſé de
pluſieurs coups. Je peux dire que mon
émotion ceſſa à cet inſtant, & je ne
ſongeai qu'à empêcher le deſordre.
La prémière choſe que je fis, fut d'envoyer les Officiers qui étoient derrière moi, pour empêcher que les Troupes de ma Maiſon ne ſe remuaſſent,
& ne fiſſent aucun mal aux Gentilshommes de la Comté de Turoez. Un
d'entre eux, Avocat de profeſſion, fort
vain & fort hardi, ſe jetta à mes pieds,
& je le protégeai. Le tumulte finit
par-là. Mais Berſény , plus ému que

je

je n'avois été, commença à haranguer : Qu'il ne croyoit pas avoir fait affez ; qu'il étoit digne des Etats de venger par un Acte juridique, & par un Jugement formel, l'injure qui avoit été faite à leur Chef; qu'il étoit perfuadé qu'il feroit très convenable de faire garder jufqu'au lendemain le Notaire qui n'étoit que bleffé, pour qu'il fût interrogé juridiquement. La propofition fut confirmée par une acclamation générale.

Cet incident me toucha fort, par l'irrégularité des Généraux, à caufe des vues dans lefquelles j'avois convoqué les Etats. Je confultai même le Sénat par la fuite, fi nous devions pourfuivre la renonciation, ou non; pour qu'on ne pût pas dire qu'on n'eût fait précéder ce maffacre, que pour intimider les Etats, & pour arracher plus facilement d'eux cette renonciation. Mais on délibéra, que bien loin de la différer, l'intrigue & l'attentat de la Comté de Turoez nous devoit fervir de motifs. Le lendemain on commença la Seffion par inftruire le procès du Notaire, qui fut examiné, & par la fuite condamné à avoir la

tête

1707. tête tranchée ; les deux corps des Coupables trainés sur la claie, & jettés à la voirie. Comme la Lettré fut écrite en l'Assemblée de la Comté, il fut décidé que son Etendart seroit déchiré, & son Sceau rompu. Il est certain que tout cela se fit avec beaucoup d'indignation contre cette Comté, & j'ai eu lieu d'être persuadé de ce qu'on disoit communément, que le silence du jour précédent provenoit de ce que la Noblesse attendoit que le Sénat en parlât. Or je savois que dans cette Assemblée générale, il ne convenoit pas que le Sénat en parlât le prémier ; par où j'ai reconnu le tort que j'avois eu de parler avec autant de ferveur que je fis. Je ne me souviens plus précisément, si ce fut moi ou Berseny, qui proposa la renonciation à tout droit que la Maison d'Autriche prétendoit sur la Nation. Elle fut acceptée avec applaudissement, signée, & imprimée par la suite. J'ai déja rapporté la véritable cause de cette démarche. Le Marquis Desalleurs en informa sa Cour ; mais comme un des principaux articles du Traité étoit, que le Roi Très-Chrétien ne feroit pas

pas la paix avec l'Empereur fans rétablir nos Libertés légales, & fans dé-
membrer la Transfilvanie de la domination de la Maifon d'Autriche, je
crus que c'étoit la raifon pourquoi
on différa la réponfe, comme on le
rapportera ailleurs.

À mon retour de Transfilvanie, je
rencontrai un Grec habitué dans ce
pays, appellé Corbé. Il étoit devenu
Confeiller du Czar, & m'aiant demandé une audience fecrette, il me
délivra une Lettre de créance de ce
Prince. Je députai, autant que je
m'en fouviens, Paul Raday le Directeur de ma Chancellerie de Transfilvanie, pour écouter fes propofitions,
& me les rapporter. Elles contenoient
en abrégé: Que le Roi Augufte aiant
manqué à fes Alliances, & renoncé
à la Couronne de Pologne; le Czar,
du confentement de la République,
avoit refolu de m'élever à ce Trône. Je
tâchai de détourner cette propofition,
en lui donnant des réponfes ambi-
guës; mais il me dénonça, que fi je
la refufois, ce choix pourroit tomber
fur le Prince Eugène de Savoie: enforte qu'il avoit ordre de me dire,

que

1707. que mon refus pourroit être de toute manière préjudiciable aux intérêts de la Hongrie; au-lieu que mon acceptation me procureroit l'Alliance de son Maitre, qui ne demandoit pas mieux que de s'allier avec le Roi de France, & faire sa paix avec le Roi de Suède; & si en ce dessein je pouvois l'aider, j'attacherois d'autant plus le Czar à mes intérêts. J'eus grande raison de changer mon prémier langage à cette proposition. Ainsi je le renvoyai avec réponse, que je remerciois comme je devois Sa Majesté Czarienne de la réflexion qu'elle avoit fait sur ma personne; mais que la Pologne étant un Royaume libre, & sachant que le Czar ne vouloit aucunement préjudicier à la Liberté de cette Nation & à l'élection de son Roi, il pourroit être préjudiciable à son dessein, si les Polonois venoient à savoir que le Czar me l'eût proposé, & que je l'eusse accepté; que si l'intention de son Maitre étoit réellement telle qu'il me l'avoit exposé, je le chargeois de prier le Czar de ma part de tenir sa mission & ma résolution secrette & comme non avenue, jusqu'au tems que le Primat

mat & le Grand-Conseil me fissent cette proposition. Cet incident pouvoit avoir d'heureuses, & de fâcheuses suites. Car le Roi de Suède triomphant, & recherché par le Roi de France, étoit en Saxe : je ne pouvois éviter de l'offenser, si j'entrois en liaison avec le Czar. Mais ce Prince-ci avoit ses Troupes sur les frontières; il me menaçoit de les accorder contre moi à l'Empereur, qui l'en faisoit solliciter. Ce danger paroissoit encore plus pressant. Je peux dire en vérité, que je ne desirois nullement la Couronne de Pologne; bien loin de-là, mes vues ne tendoient qu'à éviter cette élection. Aussi envoyai-je Raday, Directeur de ma Chancellerie de Transsilvanie, en Saxe, pour représenter avec sincérité au Roi de Suède la proposition du Czar, & ma réponse. Je le priai de me faire savoir quel secours je pourrois espérer de sa part, si le Czar se déclaroit contre moi en faveur de l'Empereur, & s'il faisoit marcher ses Troupes contre moi. Je fis proposer au Roi Stanislas, que le Grand-Général mon intime ami étoit prêt de le reconnoître avec tous les Sénateurs

Q 5 qui

1707. qui compoſoient le Grand - Conſeil, & d'affermir par-là ſon élection, s'il vouloit les recevoir en corps. Le Roi de Suède fit à Raday une réponſe bien déciſive, à ſavoir, que je n'avois qu'à tenir bon contre le Czar, parce qu'il viendroit en peu en Pologne, & le battroit. Le Roi Staniſlas me fit ſavoir, qu'étant Roi de Pologne par la grace de Dieu, il n'avoit pas beſoin de la grace du Grand-Conſeil ; que ſi les Sénateurs, qui prétendoient compoſer ce Corps, vouloient ſe rendre auprès de lui comme des particuliers, il les recevroit tous, mais pas autrement. Ces deux réponſes me déterminérent entièrement à ménager le Czar, à chercher d'éviter mon élection au Royaume de Pologne, en vue de moyenner une Paix entre ce Prince & le Roi de Suède, par l'intervention du Roi de France & de l'Electeur de Bavière, à condition que l'Electeur ſeroit élevé & maintenu ſur le Trône de Hongrie, moi en Tranſſilvanie, & le Roi Staniſlas en Pologne. Voilà la Clé du Chiffre de toutes mes démarches, & de mon Traité avec le Czar, que perſonne ne ſavoit que le

Comte

Comte Berfény. Aucun autre n'étoit 1707
capable de le ménager; c'eft pourquoi
j'avois dès-lors réfolu de l'envoyer en
Pologne, avec l'éclat qu'il falloit pour
faire l'impreffion convenable de notre
Etat dans l'efprit des Mofcovites & des
Polonois. Mais avant que de le dé-
pêcher, je voulois recevoir les Députés du Grand-Confeil, qui fut tenu
à la requifition du Czar à Lublin.
Car Corbé, de retour auprès de ce
Prince, lui aiant expofé ma réponfe,
il la trouva raifonnable, & déclara au
Primat qu'il vouloit qu'on dépêchât
abfolument l'élection d'un Roi. Le
Confeil affemblé, on confulta fur la
perfonne qu'on devoit rechercher. Tous
opinérent en faveur du Grand-Général; mais celui-ci déclara abfolument,
qu'il n'étoit pas convenable aux intérêts de la République qu'on fongeât à
l'élever à la Couronne, & qu'il croyoit qu'on ne pourroit mieux faire que
de me la déférer. Sa déclaration fut
applaudie; le Czar l'agréa: on me dé-
puta un Gentilhomme pour m'informer de la réfolution du Confeil; Député que je voulois recevoir à Munkacz.
Pendant la tenue de l'Affemblée
Q 6. d'O-

1707. d'Onod, Stanemberg profita de l'occasion. Il sortit brusquement de l'Ile de Schut, il marcha en diligence sur la Vaag, il fit un bon retranchement entre Trenchin & Léopoldstat à Vag-.viheil. Cette nouvelle me déplut autant qu'une Action perdue. Je me souviens d'avoir dit à Bersény, que si l'ennemi poursuivoit le dessein que ce Général paroissoit avoir formé, notre Guerre finiroit en trois Campagnes; & que si la négociation ne réussissoit pas, il étoit tems de penser à faire les derniers efforts. Aiant destiné, comme j'ai dit, le Général Bersény pour la Pologne, avant que l'Assemblée fût finie, je représentai aux Etats, que différens événemens pourroient m'éloigner de la Hongrie, & qu'ainsi je croyois nécessaire d'avoir un Lieutenant Ducal, à qui dans mon absence je pûsse laisser l'autorité, entant que je le jugerois à propos pour le bien des Etats. On confia cet emploi au Général Bersény; & l'Assemblée finie, je donnai le Commandement sur la Vaag au Général Antoine Esterhazy, résolu de me tenir peu éloigné des frontières de Pologne, pour ne pas négli-

négliger les momens, dont les conjonctures nous paroissoient assez favorables pour terminer la guerre avanta-
geusement, si j'eusse été assez heureux
pour pacifier le Roi de Suède avec le
Czar, par la médiation du Roi de
France & de l'Electeur de Bavière.
Après ces mesures prises, je passai à
Munkacz, où le Député du Grand-
Conseil se rendit peu après. Tout y
paroissoit gêné dans les démarches des
Polonois: je ne remarquai aucune sincérité dans la proposition du Député;
car le Primat Schembec, son frère le
Chancelier, & Denhoff Maréchal de
la Confédération de Sendomir, é-
toient toujours dans leurs cœurs por-
tés pour le Roi Auguste: mais comme leurs dispositions ne pouvoient pas
nuire à mon but, je répondis au Député, que je dépêcherois incessamment
des Ambassadeurs pour remercier le
Czar & le Grand-Conseil de leur disposition favorable pour ma personne,
parce que dans la situation où je trouvois la République, ma Patrie, ma
Principauté, il étoit nécessaire de prendre de bonnes mesures, & de m'assurer préalablement de l'amitié du Czar

par

1707. par un Traité. Ce Député ainſi dépêché, je ne tardai pas d'expédier Berſény, comme mon ami & dépoſitaire
du ſecret. Il eut de ma part une Lettre (pour m'exprimer ainſi) de confiance, écrite de ma propre main au
Czar. Les autres Plénipotentiaires é-
toient le Préſident de la Chambre,
& du Conſeil des Finances, le Baron
Kloboſiesky, le Lieutenant-Général
des treize Comtés François Bertoly,
le Commiſſaire Provincial de ce même Diſtrict Alexandre Kettzer, & le
Directeur de la Chancellerie de Tranſilvanie Paul Raday. Avant l'expédition de cette Ambaſſade, aiant fait
aſſembler dans la Ville de Huſt dans
la Comté de Maramaroch mes Conſeillers de Tranſilvanie, je leur dé-
pêchai mon Grand-Maréchal pour les
conſulter, ſi je devois accepter la Couronne de Pologne, ou non; & demander leur avis par écrit, ſigné de
leur main. Chacun d'eux me con-
ſeilla de le faire; mais je ſentois bien
dans ma conſcience que je ne pouvois
pas faire cette démarche, ſans contre-
vénir au ſerment que j'avois fait, ſoit
comme Prince de Tranſilvanie, ſoit
comme

comme Duc, & Chef de la Confédération, ou à celui que les Polonois
exigeroient de moi ; les intérêts de
ces deux Royaumes étant opposés entre eux. Car enfin, comme Roi de
Pologne, j'aurois dû vivre en bonne
intelligence avec l'Empereur ; & dans
ma seconde qualité, j'aurois dû lui
faire la guerre, dans laquelle je n'aurois eu aucune raison convenable d'engager les Polonois. Je prévoyois bien
que mon embarras ne pourroit durer
que jusqu'à ce que le Roi de Suède
fût sorti de Saxe ; mais cette même
raison pressoit le Czar de hâter l'élection d'un Roi : il croyoit par-là attacher davantage les Polonois à son
parti.

Esterhazy avoit sur la Vaag des Troupes suffisantes contre Staremberg, qui
ne demandoit que d'achever tranquillement son retranchement. Ce Général, quoiqu'habile, donna deux
occasions à Esterhazy ; & si celui-ci
en eût su profiter, il eût pu ruiner
son Armée. La prémière fut pendant le séjour de Staremberg en l'Ile
de Schut, où il avoit laissé tout son
bagage, pour faire une vraie sortie de
l'autre

1707. l'autre côté du Danube avec ſes meil-
leures Troupes. Eſterhazy le fut à
tems, mais il n'entreprit rien. Sa faute fut plus lourde, lorſque l'ennemi
campoit vis à vis de lui ſous Léopoldſtat: il voyoit dans ſon Camp, il ſut
que Staremberg étoit ſorti la nuit a-
vec 4000 hommes de ſon Infanterie
& quelque Cavalerie, dont il n'avoit
qu'un petit nombre, pour attaquer
le Château d'Ecſed ſitué ſur une montagne éloignée de quatre grandes lieues
de ſon Camp. Eſterhazy étoit déterminé de l'attaquer à la faveur d'un
grand brouillard; il marcha; la tête de
ſes Troupes étoit entrée dans le gué
de la rivière qui le ſéparoit de l'ennemi: quelqu'un lui dit que le brouillard pourroit cauſer de la confuſion
parmi ſes Troupes; il le crut, il fit
alte, il fit repaſſer ſon Avant-garde,
& il retourna tranquillement dans ſon
Camp. Staremberg prit le Château,
qui lui ſervoit à contenir les habitans
de la montagne Blanche. On pourroit croire de ceci, qu'Eſterhazy manquoit de courage; on lui feroit tort:
car étant au ſervice de l'Empereur, il
avoit fait des actions perſonelles diſ-
tin-

tinguées, il avoit reçu des bleſſures, & ce n'étoit qu'après avoir été mis hors de combat, qu'il fut fait priſonnier par les Turcs avant la paix de Carlowicz, à l'occaſion de laquelle il obtint ſa liberté. Malgré ſes Lignes, Staremberg eut le déplaiſir de voir enlever ſon frère Maximilien derrière lui. Ce Général venoit en poſte de Presbourg à l'Armée, en confiance des Lignes que ſon frère gardoit. Un de mes Partis le fit priſonnier, & me l'amena. Aiant engagé ſa parole, il vivoit en liberté à Épéries, d'où il ſe ſauva. J'ai ſu que ſon frère deſapprouva ſa conduite, ainſi que les autres Généraux de l'Empereur; mais ils ne le renvoyérent pas.

Après la Diète que j'avois tenüe en Tranſſilvanie, mes Conſeillers me preſſêrent fort de nommer des Ambaſſadeurs pour donner part à la Porte de mon introniſation. J'étois aſſez informé de la diſpoſition du Miniſtère Turc, pour ne me promettre aucun avantage de cette démarche; mais ne voulant pas heurter contre l'avis de tout mon Conſeil, je nommai le Comte Michel Téléky du corps des

Con-

Confeillers, & Michel Henter qu'on
difoit praticien des affaires de la Porte. Le prémier n'alla pas plus loin
que Belgrade: le fecond pafilà jufqu'à
Conftantinople, pour folliciter leur
réception; mais le Pacha de Belgrade
les renvoya enfin tous deux fous des
prétextes fpécieux, avec promeffe de
laiffer pafler le Corps des Albanois,
que plufieurs Officiers de cette Nation
s'étoient engagés de lever felon l'accord qui avoit été fait avec eux. Mais
le Pacha exigeoit que je me rendiffe
maitre de quelque Place frontière gardée par les Allemands, pour que ces
Troupes puffent me joindre avec plus
de fureté. J'étois peut-être le feul qui
vît le ridicule de cette réponfe, puisqu'Arad & Seguedin, que l'ennemi
gardoit depuis les frontières de Transfilvanie jufqu'au Danube, ne pouvoient
en aucune manière empêcher le paffage de ces Troupes; mais plufieurs propofitions de cette nature, que les Pa-
chas des frontières me faifoient, me
donnérent lieu de foupçonner, que fi
je me rendois maitre de quelqu'une de
ces Fortereffes, les Turcs pourroient
me les redemander, & me chercher
que·

querelle pour les avoir, sous prétexte
qu'ils les auroient cédées par la paix
aux Allemands, & non à moi. Cependant malgré tout ce que je pus dire, les Sénateurs de Hongrie, & les
Conseillers de Transsilvanie me pressoient toujours à cette entreprise. Le
Pacha de Temeswar encourageoit Karoly pour l'attaque d'Arad ; les Déserteurs de cette Place lui en donnoient
des idées avantageuses par le rapport
qu'ils faisoient, que quelques bombes
& quelques coups de canon tirés pourroient faire résoudre le Commandant
à capituler. J'avois le Plan de cette
Forteresse, il m'étoit aisé de prévoir
le succès de cette entreprise ; car ne
pouvant pas empêcher la communication de cette Place avec le pays Turc
dont elle n'est séparée que par la rivière de Maroch, & aiant toujours
par ce moyen entretenu la communication avec Vienne, elle ne manquoit
de rien. Je ne pourrois tout au plus,
que la faire bombarder : mais la Place
étant spacieuse, quel succès en pou-
vois-je attendre ? Cependant Karoly
continuoit à me presser, parce que le
Pacha de Temeswar lui promettoit
qu'en

qu'en cas d'attaque, il romproit toute communication avec la Place, dont, à son dire, les magazins étoient vuides, parce que ne pouvant tirer du blé que du pays des Turcs, le Commandant comptoit sur le Marché, auquel les Sujets des Turcs étoient accoutumés de venir; que l'Ouvrage détaché dans une Ile de la Maroch étoit facile à surprendre, en y glissant des Troupes entre ses dehors & la Place, & qu'il fourniroit des Guides pour les conduire.

Toutes ces belles promesses, qui n'aboutirent à rien, ne m'eussent pas déterminé, sans les nouvelles sollicitations des Transsilvains, qui comptoient beaucoup sur ce que Téléky ajoutoit des dispositions du Pacha de Belgrade. Je détachai un Corps suffisant de Troupes sur le pied étranger, tant Cavalerie qu'Infanterie, avec quelques mortiers & canons. Je chargeai de cette entreprise Karoly, aiant lieu de croire que ce Général, qui n'avoit encore jamais vu de Siège, écouteroit l'Ingénieur & les Officiers étrangers, ce que je lui recommandai fortement. La Ville Rascienne, & la

Ville

Ville Allemande, attachées à la Fortereſſe, mais mal munies, furent bientôt forcées; & à peine eut-on commencé le bombardement, que Karoly eut nouvelle que 3000 Allemands
étoient arrivés à Seguedin, à deſſein
de marcher le long de la Maroch pour
tenter de paſſer en Transſilvanie. Cet
avis fit quitter l'entrepriſe à Karoly.
Ce Corps vouloit entrer par le paſſage appellé Porte de fer. Ces détroits
ne ſont pas tels qu'on s'imagine, ſelon le rapport que le Marquis Deſal-
leurs m'en fit, après y avoir paſſé en
me venant joindre. Comme j'avois
eu à tems avis du deſſein de l'ennemi, j'avois détaché mon Régiment
de *Palotas* de trois Bataillons, avec de
l'Infanterie choiſie, pour garder ce
paſſage, ſous le commandement du
Lieutenant-Général Pékry. Ce Général n'entendoit pas l'Infanterie: je
lui avois recommandé de conſulter le
Colonel des *Palotas*, qui avoit au
moins quelque théorie acquiſe par la
lecture. Je crus que celui-ci agiroit
de concert avec ſon Lieutenant-Colonel Limprecht, qui entendoit le métier; mais tout s'y paſſa dans des irré-
ſolu-

folutions. On choififfoit un pofte, qu'on abandonnoit dans la fuite pour un autre. Pendant les marches & les contre-marches, l'ennemi avançant toujours, paſſa fans aucune oppofition. Selon les perquifitions que je fis faire, tous étoient coupables d'ignorance & d'irréfolution, qui eſt la fuite de la première. Je rappellai Pékry auprès de moi; mais fa perſonne m'embarraſſoit beaucoup, à caufe de fon efprit brouillon, double, & inconfidéré. Le Brigadier Bézérédi, Baloc, & Kisfaludy, fous le Lieutenant-Général Etienne Andrazy, fe foutenoient affez bien dans la Baſſe Hongrie; ils couroient l'Autriche, & la Stirie: mais leur entreprife n'avoit pas de rapport avec l'eſſentiel de la Guerre. Depuis la défaite de l'Infanterie à Coronzo fous le commandement de Forgatz, on ne la rétablit pas dans ce pays-là. Les trois Régimens que j'avois, ne fuffifoient pas pour faire des entreprifes tant foit peu férieufes. Celle que j'avois dans la Haute Hongrie, m'étoit néceffaire, puifque les Garnifons m'en occupoient beaucoup. Tout y commençoit à aller

ler en décadence à vue d'œil; car le 1707.
fondement de la Guerre, qui étoit la
monnoie de cuivre, écrouloit par son
décrédit , qui augmentoit tous les
jours. Aussi regardois-je comme u-
ne ressource la Négociation commise
au Général Bersény.

Ce Seigneur étant arrivé à Varsovie, fut reçu très convenablement du
Czar, avec qui il négocioit familièrement; & conclut un Traité, par lequel mon élection en Roi de Pologne
fut différée à trois mois. Ce tems
devoit être employé à proposer la
Médiation au Roi de France & à l'E-
lecteur de Bavière: mais il étoit sti-
pulé, qu'en cas que cette Médiation
ne fut pas acceptée, on procéderoit
à l'Election, que j'étois tenu d'accepter en cas qu'elle fût faite par un consentement libre , & conforme aux
Loix de la République; que le Czar
me maintiendroit, & qu'il me donneroit tous les secours possibles pour
parvenir à la possession paisible de ma
Principauté de Transilvanie. Les autres articles de ce Traité concernoient
les événemens desavantageux. A peine fut-il conclu, que les Suédois com-
men-

mencérent à fe remuer en Saxe. L'o-
pinion commune étoit, que le Chancelier Piper, gagné par l'argent des
Anglois & des Hollandois, détermina
le Roi de Suède à retourner en Pologne. Le Czar avoit offert une Trève de douze ans à ce Prince, pour
ne le pas détourner des vues qu'il paroiſſoit avoir d'agir contre l'Empereur ; & ſi cette Trève eût pu ſe faire, il vouloit agir en perſonne avec
toute ſon Armée contre l'Empereur,
pour l'obliger à céder la Couronne
d'Hongrie à l'Electeur de Bavière, à
condition que le Roi de France s'o-
bligeroit à ne pas conclure la Paix
générale ſans y faire comprendre le
Czar. Dès que je ſus le mouvement
du Roi de Suède, j'envoyai Couriers
ſur Couriers au Comte Berſény, pour
hâter ſon retour. Il arriva, autant
que je m'en ſouviens, au mois d'Octobre. J'informai le Marquis Deſal-
leurs de tout ce qui s'étoit paſſé : mais
ce Miniſtre, extrêmement prévenu
contre Berſény, croyoit que celui-ci
m'en impoſoit ; & j'ai eu lieu de croire, qu'il fit à ſa Cour un rapport peu
avantageux de mon Traité. C'eſt ce
qui

qui énerva entièrement les propofitions que mon Miniftre fit au Roi de
France. Outre que depuis l'entrée du
Roi de Suède en Pologne, & la retraite du Czar en fon pays, le fyftême
de ma négociation parut entièrement
échoué.

: Peu de tems après l'arrivée de Berfény, je paffai à Caflovie, où j'étois
réfolu de prendre quartier d'Hiver, &
de tenir un Confeil du Sénat, où
les Députés des Comtés devoient fe
rendre pour convenir de leur contingent, payable partie en denrées, &
partie en monnoie de cuivre. Ce fut
dans cette Ville que je finis l'année,
& commençai celle de 1708.

J'étois réfolu de faire bien des efforts pour cette Campagne. J'avois
formé le deflein d'éviter toute Action
générale pendant l'Eté, pour pouvoir
entrer à la fin de la Campagne en Siléfie, & y prendre mon quartier d'Hiver. La Noblefſe de ce pays avoit été
fort encouragée pendant le féjour du
Roi de Suède en Saxe; & laffée de
la domination de la Maifon d'Autriche, elle étoit prête à prendre les armes à l'approche de mon Armée. Mon

: *Tome V.*   R   Infan-

1708. Infanterie étoit habillée & complette
pour le commencement de la Campagne. Ce Corps ne fut jamais si
beau, ni mieux discipliné. Après le
départ du Général Staremberg pour
l'Italie, le vieux Maréchal Heisser fut
nommé pour commander l'Armée de
l'Empereur, qui étoit fort foible, & se
soutenoit dans l'Ile de Schut. Le bruit
couroit, qu'il attendoit l'arrivée d'un
Corps considérable de Danois. Ce fut
ce qui me fit prendre la résolution de
ne pas avancer sur la Vaag, & de demeurer en arrière jusqu'à l'éclaircissement des forces des ennemis. Mes
préparatifs faisoient très grand bruit à
Vienne, & à l'Armée ennemie. Je
renvoyai le Général Antoine Esterhazy pour commander dans la Basse
Hongrie. Le Brigadier Oskay étoit sur
la Morava avec un Corps de 4000
hommes de Cavalerie, pour faire des
courses dans la Moravie, & pour couvrir le Blocus du Château de Trenchin,
situé sur le passage de Siléfie. Nous
étions d'accord avec Bersény sur le susdit projet ; mais son peu de fermeté à
les conduire, son esprit porté à de petites entreprises qui ne décident de
rien,

rien, & lefquelles étoient du goût des
Officiers les plus renommés, me con-
traignirent à faire des démarches, qui
ne s'accordoient pas tout à fait à mon
deffein. Je raffemblai affez tard mon
Armée à Agria; mais à peine étois-
je campé en front de bandière, comme des Troupes habillées de neuf é-
blouïffoient les yeux & multiplioient
leur nombre, leur renommée enfloit
d'autant plus le coeur de la Nation,
que les ennemis ne remuoient point.
Ainfi lorfque l'on vit que, fans me
mettre en mouvement, je ne m'amufois qu'à exercer mes Troupes & aller
à la chaffe, les Officiers qui étoient
fur la Vaag fous le commandement
de Berfény, commencérent à dire qu'il
falloit qu'il y eût des traîtres dans mon
Confeil, puifque je donnois des Batailles lorfque l'ennemi étoit fort, &
que je m'amufois à la chaffe lorfqu'il
étoit fi foible qu'il n'ofoit fortir de l'I-
le de Schut. Berfény m'informoit de
ce bruit; mais au-lieu de le détruire,
il formoit des projets continuels de
paffer dans l'Ile de Schut, ce qui n'é-
toit pas bien difficile, mais qui n'a-
boutiffoit à rien, parce que l'ennemi

n'a-

1708. n'avoit que de petits Poftes difpofés contre la furprife, puisqu'étant cantonné par Régiment, il eût pu à la prémière allarme s'affembler pour fe retirer fous le canon de Commore. J'en écrivis cette penfée à Berfény, qui ne manqua pas de dire à fes Héros, que je l'empêchois d'agir. Ainfi, pour les faire taire, je réfolus de m'ébranler, mais de marcher bien lentement. En arrivant à moitié chemin, je feignis avoir befoin de prendre les Eaux de Vyknyé près de Cremnis, par où je gagnai près de quinze jours. A mon retour de là, j'appris que le Général Viar, Lorrain de naiffance, & très bon Officier de Cavalerie, avoit été détaché par Heifter pour déloger Oskay de deffus la Morava. Mais cet Officier, qui étoit un des principaux fanfarons, aiant eu avis de la marche de l'ennemi, fe retira fur la Vaag à Banka entre Léopoldftat & le retranchement de Vagviheil, que Staremberg avoit fait bâtir, & que les ennemis gardoient toujours. Oskay, comptant de me perfuader aifément de marcher avec toutes mes forces pour attaquer Viar dans la Ville de

Scalis,

Scalis, fit jetter de son chef un pont
sur la Vaag. Il écrivit à Bersény lettres sur lettres, pour le solliciter de
lui envoyer des Troupes de renfort,
craignant que cette entreprise n'atti-
rât Viar sur lui ; mais pour cacher cette raison, il promettoit, que si on
renforçoit son Corps, il tireroit Viar
hors des murs de la Ville, & lui dres-
seroit des embuscades. Bersény ne
manqua pas de le renforcer ; mais en
même tems il me sollicitoit de m'approcher. J'étois à une certaine hauteur, pour ainsi dire, au-delà de laquelle je ne pouvois marcher sans découvrir à l'ennemi mes forces, dont
la grandeur retentissoit dans ses oreilles ; & j'avois grande raison de ne pas
le desabuser. Oskay aiant reçu un renfort de Troupes, fit une tentative sur
Viar, qui sortit de la Ville pour pous-
ser les Coureurs : mais l'embuscade mal
postée se découvrit trop tôt. Quant
à moi, je pensai que cet Officier, assez brave de sa personne, n'étoit pas
capable de faire manœuvrer un Corps
de Cavalerie. Il eût donc bien souhaité que j'approchasse de son pont a-
vec toute mon Armée ; pendant que

1708. Botian poſté ſur le bras du Danube,
qui s'appelle Dunavaag depuis l'endroit où il reçoit cette dernière rivière, devoit obſerver Heiſter. Mais Botian faiſoit mille deſſeins d'enlever a-
vec de petits bateaux le Poſte de l'ennemi: il eût de même fort ſouhaité
que je m'approchaſſe de ce côté-là ;
mais je cherchois toujours des préter-
tes pour tenir mon Armée en arrière. Voilà pourquoi j'allai en perſonne pour viſiter le Corps de Berthny,
campé ſur la rivière de Gran. Je tenois des conférences avec lui, & avec
les autres. Ozkay eut auſſi ordre de
s'y rendre. Je lui confiai mon grand
projet ; mais il penſoit toujours que
l'attaque de Viar, ou pour le moins
l'approche de mon Armée juſqu'au
pont qu'il avoit fait bâtir, n'étoit pas
incompatible avec mon principal deſſein. J'eus beau dire qu'une Armée
ne ſe conduiſoit pas comme un Parti,
& que dès que Viar auroit des nouvelles de ma marche, il ſe retireroit
en Moravie. Il crut qu'on pourroit
le ſurprendre, & l'enfermer. Je le
laiſſai dire. Je fus viſiter les Fortereſſes de Neuheiſel & de Nieria ; mais

à

à la fin je ne pus tenir contre le cla-
baudage de ceux qui difoient que je
me laiffois féduire par le confeil des
François, qui ne voudroient pas que
la guerre finît, comme elle finiroit
fi on agiffoit contre un ennemi foible
& partagé. Car étant fur la Vaag à
deux marches de Viar, fi je ne voulois
pas marcher avec toute mon Armée,
j'en pourrois détacher une bonne partie pour inveſtir la Ville. Comme
une telle croyance eût pu produire de
très mauvais effets, fi en la méprifant
je l'euffe pour ainfi dire confirmée ; je
crus enfin néceffaire d'avancer jufqu'à
ce malheureux pont, lequel il falloit
encore paffer pour la commodité du
Camp. Telles étoient les circonſtan-
ces qui m'entrainoient malgré moi.
J'avois la plus belle Armée que j'euffe
encore eu depuis le commencement
de la Guerre ; mais je ne favois qu'en
faire jufqu'à la fin de la Campagne,
puifque l'Hiver m'eût été autant favorable pour m'établir en Siléfie, qu'il
eût été incommode à l'ennemi d'agir
contre moi, quand même il eût été
renforcé par les Danois. C'étoit, dis-
je, une faifon favorable pour conte-

R 4   nir

1708. nir ma Cavalerie fous fes étendarts, comme j'ai déja remarqué. En attendant, je n'étois pas en état d'entreprendre un Siège, dont les préparatifs ne pouvoient plus fe faire avec la monnoie de cuivre. J'avois avec moi un train d'artillerie de campagne, & de mortiers, avec lequel le Colonel La Mothe fut détaché pour reprendre le Château d'Ecfed, que Staremberg avoit pris l'année précédente, comme j'ai rapporté. Il le prit en 24 heures, après quoi je fis reconnoitre le retranchement de Vagviheil qui n'étoit qu'à une heure de ma droite; mais les Ingénieurs le crurent de trop bonne défenfe.

On me preffoit pour l'entreprife de Viar, mais on ne put me porter à y envoyer de l'Infanterie, pour ne la pas fatiguer mal à propos, étant perfuadé que ce Général étoit trop habile pour fe laiffer enfermer derrière les murs fecs, ou non terraffés, & fort minces, d'une Ville dont les habitans ne lui étoient pas fort favorables. Je fis donc un détachement choifi de toute ma Cavalerie, avec affurance donnée à Qskay, que s'il inveftiffoit

la

la Ville, & s'il y enfermoit Viar, je le ferois suivre par l'Infanterie avec des mortiers & des petards. Pékry n'étoit pas encore bien établi dans mes bonnes graces. Bersény son ami demanda pour lui le commandement de ce Détachement, comme une occasion de se signaler. Je lui accordai sa demande ; mais je lui enjoignis fortement de ne pas se faire battre. Oskay commandoit sous lui; mais je ne me souviens plus au juste de la force de ce Détachement , sans avoir oublié qu'il ne me restoit au Camp que des cavaliers mal montés , mal armés , dont le nombre étoit toujours le plus grand dans ce Corps. Pékry fut trois ou quatre jours à cette expédition, d'où il revint (je pourrois quasi dire) pour m'annoncer que j'avois eu raison. Il fut contraint d'abandonner son Arrière-garde, pour ne pas s'engager; mais il se retira assez vîte, en sorte que le desavantage ne fut considérable que par le découragement de la meilleure partie de ma Cavalerie. Il étoit bien difficile à démêler le fait, entre tout ce qu'on me rapportoit. Pékry disoit simplement, que lui aiant ordonné

R 5   de

1708. de ne se pas laisser battre, voyant que l'ennemi venoit à lui, il n'avoit pas voulu s'engager : voilà pourquoi il n'avoit pas soutenu son Arrière-garde. Ce qu'Oskay me rapportoit, m'éclaircissoit mieux ; à savoir, que le Détachement s'étant avancé vers la Ville, Viar en sortit avec sa Cavalerie, & se rangea en bataille sous ses murs ; que Pékry en fit de même, sans faire attention qu'il y avoit une profonde ravine entre ses deux Lignes. Dans cette situation, on se regarda depuis le matin jusqu'après midi. Oskay, qui commandoit la seconde Ligne, aiant observé cette ravine, représenta au Général l'inconvénient qu'elle pourroit causer, soit qu'on voulût avancer pour attaquer, soit que l'ennemi voulût prévenir. Pékry en convint, & sans y faire attention, commença à défiler avec sa première Ligne par le grand chemin, pour repasser. Ce mouvement attira sur lui l'ennemi, qui s'ébranla aussi-tôt pour venir l'attaquer. Mais Pékry ne pensa plus qu'à se retirer ; au moins on ne songea plus à ce dessein, qui m'avoit toujours paru mal conçu.

Un

Un événement me donna lieu de former un autre projet. Les Gardes du Camp m'amenérent un Fourrier, qui défertoit de Léopoldftat. Comme il fervoit de Secrétaire au Commandant, & chiffroit fes lettres, il m'apporta celle avec laquelle il étoit envoyé au Général Heifter; & aiant produit la Clé du Chiffre, j'appris un détail circonftancié du mauvais état de la Place, & de la foibleffe de la Garnifon. Le Commandant n'avoit en tout que 200 fantaffins, & qui avec ce nombre devoient fournir à toutes les Gardes, fe précautionner contre 100 prifonniers de guerre, & être toujours alerte, puisque mon Armée campoit aux portes de la Place. Je ne pouvois pas douter de l'expofé: c'eft pourquoi, en raifonnant avec Berfény, je dis que l'envie me venoit de faire relever les retranchemens que j'avois fait faire pour empêcher Herbeville de ravitailler Léopoldftat, d'y mettre toute mon Infanterie avec trois ponts fur la Vaag, de faire venir encore quelques mortiers de Neiheifel pour bombarder cette Forterefse; que cette entreprise, qui pourroit nous

R 6   réuf-

réuffir, dans l'état où la Garnifon fe trouvoit, nous feroit paffer plus ho- norablement la Campagne, que fi nous reftions fans rien faire. Le mal- heur voulut qu'Otlik Maitre de ma Maifon, & plufieurs autres qui entre- tenoient des correfpondances dans Trenchin, reçurent en ce même tems des avis que ce Château étoit aux a- bois, manquant de vivres; que Viar avoit des ordres de le ravitailler, mais que fi on pouvoit l'empêcher, le Gou- verneur feroit contraint de capituler. Je dis, le malheur le voulut ainfi; car cette nouvelle tourna tous les ef- prits, & les difpofa fi fort de ce cô- té-là, que tout étoit contraire à l'en- treprife de Léopoldftat. On me di- foit, qu'il n'y avoit qu'un pont, ou un gué, par où Viar pût paffer dans la Ville de Trenchin; que la tête du pont n'étant pas gardée, on pouvoit aifément le bruler; que le gué pou- voit être retranché; enforte qu'il ne falloit que marcher pour fe rendre maitre de ce Château, qui faciliteroit en toute manière l'entreprife de Silé- fie. Les raifons étoient plaufibles; mais mon génie ne me portoit pas à

ce

ce deſſein, parce que je connoiſſois **1708.**
les environs de Léopoldſtat, & que
j'ignorois entièrement ceux de Trenchin, d'où rien n'eût été plus aiſé
à l'ennemi que de me faire quitter
priſe par diverſion; il lui eût ſuffi de
marcher à Léopoldſtat, de menacer
Nitria, & couper mes magazins, pour
me faire abandonner mon entrepriſe.
Mais perſonne n'entendoit raiſon. Berſény à la tête des Officiers de ce Canton, ſe croyoit déja maitre de Trenchin; au-lieu qu'on diſoit que Léopoldſtat étoit une Fortereſſe trop fatale par deux Batailles perdues, qu'elle avoit occaſionné; que rien n'étoit
plus certain, que la Cavalerie ſe dé-
banderoit auſſi-tôt qu'elle ſeroit in-
formée de ce deſſein, parce qu'elle ne
voudroit pas languir longtems ſans
rien faire; & qu'enfin ceux qui me
le ſuggéroient, ne pouvoient être que
gens gagné par l'ennemi. On eût dit
que c'étoit une fatalité qui entrainoit
les eſprits. Je n'avois que le Maréchal
de ma Cour, le Baron Vay, qui ſuivît mon ſentiment dans le Conſeil;
enſorte qu'aiant enfin conſenti moi-
même à cette entrepriſe, je laiſſai Bo-

tian

tian fur la Vaag avec les Troupes qu'il commandoit, & avec la Brigade d'Oxe-lay. Heureusement, je suivis l'avis de ceux qui connoissoient le pays, me conseillèrent d'envoyer le bagage par un chemin de détour, afin qu'il ne passât pas la montagne que dans le tems qu'on auroit investi le Château. De plus, au sortir du Conseil, je détachai le Colonel La Mothe avec une Brigade d'Infanterie, pour retrancher le gué dont on m'avoit parlé, pour brûler le pont, & pour choisir un Camp. Mon Infanterie passa le pont le même soir; la Cavalerie, aiant un gué, ne devoit la suivre que le lendemain. La Mothe me manda, que les hauteurs qui commandoient le gué du côté de l'ennemi, empêchoient de le retrancher; qu'il n'osoit hazarder de faire passer l'Infanterie pour entreprendre de brûler le pont, puisqu'il avoit avis que Vine étoit en marche, & qu'il pourroit le couper; que quant au Camp, je pourrois en arrivant choisir un des deux qu'il avoit reconnu. Le jour que nous devions arriver devant la Forteresse, je pris les devans avec les Généraux. L'espérance d'em-

pêcher

pêcher Viar de ravitailler le Château,
étoit évanouïe ; les plus entêtés n'y
pensèrent plus, car il devoit arriver
la nuit par des chemins au-dessus de
la Ville, protégés par le Château. On
convint aussi, qu'il seroit assez inutile
de tenter le bombardement après le
ravitaillement. Tout y fut réduit à
choisir un Camp, pour voir ce que
les ennemis feroient.

Le Château de Trenchin est bâti sur
une croupe de hautes montagnes qui
le commandent, malgré les grosses
Tours qu'on a élevé de ce côté-là.
Dessous le Château, précisément au
bord du Waag, il y a une Ville passa-
blement grande, murée des deux côtés. La largeur de la rivière est à-peu-
près de la portée du fusil. Au-delà
commencent les montagnes Blanches.
La montagne du Château est contiguë
au mont Carpat, & va toujours montant du côté de Silésie ; mais vers le
Levant par où nous étions venus, elle
s'abbaisse beaucoup en montagnes en
partie cultivées, qui forment un bas-
sin rond environ de deux lieues de diamètre, dont la périphérie est fermée
par le mont Rouge qui aboutit à la
rivière,

1708. rivière, & dont les chemins font affez étroits. Le fond de ce baffin eft
une affez agréable plaine, affez bien
cultivée, coupée par le milieu d'une
ravine très creufe & efcarpée, au long
de laquelle La Mothe me propofoit
de camper; mais pour la fureté, &
pour la facilité de la communication
avec mon bagage, je préférai un autre Camp fur la hauteur parallèle à
la rivière par où il eût fallu marcher,
foit pour aller en Siléfie, foit pour
joindre nos bagages. Il me repréfenta
l'incommodité du terrein, extrêmement coupé de foffés & de ravines;
mais je crus qu'on pourroit y remédier en comblant les foffés, & faifant
des ponts de communication. La nuit
étoit déja fermée, lorfque l'Infanterie
arriva au Camp; & j'eus avis qu'Heifter étoit auffi arrivé à Vagviheil avec
fa Cavalerie, à une grande marche de
nous. Il n'étoit pas naturel de croire
que ce Général voulût nous affronter
avec 2000 chevaux, & quelques Compagnies de Rafciens attachés à Palfy.
Il le fit cependant, & voici ce qui l'y
détermina, comme je l'ai fu du Général Palfy lui-même.

J'ai

J'ai rapporté les différens avis sur 1708. le bombardement de Léopoldſtat, & ſur celui de Trenchin. On ſavoit dans mon Camp, que je tenois plus ſouvent Conſeil avec les Officiers, que je n'avois fait auparavant: on ſavoit, dis-je, que je n'étois pas d'accord avec Berſény. Les pour-parlers ſur cette matière durèrent deux jours; & à la fin, aiant brusquément pris mon parti, je décampai le même ſoir, l'Infanterie repaſſa le pont, la Cavalerie gagna une marche par le gué de la rivière; ſur quoi les Eſpions rapportèrent à Heiſter, que m'étant brouillé avec Berſény, je m'étois ſéparé avec l'Infanterie, & que ce Général n'étoit marché à Trenchin qu'avec la Cavalerie, contre laquelle Heiſter marcha ſans beaucoup délibérer. J'étois arrivé au Camp avant les Troupes; mais il étoit déja trop tard pour le viſiter. Berſény arriva avec l'Armée, & me rapporta qu'il avoit laiſſé un Officier bon Partiſan ſur le paſſage du mont Rouge, pour que ſi l'ennemi marchoit vers Trenchin, ou vers nous, il fît faire des décharges par ſa troupe, & qu'il le côtoyât. Cette précaution

ne

1708. ne fut pas inutile; car le lendemain à
la pointe du jour, aiant été averti qu'on
entendoit tirer du côté du mont Rouge, je fis battre la Générale, & étant
monté à cheval, je trouvai mon Camp
si dérangé & si éparpillé, que j'eus
bien de la peine à mettre mon Armée
en bataille. J'avois mandé à Berkéry
de ranger l'Aile droite de la Cavalerie. Je fus visiter la gauche, parce
qu'elle étoit plus malaisée à découvrir. Il y avoit un Village au pied de
la hauteur où elle étoit postée; on
pouvoit sans beaucoup de difficulté
descendre la pente, par des broussailles
dont elle étoit couverte. Mais sur la
crête de cette même hauteur, où j'a-
voie formé ma Ligne, régnoit un fossé, dont un bout étoit relevé, & cou-
vroit bien mon Infanterie; il y avoit
derrière elle une petite prairie, & assez d'espace pour y mettre ma Cavalerie étrangère, pour la seconder. Le
grand chemin assez large passoit par
mon centre, où j'avois posté mes meilleurs Régimens de Cavalerie. Hors
cet espace du grand chemin, tout é-
toit coupé de fossés & de ravines; ensorte que je crus ne pouvoir rien faire

ré de mieux, que de ranger fix Efca-
drons de mes carabiniers en réferve fur
une hauteur, qui étoit derrière nous.
L'ennemi étoit hors la portée du canon, & marchoit par fa droite vers
le Village, qui étoit dans le fond devant ma gauche. J'avois cru qu'il vouloit me prendre par le flanc, par un
vallon couvert de bois de haute futaie.
Pour m'afluxer, je détachai trois Bataillons : mais bientôt après, je vis que
par une contre-marche en fileur par
la gauche, il regagnoit le grand chemin. Ce mouvement étoit très pitoyable ; & pour mon malheur, je crus
que ma Cavalerie de la droite qui le
débordoit entièrement, pourroit par
un quart de converfion tomber fur
fon flanc, pendant que je ferois defcendre dans le Village trois Bataillons
pour fe fourrer entre les haies, & pour
feconder la Cavalerie comme ils pourroient. J'envoyai à Pekry qui commandoit la droite, l'ordre pour exécuter ce deffein. Ce Général fit d'a-
bord ébranler fa Cavalerie, & la faifant défiler un à un, paffa une digue
rompue d'un étang. Lorfqu'il fe forma de l'autre côté, le Brigadier Ebesqui

1708. qui venant à lui repréfenter qu'apparemment en donnant l'ordre, je ne connoiffois pas le terrein, & que cette digue rompue derrière eux, étoit très defavantageufe; Pékry fit repaffer la Cavalerie, & m'envoya un Officier pour me repréfenter les difficultés qu'il avoit rencontrées à exécuter l'ordre. Pendant que cela fe paffoit, pour mieux connoitre le chemin de communication entre mes Lignes & la Réferve, j'allai fur la hauteur où étoient mes carabiniers, & où je trouvai Berfény, qui dans de pareilles occafions étoit d'ordinaire embarraffé de fa perfonne. Je lui avois parlé des difpofitions que j'avois faites; mais je ne penfois à rien moins qu'à être attaqué. En effet, le Général Heifter ne penfoit qu'à fe retïrer à Trenchin, lorfqu'il vit que fon Efpion lui aiant fait un faux rapport, toute mon Armée fe trouvoit réunie. Ce fut la pitoyable manœuvre de Pékry, qui donna occafion à Palfy de faire remarquer à Heifter, que la contenance de cette cavalerie ne paroiffoit pas bien affurée; que pour la tâter, on pourroit fans rifque détacher les Rafciens, en

les

les faisant soutenir par un ou deux 1708.
Escadrons. Heister y consentit, &
Bersény me fit remarquer ce mouvement dans le tems que je lui parlois.
Je courus aussi-tôt au centre vers le
grand chemin, où étoient mes pièces
de campagne qui commençoient à tirer. Les Régimens de Cavalerie pos-
tés sur le grand chemin repoussèrent
d'abord les Rasciens ; mais la droite
lâcha pied sans aucune raison. Chacun se cherchoit passage par les fossés ;
ensorte que dans un instant je vis tout
le derrière couvert de fuyards éparpil-
lés. Je crus pouvoir y remédier avec
ma Réserve de carabiniers. J'y fus,
passant les fossés par des pas de vaches,
comme on dit ; & à mon approche,
je vis la tête de ce Régiment prête
à s'en aller. Je courus pour l'arrêter,
sans prendre trop garde au terrein,
me fiant à mon cheval, qui avoit déja franchi deux fossés ; mais le troisième étant apparemment trop près, il
manqua son tems, il fit la culbute
toute entière, & resta roide mort.
Mon bonheur fut de m'être jetté de
côté ; mais je reçus une grande contusion à l'œil gauche, qui me fit perdre

1708. dre connoiſſance. On me mit à cheval, & on m'amena hors le Champ
de bataille dans un bois voiſin, où
aiant appris que tout étoit perdu, je
me retirai aux bagages, avec leſquels
je fis trois lieues; & le lendemain je
fus à petit Topolchane, où les Colonels d'Infanterie ſe trouvérent, pour
me dire que toutes leurs Troupes ſe
débandérent entre les bois & les montagnes. Jamais déroute ne fut plus
honteuſe ni plus pitoyable, & n'eut
de plus malheureuſes ſuites. Il me
reſtoit encore deux Brigades de Cavalerie, que j'avois laiſſé ſous Botian du
côté de Neiheiſel, faiſant environ
4000 hommes; ils vinrent auſſi-tôt
me joindre: je les commandai pour
obſerver l'ennemi. Berſény y étant arrivé le troiſième jour, nous apprîmes
qu'Oskay aiant fait ſecrettement ſa
compoſition avec Palfy, il lui avoit,
de concert avec lui, mené ſon Régiment qui ne ſe doutoit de rien, il
l'avoit fait environner par l'ennemi,
& leur aiant déclaré ſon intention,
les avoit tous forcés à prendre parti
parmi eux. Oskay ne jouit pas longtems des avantages que les Impériaux
lui

lui firent; il fut pris ce même Hiver
par un Parti forti de Neiheifel, où il
eut la tête tranchée, comme traître à
fa Patrie.

Rien ne profpéra plus, après cette
malheureufe Journée. Je laiſſai Berfény avec peu de Troupes fur la rivière de Gran, & je paſſai à Agria;
où environ un mois après, je reçus
l'Envoyé du Czar, Ukrainiczow, venu
pour m'aſſurer de la bienveillance de
fon Maître, de l'envie qu'il avoit d'exécuter le Traité fait à Varſovie, & de
la réfolution qu'il avoit prife d'offrir fa médiation à la Cour de Vienne pour les affaires de Hongrie. Il a-
voit donné cette commiſſion à Ur-
bich, fon Plénipotentiaire à la Cour
de Vienne. Le Miniſtre du Czar ne
fit pas long féjour auprès de moi; une
fièvre, gagnée par un excès de vin,
le mit au tombeau. Le renfort d'un
Corps d'Infanterie Danoife étant enfin
arrivé, Heifter inveftit Nitria, que le
Baron Révay Commandant lui rendit fans coup tirer. La fituation de ce
Château eft très agréable: il borne en
traverfant le vallon de la petite rivière qui lui donne le nom; il eft large,
                                    bordé

1708. bordé des deux côtés de vignes en-
tremêlées de champs labourés ; le fond
n'est qu'une prairie, d'environ trois
lieues de longueur. C'est proprement
l'Eglise Cathédrale de l'Evêché de ce
nom, & le Palais Episcopal, avec le
logement des Chanoines entouré de
Tours, & de deux bons Bastions murés ; le tout situé sur une montagne
détachée de toutes autres hauteurs,
escarpée excepté du côté de la Ville,
où la montagne forme un plateau en
pente, entouré de la petite rivière de
Nitria. C'étoit une Place frontière,
pendant que les Turcs gardoient Neiheisel. Heister, encouragé par cet
heureux succès, mit le Siège devant
Neiheisel. Aussi-tôt que j'appris à A-
gria que cette Place étoit investie, je
passai le Tibisque & j'avançai jusqu'à
Szakmar, sous prétexte d'entrer en
Transsilvanie avec le Corps que Karoly commandoit ; mais la raison étoit,
que ne pouvant pas espérer d'assembler
assez de Troupes pour former deux
Corps d'Armée, & prévoyant que
Neiheisel prise, celles qui étoient a-
vec Berseny se débanderoient ; & que
par conséquent si l'ennemi avançoit,
je

je ferois obligé de me retirer; je crus plus convenable de m'en éloigner par avance, pour affembler le fusdit Corps de Karoly. J'ai toujours cru que c'étoit faute d'artillerie, & de préparatifs, que Heifter manqua cette Place: car Berfény pofté fur le Gran, quoiqu'il eût des Troupes avancées fur la petite rivière de Nitria, n'incommodoit pas trop fon Armée; la faifon étoit avancée; il eft certain que les Danois nouvellement venus avoient beaucoup fouffert par les maladies; outre que mes Troupes de la Baffe Hongrie, fous le commandement du Général Antoine Efterhazy, continuoient toujours leurs courfes dans l'Autriche & dans la Styrie: enforte que nos affaires n'euffent pas été fans remède, fi une efpèce de vertige ne fe fût pas emparé de toute la Nation. Seigneurs, Gentilshommes, Officiers, Soldats, ne penférent plus à la guerre; mais à fauver leurs effets, leurs femmes, & leurs enfans. Tous ceux des Comtés de Presbourg, de Nitria, de Barch, me demandoient fubfiftance & logement, en vertu de l'engagement contracté par la Confédération. Pour remédier

Tome V.　　　S　　　médier

1708, médier à tant de desordre, je convoquai le Sénat & les Députés des Comtés, dans la Ville de Patak. Je prévis avec Bersény les conséquences d'une telle démarche, entant qu'on se chargeoit de nourrir quantité de bouches inutiles, qui consumeroient les vivres de l'Armée; mais il n'y avoit pas moyen de refuser leur demande. Ce fut pendant la tenue de cette Assemblée, que le Brigadier Bézérédy, & son Lieutenant-Colonel Séguédy, furent amenés prisonniers. Le Général Antoine Esterhazy les fit arrêter, & il envoya avec eux des documens & des témoins suffisans pour les convaincre de trahison. Ils furent convaincus & jugés par un Conseil de guerre, & pour faire un exemple éclatant, ils eurent la tête tranchée. L'Assemblée finie, je passai à Munkacz, où je commençai l'année 1709.

FIN DU TOME V.

CPSIA information can be obtained at www.ICGtesting.com
Printed in the USA
BVOW06s1457310316

442489BV00019B/117/P